¿Hablas o te comunicas?

Un método proactivo para mejorar
la comunicación interpersonal

BLAS GÓMEZ GÓMEZ
ANTONIO HERRANZ SOTOCA

Colección: GESTIONA
Director: David Soler

¿HABLAS O TE COMUNICAS? UN MÉTODO PROACTIVO PARA MEJORAR LA COMUNICACIÓN INTERPERSONAL
1.ª edición, 2011
2.ª edición 2016

© 2011, 2016, Blas Gómez Gómez, Antonio Herranz Sotoca
© de esta edición, incluido el diseño de la cubierta, ICG Marge, SL

Avda. Alcalde Moix, 28 - 08207 Sabadell (Barcelona)
Tel. 931 429 486 - marge@margebooks.com
www.margebooks.com

Gestión editorial: Hèctor Soler
Edición: Beatriz García, Rosa Serra
Compaginación: Mercedes Lara
Impresión: Servicecom (Alcalá de Henares, Madrid)

ISBN: 978-84-15340-00-3
Depósito Legal: B-

El papel empleado en este libro no ha sido blanqueado con cloro elemental (CI_2).

Agradecimientos

Gracias a María y Pilar, nuestras esposas, y a Laura, Oscar, Sergi y Jordi, nuestros hijos, por las horas que no hemos tenido. A Santiago Díaz de Quijano, María Palacios y Olga Pons, por las horas y los consejos dedicados.

Gracias también a Caetano Lacerda, Ángel de la Hoz, Christopher Gilbert, Ruth Livingstone, Magicmarie y Andrew Peat por su generosa aportación gráfica en esta obra, y no podemos olvidarnos de aquellos que han colaborado desinteresadamente y han hecho posible la ilustración de los contenidos presentados en esta obra: Jorge Castro Serrano, Javier González Valero, Antonio Granollers Bohils, Daniel Hernández Verduzco, Craig Humphrey Priestley, José M.ª Muixí López, Raúl Muñoz Domingue, Nuria Sancho Boiza, Francisco Jesús Tomás Lucea, Bruno Vidal-Ribas García, Eva Vilageliu Prats y especialmente a Joan Piferrer i Puigdefabregas.

A todos ellos un fuerte y sincero abrazo.

Índice

Prólogo

Recuerdo cuando Antonio Herranz, con quien he tenido el honor de colaborar impartiendo cursos de postgrado en la Universidad Politécnica de Cataluña (UPC), me explicó que, tras un periplo hospitalario, era capaz, incluso, de predecir con una exactitud no exenta de sorpresa la duración de las visitas médicas diarias o si la relación entre las enfermeras era susceptible de mejora.

No era un ejercicio de intuición, sino de análisis, ya que, me explicaba Antonio, para valorar el tiempo que se alarga una visita basta con observar la distancia a la que se encuentra el médico de la cabecera de la cama del paciente –cuanto más cerca, mayor es el tiempo que se extiende y la relevancia de la información abordada–. Asimismo, observó que la orientación de los hombros y la cabeza de las enfermeras al realizar la distribución de sus tareas rutinarias era proporcional a la mejor o peor relación que había entre ellas.

Con el impacto de las redes sociales y la virtualidad, este libro se encarga de reflexionar y aportar una nueva visión de la comunicación interpersonal; aquella comunicación global que bebe de cada gesto y mirada y aporta una información esencial que puede llevar al entendimiento o a la confusión total. Tendemos a creer que comunicarnos es una habilidad natural y sencilla, que merece de aprendizaje. Pero la realidad es mucho más compleja, no sólo por el propio proceso de percepción, que se vive de forma individual, sino por todas aquellas variables que no controlamos. De hecho, desde mi experiencia docente en el ámbito de la empresa, he podido comprobar como una mala o carente comunicación entre las personas que trabajan en una organización puede afectar de forma negativa al desarrollo de una empresa.

Dice el proverbio árabe: «Quien no entiende una mirada tampoco entenderá una larga explicación». Precisamente es eso lo que intenta transmitirnos *¿Hablas o te comunicas? Un método proactivo para mejorar la comunicación interpersonal*, la importancia de cada gesto para el acto comunicativo. Si no dominamos el código, nos perdemos parte del mensaje; las posibilidades de cambiar una situación en un momento crítico, seducir y conseguir metas a través de la interpretación de una mirada, el movimiento ágil de una mano, de un cabeceo. Consiste en adquirir maestría en el proceso de entenderse y entendernos, siendo consciente de que existe una retroalimentación y un intercambio constante entre emisor y receptor que es, en suma, de lo que trata este modelo GOHE. Más que un modelo, GOHE es una forma de comprender al ser humano inserto en una sociedad en la que estamos capacitados para movernos como pez en el agua, si aprendemos a nadar.

Agradezco a Antonio Herranz y Blas Gómez que me pidieran que redactara el prólogo de este libro. Si bien al principio me invadió cierto respeto, fruto de la admiración por estos dos grandes profesionales rigurosos, próximos y positivos, me siento feliz de haber podido colaborar esta obra que nos descubre un nuevo modelo para la comunicación entre las personas, el GOHE.

Les animo encarecidamente a disfrutar de este compendio del saber comunicacional que es *¿Hablas o te comunicas? Un método proactivo para mejorar la comunicación interpersonal.*

DRA. OLGA PONS PEREGORT
Profesora Titular
Departamento de Organización de Empresas
Universitat Politècnica de Catalunya
España

Capítulo 1
Introducción

1.1 El cerebro humano

1.1.1 La transformación silenciosa

Imagínese un *Homo erectus* corriendo por la sabana africana hace 1,8 millones de años, no por placer sino para evitar ser devorado, añada un sol de justicia, una respiración entrecortada y constantes miradas hacia atrás. Nuestro protagonista siente que todo está a punto de acabar y, pese a todo, sigue corriendo. En algún momento de esta frenética huida, el agotamiento puede con él, y de manera inconsciente recoge algo del suelo, una rama de árbol o una piedra. Se da la vuelta, y mirando directamente a los ojos de su agresor realiza un último gesto de supervivencia, adelanta su torso hacia delante, alinea su cabeza con él y levanta la mano empuñando el objeto. Cuando las miradas entre el depredador y la presa se cruzan, esta actitud gestual confunde al agresor, fruto de la sorpresa o lo novedoso de la situación detiene su ataque y se retira. La realización de este grupo de gestos, que podrían interpretarse como «si te acercas te golpearé», había generado una modificación en el comportamiento del agresor, su vida de momento no corría peligro. Nuestro antepasado acababa de comprobar que podía modificar la conducta de sus enemigos a través de su propio comportamiento. Una intención manifiesta acompañada de gestos lograba una respuesta determinada.

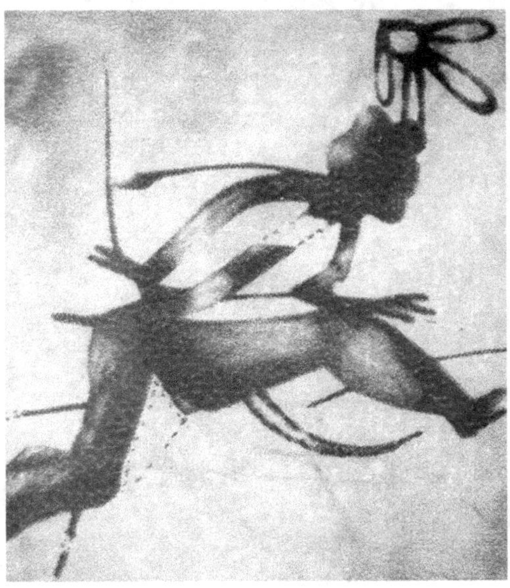

Figura 1. Supervivencia.

Los hechos pudieron suceder así, o no, pero lo que quiere evidenciarse con esta escena es que nuestro antepasado no solo aprendió a repetir estos gestos para sobrevivir, sino que además logró una mayor claridad en sus mensajes y percibió que sus semejantes también aprendían, al principio por simple imitación, más tarde, comprendiendo el poder de la herramienta que habían descubierto. La comunicación no verbal había hecho su aparición, y sería solo cuestión de tiempo que empezaran a acompañar sus gestos con sonidos más o menos guturales, con sonidos graves y agudos, con tonos altos y bajos, y todo ello en función del mensaje o la información que querían compartir.

Lo más significativo de estos cambios en el comportamiento externo de nuestros antepasados no eran los propios gestos, sino la transformación silenciosa que se estaba produciendo en su interior. El cerebro de nuestro protagonista no solo se adaptaba a los retos diarios de la supervivencia, sino que se enriquecía a través de sus nuevas experiencias: primero fueron sus sensaciones, después se modelaba con intuiciones y más tarde con pensamientos. De esta manera, con pequeñas adaptaciones, logró desarrollar una máquina perfecta para comunicar, y con ella la posibilidad de distanciarse evolutivamente de los seres que en otras épocas habían sido sus semejantes.

1.1.2 Tres etapas evolutivas, dos hemisferios y un cerebro

Con una apariencia rugosa y uniforme, el cerebro humano no siempre ha sido igual, sino que con el paso del tiempo ha desarrollado diferentes estructuras que se han superpuesto, permitiéndole, sin olvidar sus funciones primigenias, asumir nuevos retos. Como consecuencia de este proceso evolutivo, anatómica y funcionalmente, el cerebro humano está conformado por tres estructuras: el cerebro reptil, el cerebro mamífero y el neocórtex:

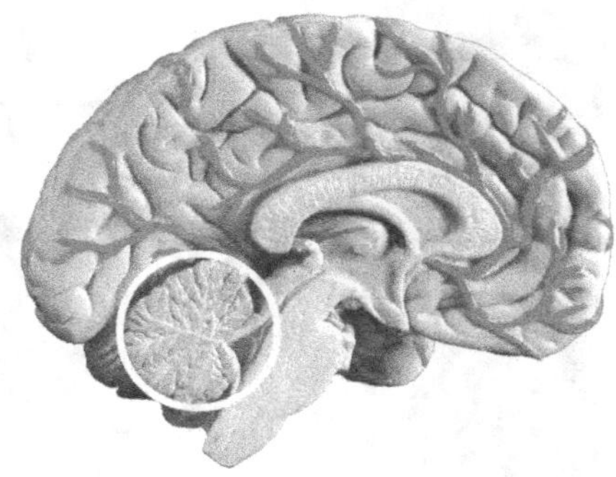

Figura 2. Cerebelo.

- El cerebelo, o tallo encefálico, también llamado el *cerebro reptil* (véase la figura 2), es la estructura cerebral más primitiva, y su responsabilidad más importante es mantenernos con vida. De él depende la regulación de las funciones vitales básicas, como que el corazón bombee constantemente la sangre, que los pulmones sigan respirando o que se mantengan activos los procesos metabólicos, aunque se esté dormido.

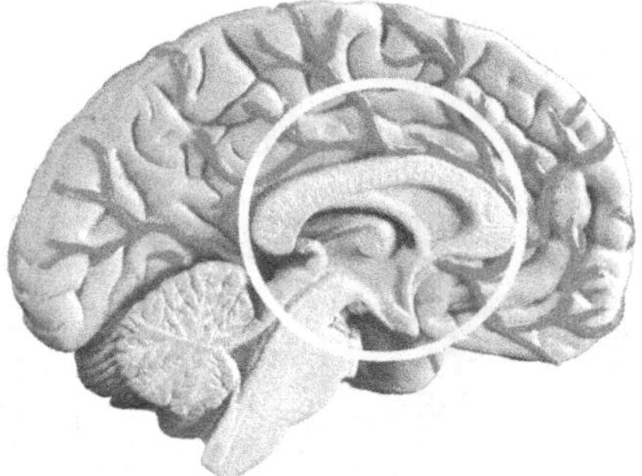

Figura 3. Sistema límbico.

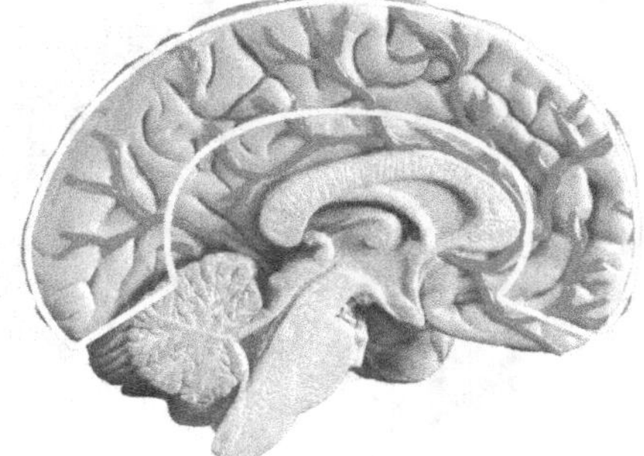

Figura 4. Neocórtex.

- El sistema límbico, o *cerebro mamífero* (véase la figura 3), es una estructura constituida por una serie de centros de recepción sensoriales, como el olfato o el gusto, y centros emocionales que procesan el miedo, la ira, la euforia y funciones tan diversas como la memoria o el aprendizaje. Entre sus responsabilidades están el procesamiento de las sensaciones y emociones, y tiene la finalidad de predisponer a la defensa, el ataque o la huida cuando se percibe una amenaza. Este sistema permite disfrutar de los placeres más básicos en entornos o situaciones agradables, y es el que facilita el progreso mediante la activación de procesos de recuperación de información y aprendizaje.

- El neocórtex, o *cerebro cortical* (véase la figura 4), es la gran masa de tejidos plegados que constituyen la capa más externa del cerebro. En él tienen lugar la valoración y la interpretación de la información recibida a través del sistema límbico. Es el responsable de las funciones que diferencian más claramente a los humanos del resto de seres vivos, es decir, de las más avanzadas y evolucionadas del cerebro. Sus actividades principales se centran en la percepción e interpretación de los sentimientos, los pensamientos y los procesos de reflexión y toma de decisiones. Es el cerebro intelectual. Es el que permite pensar.

A pesar de que la evolución de la especie humana se ha orientado claramente hacia un mundo racional, en el origen de la especie los procesos de intercambio de comunicación con el entorno se basaron en esquemas emocionales e irracionales, a través de los cuales los antecesores del hombre recibían sensaciones, como el calor o el peligro, que procesaban rápidamente para decidir la mejor manera de adaptarse o defenderse. Respuestas instintivas que con el tiempo aprendieron a controlar para mejorar su eficacia. Es importante recordar que este comportamiento instintivo no

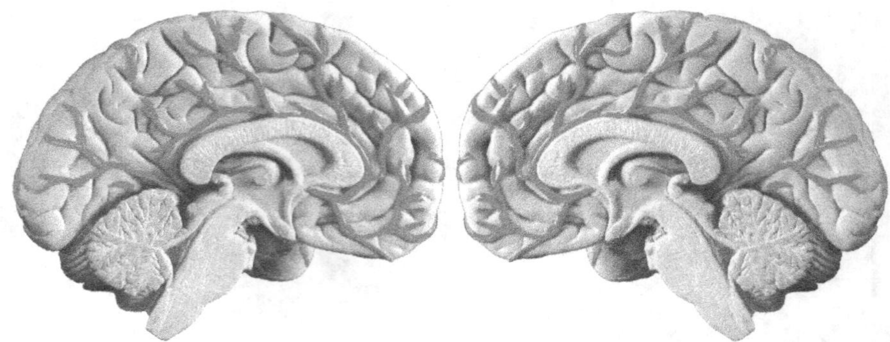

Figura 5. Hemisferios cerebrales izquierdo y derecho.

ha desaparecido de los hábitos de comportamiento actuales, y, se quiera o no, sigue activándose en cada proceso de comunicación que se inicia.

Como se confirmará más adelante en esta obra, en todo proceso comunicativo se transmiten contenidos y emociones, y el cerebro está preparado para procesar tanto los mensajes racionales como los emocionales (véase la figura 5), unos mediante mecanismos reflexivos o conscientes, y los otros, sencillamente, de forma automática o inconsciente.

Esta dualidad funcional se explica por la existencia de un hemisferio cerebral izquierdo, especializado en la percepción del habla, la escritura, la lógica y la matemática, y un hemisferio cerebral derecho, especializado en la transmisión y comprensión de las sensaciones y los sentimientos. Puede afirmarse que existe una diferenciación funcional entre los dos hemisferios cerebrales caracterizada, entre otros muchos aspectos, por la progresiva especialización, que ha permitido al hemisferio derecho ejercer el control y la gestión de lo emocional, y al izquierdo la gestión y el control de las funciones más racionales. Esta particularidad está estrechamente vinculada con los dos sistemas de comunicación principales empleados por los seres humanos: el que atiende a los contenidos y el que presta atención a las emociones

Figura 6. Evolución.

Funciones	Hemisferio izquierdo	Hemisferio derecho
Pensamiento	Abstracto, lineal	Concreto, holístico
Estilo cognitivo	Racional, lógico, analítico	Intuitivo, artístico, sintético
Capacidad ejecutiva	Iniciativa, elevado sentido del Yo, visión individualista de la realidad	Baja iniciativa, bajo sentido del Yo, visión general de la realidad
Lenguaje	Prosa, gramática y sintaxis	Verso y prosodia
Habilidades	Lectura, escritura, cálculo, habilidad sensomotriz	Música, visualización de imágenes

Tabla 1. Características de los hemisferios cerebrales humanos.

generadas entre los interlocutores. Ser conscientes de esta dualidad, por un lado más racional y por otro más emocional, facilitará la comprensión de cualquier fenómeno relacionado con la comunicación, especialmente los vinculados con la no verbal. A modo de síntesis, en la tabla 1 se recogen las características principales de los dos hemisferios cerebrales.

Hace aproximadamente un millón y medio de años apareció un nuevo gen en la cadena de ADN, el *FOXP2*;[1] este gen fue el encargado de desarrollar las áreas del lenguaje y de síntesis de la información en el cerebro. Con su irrupción, el cerebro estaba listo para dar otro salto en la evolución, la asociación de sonidos con significados concretos. La capacidad humana para obtener información del entorno a través de las imágenes, desarrollada a lo largo de muchas generaciones, se convirtió en un elemento secundario en los procesos de comunicación; ya no era necesario gesticular exageradamente, ni gritar, ni hacer ruidos para expresar «quiero comer», sino que bastaba emitir una «palabra», casi con toda seguridad de una sola sílaba, como podía ser «ta», para que todos entendiesen «comida».

Con la aparición del lenguaje racional, el proceso comunicativo se simplificó y ganó precisión. Una de las ventajas del ser humano como especie, utilizada desde hacía más de dos millones de años en los procesos de intercambio de información, quedó aparentemente relegada a un segundo plano. Los seres humanos comenzaron a pensar con palabras (lenguaje) y dejaron de hacerlo con imágenes.

---

[1] John Whitfield, «Evolución. El gen del 'lenguaje', FOXP2, parece esencial para la vocalización animal», *Investigación y Ciencia*, 379, abril de 2008.

El comportamiento sensoemocional en el que nuestros predecesores habían fundamentado su dominio sobre el resto de seres vivos se había rendido ante las inimaginables posibilidades que ofrecía el comportamiento racional. En la actualidad, el pensamiento humano está ligado al lenguaje y se ha convertido en el gran motor de nuestro desarrollo como especie, hasta el punto de que no podríamos definirnos como personas si no fuese porque disponemos del leguaje.

El resultado de este salto evolutivo supuso un cambio en el «*locus* de control» de los procesos comunicativos. Si durante gran parte de nuestro proceso evolutivo el control de los intercambios de información se encontraba en las áreas más primitivas y el hemisferio cerebral derecho, ahora se trasladaba a las áreas más evolucionadas del hemisferio que había acogido esta nueva y revolucionaria capacidad de pensar con palabras, el hemisferio cerebral izquierdo.

Una peculiaridad muy significativa del cerebro es su actividad: siempre está activo, incluso durante el sueño más profundo. Su actividad se reparte, por un lado, en el mantenimiento constante de las funciones vitales o automáticas del cuerpo, y, por otro, en la generación y el mantenimiento de las funciones intelectuales y emocionales. Para llevar a cabo esta ingente y agotadora tarea, el cerebro se nutre exclusivamente de información que le llega a través de la red de detectores que tiene distribuidos estratégicamente por todo el cuerpo, especialmente en los puntos más sensibles para la conservación de la vida y de captación de información externa que necesita para alimentar su actividad intelectual. La información es el elemento básico que requiere para poder cumplir con su misión, y sin ella, sencillamente, sería como cualquier otro órgano o tejido corporal, vivo pero sin esencia.

El cerebro necesita información, y la información es para él como el oxígeno para el cuerpo; la precisa constantemente porque sin ella no podría dar respuesta a todas las exigencias físicas e intelectuales a las que está sometido. De esta necesidad se desprende un aspecto descubierto recientemente: su tendencia a completar la información que necesita, incluso en ausencia de esta, para poder realizar sus funciones.

Cuando el cerebro no recibe información o la recibe de manera insuficiente, la completa o simplemente «se la inventa». Una demostración física de esta tendencia la encontramos en los movimientos sacádicos, directamente relacionados con la interpretación de la información visual. Nuestros ojos realizan involuntariamente y de forma continua este tipo de movimientos para conformar los detalles de una escena. Esto quiere decir que el cerebro procesa las imágenes producto del movimiento «de sacada» (imagen anterior e imagen posterior), y no percibe el movimiento borroso que hay en medio. Debido a estos movimientos, el cerebro se ve forzado a completar, por sí mismo, la información visual que le falta, la de la transición entre imágenes.

Si la curiosidad nos impulsa a comprobar este fenómeno, podemos situarnos ante un espejo y mirarnos fijamente. Miremos primero a uno de los ojos, cambiemos al otro, izquierda, derecha, izquierda, derecha. Comprobaremos que no podemos ver cómo se mueven nuestros propios ojos, aunque efectivamente los estemos moviendo. En cambio, si el observador es otra persona, o somos nosotros quienes miramos a otro haciendo el experimento, esos leves movimientos se perciben perfectamente.[2]

Como se ha comprobado, el cerebro es capaz de inventarse información visual para completar sus necesidades y llevar a buen puerto sus procesos de integración. Por tanto, y si se acepta que en todo proceso de comunicación existe un nivel de contenidos y un nivel emocional, el cerebro actuará de la misma manera al gestionar ambos tipos de información: *en ausencia de una clara percepción e interpretación de los contenidos y emociones de los interlocutores, nuestro cerebro se la inventará.*

1.2 La comunicación y sus claves

En 1949, Shanon publicó la «teoría matemática sobre la comunicación»,[3] donde la definió como un acto intencional, unidireccional y centrado en los contenidos, sin tener en cuenta el valor de la comunicación no verbal y situacional. Aunque esta teoría fue muy utilizada, hoy por hoy la mayor parte de los profesionales de la comunicación aceptan que la comunicación es un proceso complejo y multicanal que se rige según las normas y claves que la escuela de Palo Alto propuso a finales de 1970:

> «La comunicación se concibe como un sistema de canales múltiples, en el que el actor social participa en todo momento, tanto si lo desea como si no: por sus gestos, su mirada, su silencio e incluso su ausencia».[4]

En este capítulo se reflexionará sobre los diferentes factores que intervienen en la comunicación, con la intención de concretar todos aquellos aspectos en los que un profesional de la comunicación debe incidir para mejorar su desempeño. El punto de partida es entender la comunicación como:

---

[2] Véase www.mindhacqs.com.

[3] Claude Elwood Shannon, «A mathematical theory of communication», *Bell System Technical Journal,* vol. 27, p. 379-423 y 623-656, julio y octubre, 1948.

[4] Gregory Bateson, *et al., La nueva comunicación*, Kairos, Barcelona, 1994.

«La capacidad de los seres humanos, independientemente de su raza, sexo o cultura, de compartir e influir en el entorno provocando una respuesta o un cambio interior».

Aceptar esta definición supone que es posible enfrentarse a la comunicación desde un punto de vista extraordinariamente optimista, ya que se asume que:

- *Es común.* Nadie queda excluido, ni siquiera aquellos que pudiesen sufrir algún tipo de discapacidad física o psíquica.
- *Es una capacidad.* Por tanto, es susceptible de ser desarrollada.
- *Es una herramienta para compartir nuestra realidad* con otras realidades mediante un proceso de enriquecimiento mutuo.
- *Es un fenómeno capaz de afectar.* Lo que significa que podemos modularlo adecuándolo a nuestro criterio y propósito.

1.2.1 Leyes y axiomas de la comunicación de Palo Alto

Según Paul Watzlawick (1921-2007), uno de los integrantes de la escuela de Palo Alto que estudió los procesos comunicativos desde un punto de vista terapéutico, en cualquier proceso de comunicación humana deben tenerse en cuenta dos leyes y cinco axiomas, que si por cualquier razón no se cumplen dificultan el éxito de los intercambios de información.

- **Primera ley básica: lo verdadero no es lo que dice el emisor, sino lo que entiende el receptor**
  La realidad nos ha demostrado que las personas actúan en función de lo que el cerebro entiende y está preparado para entender. Esta construcción particular del cerebro, en función de los lazos comunicativos que ha logrado establecer, justifica la conclusión de que «cada persona oye y ve selectivamente», y lo hace en función de lo que realmente puede y quiere procesar. Todos nosotros interpretamos selectivamente los mensajes recibidos aplicando diferentes procesos filtrantes. Algunos de los más frecuentes son:

  - *Selección de los datos.* Las personas perciben e interpretan la información que llega al cerebro en función de las experiencias pasadas, preferencias, motivaciones, intereses, miedos… Por ejemplo, la información facilitada por alguien por quien se tiene un gran respeto se considera importante y se le presta la atención que merece, pero esa misma información remitida por una persona a la que se considera poco preparada o falta de credibilidad, se obvia y no se tiene en cuenta.

— *Organización de los datos.* La información o datos que se reciben no es aprehendida de manera dispersa, sino que el cerebro tiende a organizarla para darle sentido; para ello estructura el mensaje teniendo en cuenta las propias necesidades, expectativas y posibilidades. Es importante recordar la tendencia a completar la información del cerebro: si encuentra lagunas, las «rellena» con contenido propio.

— *Acentuación o simplificación de los datos.* Los mensajes que coinciden con nuestro sistema de valores o incrementan nuestro sentimiento de autoestima resultan ampliados, y viceversa.

— *Constancia de los datos.* Los seres humanos se mueven fundamentalmente por sus motivaciones, por la necesidad de querer ser, lograr o poseer. Una vez se han cubierto estas necesidades básicas, hace su aparición una de nivel superior: la de sentirse seguro y libre de toda preocupación que pueda causar intranquilidad. Por ello, cuando llega información que pone en peligro ese equilibrio emocional, el cerebro puede no solo restarle importancia —selección de los datos—, sino también modificarla y adaptarla para que no altere ese equilibrio y todo permanezca igual que antes. Su objetivo es que el mundo interior permanezca constante y bajo control, algo necesario para conservar una buena higiene mental.

Como receptor no se es consciente de la aplicación de estos filtros y, por tanto, desde su punto de vista, no se ha modificado el mensaje, se cree haberlo interpretado exactamente tal como lo dijo el emisor y no como el resultado de un proceso de filtración que el propio cerebro ha aplicado sin su consentimiento. Para nosotros, nuestra interpretación es «la verdad» porque, a nuestro modo de ver, es lo que verdaderamente se nos ha comunicado, y será muy difícil convencernos de lo contrario. Como finalmente se actúa siguiendo las directrices de «la verdad interpretada», y de ella dependerá la respuesta, se puede afirmar que lo «verdadero» es la verdad del receptor y no la del emisor.

- *Segunda ley básica:* **cuando el receptor interpreta mal el mensaje del emisor, el responsable es el emisor**
En el caso de la comunicación, y haciendo hincapié en aquellos procesos en los que existe voluntad de interacción, se entiende que cuando un emisor inicia

Figura 7. Interacción.

una comunicación es porque existe algún interés y la interacción tiene un sentido. Por ello, este debería cuidar los factores o fenómenos que podrían interferir, especialmente aquellos que dificulten la comprensión del mensaje. Esta ley recuerda que quien comunica ha de investigar y cerciorarse de que el receptor ha comprendido el mensaje correctamente. Obtener una respuesta adecuada o inadecuada dependerá de la interpretación que el cerebro del receptor realice y, como se ha visto en apartados anteriores, de que se apliquen, en mayor o menor medida, una serie de filtros. El emisor será el responsable, por no cerrar de manera adecuada el proceso, lo que significa no descuidar el componente más importante de la comunicación eficaz: la retroalimentación sobre el grado de comprensión del mensaje por parte del receptor.

La retroalimentación permite ampliar, matizar o repetir el mensaje cuantas veces sean necesarias, hasta estar completamente seguro de que el interlocutor lo ha comprendido correctamente. Si se descuida la retroalimentación, no se puede responsabilizar a los demás de las conductas o respuestas que proporcionen ante nuestros mensajes.

- *Primer axioma:* **no es posible no comunicar**

  Todo es comunicación, incluso el silencio. En consecuencia, por más que se intente no es posible dejar de comunicar, aunque no se estén emitiendo mensajes verbales, ni se tenga intención de interactuar. La simple presencia ya genera mensajes, puesto que influye en los demás produciendo reacciones de indiferencia, aceptación o rechazo. Cuando dos personas están visual, auditiva o táctilmente uno al alcance del otro, se producen una serie de intercambios voluntarios que pueden ir desde un educado saludo —«buenos días»— a simples intercambios involuntarios, como por ejemplo «ojo, estoy aquí». Todo comportamiento es una forma de comunicación. Birdwhistell ya propuso con anterioridad esta misma idea, con su famosa sentencia «nunca pasa que no pasa nada».

- *Segundo axioma:* **toda comunicación tiene un *nivel de contenido* y un *nivel de relación***

  Todo proceso de comunicación transmite, además del significado de las palabras (contenido del mensaje), el tipo de relación que se establece entre los comunicantes:

— *El nivel de contenido* es el nivel en el que tienen lugar los intercambios de mensajes que contienen datos, impresiones, ideas e información, sea general o concreta. Verbalmente —«Me llamo María y soy la supervisora»— o mediante códigos consensuados, como por ejemplo una tarjeta de identificación colgada del bolsillo de la camisa en la que se puede leer: «María, Supervisora».

— *El nivel de relación* pone de manifiesto el tipo de relación que se desea mantener con el interlocutor. La frase: «No sabes las ganas que tenía de encontrarme contigo», puede llegar a tener sentidos totalmente opuestos. Puede ser positivo o negativo y, por tanto, el modo como se exprese determinará claramente el tipo de relación existente.

- ***Tercer axioma:* la naturaleza de una relación depende de la gradación que los participantes hagan de las secuencias comunicacionales entre ellos**
  Tanto el emisor como el receptor estructuran el flujo de la comunicación de manera diferente, y así interpretan su propio comportamiento como mera reacción ante el otro. Este intercambio de información tiene una puntuación[5] invisible, es decir, se establecen unas marcas de puntuación, que Bateson y Jacqson llamaron la puntación de la secuencia de hechos, que ayudan a los participantes a establecer los patrones de intercambio (quién tiene la iniciativa, quién posee la posición dominante…). En muchas ocasiones, los conflictos relacionales se generan más por una falta de acuerdo en la puntuación utilizada en el proceso de la comunicación que por una discrepancia real en los contenidos del mensaje. Este fenómeno, igual que el resto de la comunicación no verbal, es algo que se percibe de forma inconsciente con el hemisferio cerebral derecho, el de las emociones. Las consecuencias pueden ser dramáticas si no se sincroniza la comunicación.

- ***Cuarto axioma:* la comunicación humana implica dos modalidades, la digital y la analógica**
  En comunicación no solamente son importantes las palabras (comunicación digital: *lo que se dice);* también lo son la comunicación no verbal (o comuni-

---

[5] Término utilizado por Carlos Fanjul, en su tesis *La apariencia y características físicas de los modelos publicitarios,* Universidad de Castellón, septiembre de 2006.

cación analógica: *cómo se dice)* y, según Fernando Poyatos (1994), la situación (entorno: *dónde se dice)*.

Una comunicación digital, que soporta principalmente los contenidos verbales y matemáticos, básica para compartir información acerca de objetos, y una comunicación analógica, compuesta principalmente por los elementos no verbales (gestualidad, ritmo de la comunicación...) y situacionales (lugar, cultura, momento...), son fundamentales para entender las emociones que acompañan cada mensaje verbal y, por tanto, su verdadero sentido.

- *Quinto axioma:* **los intercambios comunicacionales pueden ser tanto simétricos como complementarios**
  Este axioma se fundamenta en el hecho de que todos somos diferentes. Cada persona tiene unas creencias, unos valores, una manera de entender el mundo, una mayor o menor dependencia de los demás y un modo de posicionarse ante esas diferencias.

  Una relación es simétrica cuando se construye sobre unas bases de igualdad y respeto, y en la que ninguno de los interlocutores trata de imponerse al otro haciendo prevalecer sus derechos sobre los del otro. Ambos se sitúan en un mismo plano, y cada uno decide libremente continuar o abandonar la interacción si percibe que el otro está tratando de beneficiarse de la relación. Una relación es complementaria cuando este principio de igualdad se rompe por alguna de las diferencias existentes y sitúa a una de las partes en una posición superior o de autoridad sobre la otra, que queda en una posición inferior o de obediencia. Esta complementariedad no es buena o mala en sí misma, todo depende del grado de aceptación por parte de cada uno y la estabilidad que esta complementariedad proporcione a la relación.

Si nuestra intención es sacar el máximo partido posible a los intercambios comunicativos, estos axiomas nos recuerdan que estamos obligados a planificar tanto los contenidos explícitos de los mensajes como el entorno donde tengan que producirse.

Las dos leyes básicas sobre los procesos de comunicación que nos propone Watzlawick pretenden garantizar la efectividad de las comunicaciones; por ello, el foco de atención se centra en hacer conscientes a los comunicantes de las razones por las cuales no se comprende el mensaje, de la falta de entendimiento y de las consecuencias prácticas que esto puede tener en las relaciones interpersonales.

Estos axiomas y leyes pueden resultar redundantes, pero ofrecen información relevante para apreciar la complejidad de cualquier proceso de comunicación y, sobre todo, valorar la importancia que tienen los aspectos no verbales y situacionales en estos procesos, donde los pequeños detalles involuntarios pueden llegar a desencadenar conflictos interpersonales.

1.2.2 Algunos conceptos sobre comunicación

Antes de presentar el modelo GOHE, veamos una interpretación sobre algunos conceptos relacionados con la comunicación y los procesos de intercambio interpersonal:

- *Comunicación.* Transmitir mensajes y compartir significados por medio de símbolos, que pueden ser lingüísticos, no verbales, pictóricos o de otra índole. Juntos o en combinación, tienen la capacidad de influir en otro u otros.

- *Comunicación verbal.* Uno de los dos tipos básicos de comunicación que forman parte del proceso comunicativo y que permite transmitir el contenido de los mensajes a través de la emisión o recepción de palabras habladas o escritas. En este libro, con la única intención de simplificar y buscar el mayor nivel de aprovechamiento por parte del lector, se equiparará comunicación verbal a «comunicación oral». Probablemente, en el mundo académico habrá muchos y buenos profesionales que no estarán del todo de acuerdo con esta simplificación. Rogamos su comprensión, ya que este libro no está dirigido únicamente a especialistas y profesionales de la comunicación, sino a todos aquellos que busquen optimizar y sacar el mayor provecho posible en sus contactos con otras personas. En definitiva, a todos aquellos que desean mejorar sus relaciones e intercambios con otros.

- *Comunicación no verbal.* Uno de los dos tipos básicos de comunicación que forman parte del proceso comunicativo, en general, entendido como el tipo de comunicación a través del cual se transmiten y se reciben sentimientos y el sentido de los mensajes hablados o escritos. Los mensajes no verbales se transmiten mediante gestos, efectos que acompañan la pronunciación, efectos que matizan los textos, expresiones faciales, contacto ocular, vestido, corte de pelo, olor, tacto, etc.

- *Proceso de comunicación.* Es el fenómeno físico que permite el intercambio de mensajes entre personas a través de dos tipos de comunicación: verbal y no verbal. Ambos tipos de comunicación son necesarios porque el cerebro los procesa simultáneamente y nuestra valoración los incluye a ambos.

1.3 La comunicación no verbal

La capacidad de los seres humanos de interpretar correcta y rápidamente los mensajes que obtiene de su entorno ha sido una de las ventajas competitivas que ha permitido la conservación de nuestra especie. Bajo esta perspectiva de supervivencia podemos entender por qué el ser humano no ha dejado nunca de explorar nuevos recursos que le facilitasen una mejor interpretación de «las señales o mensajes» que le enviaba su entorno. La obsesión de ciertos estudiosos por estandarizar y dominar la lectura e interpretación del lenguaje corporal no deja de ser una extensión de este hábito ancestral.

Según recoge Rodney Davies en *El lenguaje de los rostros*,[6] existe una tradición milenaria china que aprovecha las características físicas del rostro de las personas para conocer su pasado y su futuro. El *Siang Mien* afirma que es posible conocer el carácter de las personas y ciertas características de su personalidad observando determinados rasgos de su rostro. A pesar de su falta de validación empírica, hay evidencias de que este «método de análisis» fue utilizado por muchas dinastías de emperadores para predecir los sucesos más importantes de su vida y poder actuar en consecuencia. Este interés por predecir el futuro basándose en la información que proporcionaba la fisiognomía no fue algo exclusivo de la cultura china, también lo encontramos en la antigua Grecia, donde Sócrates (470-399 aC), según Platón, fue capaz de predecir el ascenso político de Alcibíades (450-404 aC), durante el transcurso de la guerra del Peloponeso, solo por las marcas de su cara. La historia de este prominente estadista, orador y general ateniense se caracterizó por la volubilidad de su lealtad al cambiar de bando en varias ocasiones.

En el Imperio romano, los fisonomistas también gozaban de gran aceptación. A modo de ejemplo, podemos recordar el caso del emperador Claudio, quien solicitó el análisis del rostro de su hijo Claudio Tiberio Germánico (41-55), para conocer cuál sería su destino. La información aportada por el «asustado» fisonomista vaticinó que Claudio Tiberio nunca sucedería a su padre. Una predicción que la historia acabó confirmando cuando Nerón lo envenenó para acceder al poder.

En 1480, 250 años después de la muerte de Michael Scout (1175-1232), se imprimió *De physiognomia et de hominis procreatione*, obra que tuvo una clara influencia en Johann Caspar Lavater (1741-1801) (véase la figura 8), considerado padre de la fisionomía moderna. La popularidad de esta paraciencia creció a partir del siglo xviii e impregnó los relatos descriptivos de muchos novelistas europeos, que consideraban que los rasgos físicos heredados definían nuestro futuro.

---

[6] Rodney Davies, *El lenguaje de los rostros,* Ediciones Apóstrofe, Madrid, 1991.

Este determinismo genético es uno de los principales pilares sobre los que se fundamenta la gran obra precursora de los estudios modernos sobre comunicación no verbal, el estudio de Charles Darwin (1809-1882) publicado en Londres en 1872, *La expresión de las emociones en los hombres y en los animales.*[7] Darwin defendía que las expresiones de determinadas emociones eran universales y que se transmitían de una forma genética de generación en generación.

En 1941, D. Efron llevó a cabo una serie de experimentos con los que pretendía determinar si los gestos estaban basados en la genética o en la cultura. Para

Figura 8. Johann Caspar Lavater.

lograrlo comparó los gestos de ciudadanos italianos y judíos de Europa del Este que habían emigrado a Estados Unidos. Diseñó intervenciones experimentales, primero con la generación inmigrante, es decir, la que había crecido inmersa en su cultura de origen, y en segundo lugar con sus descendientes nacidos y crecidos en la cultura americana. Los resultados de sus investigaciones se reflejaron en su tesis *Gesture and enviroment,* en la que ponía en entredicho, de una forma empírica, las ideas propuestas por Darwin. Las conclusiones a las que Efron llegó en su tesis fueron que:

- La gesticulación en ambos grupos difería en muchos aspectos. Los judíos realizaban movimientos abruptos, cercanos al cuerpo, llenos de energía nerviosa y habitualmente con una sola mano. Los italianos, por su parte, se caracterizaban por utilizar gestos expansivos, rápidos, con ambas manos y simétricos.

- La primera generación de norteamericanos emigrados mantuvo el estilo de los gestos de su cultura de origen y, sin embargo, los estadounidenses de segunda o tercera generación adoptaron modalidades no verbales de la cultura en la que vivían, la norteamericana; por tanto, «las características gestuales» que se encuentran en el judío o en el italiano tradicional desaparecen con la asimilación social del individuo en la llamada comunidad «norteamericanizada».

---

[7] Charles Darwin, *La expresión de las emociones en los animales y en el hombre*, Alianza Editorial, Madrid, 1998.

Efron demostró científicamente la influencia de la cultura en el gesto y la necesidad de *contextualizar la comunicación no verbal*. A pesar de los importantes avances que se produjeron en esta primera mitad de siglo XX, la comunicación no verbal no obtuvo el reconocimiento como disciplina hasta 1952, año en el que R. Birdwhistell publicó el primer trabajo sobre el estudio de los gestos y movimientos corporales (cinesia).[8] La disciplina pronto se vio reforzada con la publicación de los resultados de otra importante investigación: la utilización del espacio o *proxemia*[9] dirigida por Edward T. Hall. Ambos investigadores reforzaron las aportaciones realizadas por Efron en 1941 sobre el canal de transmisión de la comunicación no verbal entre generaciones, y se erigieron en los principales defensores de la determinación cultural de los gestos y de la importancia de la comunicación no verbal que acompaña a cualquier proceso de intercambio interpersonal, frente a la postura darwinista.

Con argumentos a favor de una y otra línea de investigación, el debate científico continuó hasta que, en los años setenta, Paul Ekman realizó un estudio transcultural para demostrar la universalidad de ciertas expresiones faciales. A los participantes se les mostraron treinta fotografías de los rostros de catorce personas que expresaban seis emociones consideradas primarias: felicidad, miedo, sorpresa, tristeza, ira/enfado y asco. Los resultados revelaron que las interpretaciones fueron las mismas en la mayoría de sujetos encuestados. Tras los experimentos comparativos entre culturas realizados por Ekman y sus colaboradores, estos investigadores presentaron «la teoría neurocultural de la expresión facial», que postula que existe un *facial affect program* localizado en el sistema nervioso de todos los seres humanos que relaciona los movimientos de un determinado músculo facial con emociones concretas. Esta postura, según Ekman, podría apuntar hacia la reconciliación de las visiones de Efron, Hall y Birdwhistell con las de Darwin, al mantener que la expresión facial de la emoción básica será la misma entre diferentes culturas, pero que los hechos que desatan esa emoción normalmente variarán entre diferentes culturas, es decir, que la situación determinada que ha producido la emoción será particular de cada cultura.

1.3.1 *Las funciones de la comunicación no verbal*

A pesar de todas las investigaciones, logros y certezas a las que se han llegado, hoy por hoy, no puede afirmarse que se conozcan en profundidad y de forma detallada todos y cada uno de los signos y sistemas que componen la comunicación no verbal,

---

[8] Ray Birdwhistell, *Introduction to qinesics,* Filadelfia, University of Pennsylvania.
[9] Edward T. Hall, *El lenguaje silencioso*, Alianza Editorial, Madrid, 1989.

así como las distintas relaciones entre ellos. Lo que sí que puede constatarse es su presencia e importancia en la comunicación humana, o lo que es lo mismo, en las relaciones personales. Argyle afirma que la comunicación no verbal interviene en el proceso de la comunicación cumpliendo cinco funciones fundamentales:

— Expresar emociones.
— Expresar actitudes interpersonales.
— Complementar la comunicación verbal emitiendo señales sobre la interacción entre quien habla y quien escucha.
— Presentar la propia personalidad.
— Desarrollar rituales (saludos).

Estas cinco funciones deben completarse con una sexta que resulta de vital importancia:

— Retroalimentar la interacción tanto en su contenido como en el tipo de relación existente.

Estas seis funciones pueden llevarse a cabo a través de la comunicación no verbal o mediante las interacciones entre la comunicación verbal y no verbal de seis maneras distintas:

A. *Repitiendo* la comunicación no verbal lo expresado verbalmente al emplear gestos que dan más fuerza a lo que se dice. Gestos como señalar un detalle de un cuadro mientras se dice que destaca por sus características cromáticas.

B. *Contradiciendo* de manera no verbal lo expresado verbalmente. En el transcurso de una conversación, la comunicación verbal y la no verbal pueden emitir mensajes opuestos o contradictorios, es decir, se puede estar realizando una afirmación, que se pretende que sea aceptada sin reparos, asegurando que no hay la más mínima duda, y por otro lado desviar la mirada o realizar movimientos nerviosos. Las razones por las que pueden producirse mensajes contradictorios son muy diversas, pero en general se hallan íntimamente relacionadas con los sentimientos de incertidumbre, ambivalencia o incluso frustración.

C. *Complementando* lo expuesto verbalmente. La precisión en la interpretación se facilita enormemente cuando los mensajes verbales y no verbales se complementan. Las señales no verbales se emplean para reforzar el contenido del mensaje y buscar así lograr el principal objetivo de una interacción interpersonal, compartir una información y una manera de entenderla, lo que no necesariamente significa estar de acuerdo.

D. *Substituyendo* lenguaje por gestos o expresiones faciales. Inconscientemente primero y conscientemente después, se aprende a dotar de contenido e interpretación a ciertos movimientos corporales o expresiones faciales que se emplean para comunicar información codificada (por ejemplo, los gestos de un guardia urbano) o estados de ánimo (por ejemplo, la decepción).

Figura 9. Charles Chaplin.

E. *Acentuando o moderando* mediante la comunicación no verbal la información facilitada verbalmente. Se emplean elementos no verbales para alterar la interpretación de los mensajes verbales. Por ejemplo, si se está furioso con alguien y, mientras se le dice en tono enfadado que se prepare para las consecuencias, se levanta el puño apretado, el mensaje quedará mucho más claro que si solo se dice «prepárate para las consecuencias», aunque el tono sea contundente.

F. *Regulando los flujos de comunicación.* Es obvio para muchas personas que en una conversación, para que se entienda, los interlocutores no pueden hablar al mismo tiempo. La comunicación no verbal mediante pausas, asentimientos con la cabeza, muecas, movimientos con las manos, etc., regula el flujo comunicativo expresando que se continúe, que se está interesado en lo que el otro está diciendo, que se quiere hablar, que se desea que el otro calle…

1.3.2 Las paradojas de la comunicación no verbal

1.3.2.1 La paradoja formativa

A principios del siglo XXI, en una sociedad globalizada, caracterizada por un entorno competitivo y en constante cambio, el objetivo de la mayoría de organizaciones

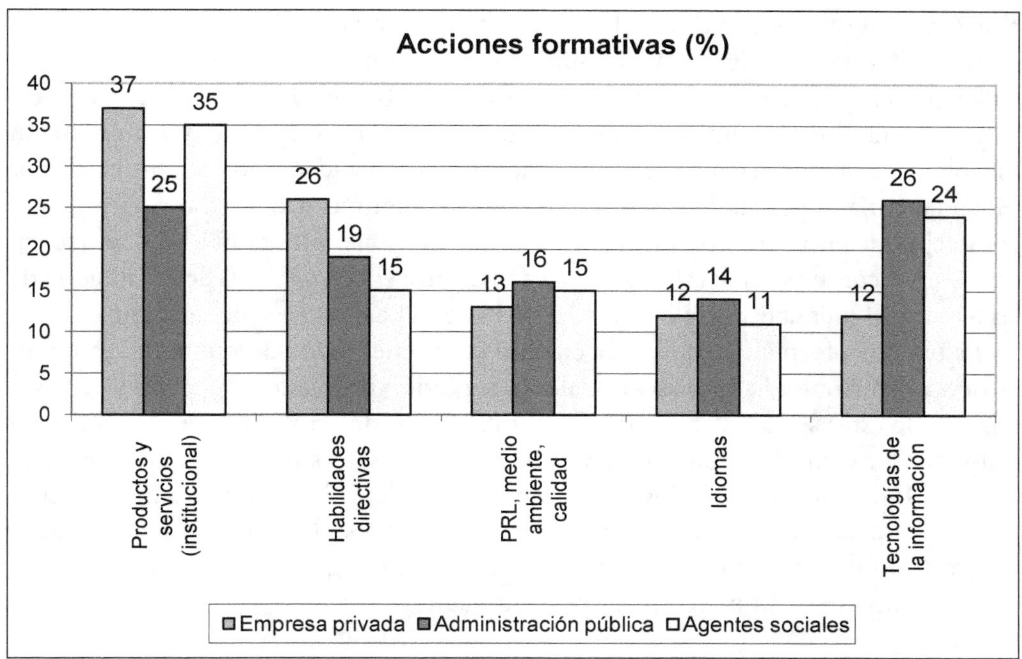

Gráfico 1. Inversión de las empresas en acciones formativas.

es *generar beneficios*. Para ello, las empresas, entre otras muchas acciones, buscan modelos de gestión que les permitan mejorar sus resultados: Seis Sigma, PMBOK, reingenierías de procesos, reducción de niveles jerárquicos, etc. En la mayoría de ocasiones, una de las medidas que se propone en este tipo de procesos es la mejora de la comunicación entre los actores que intervienen en el proceso empresarial. Tal es la importancia de este tipo de aspectos que hoy por hoy, tanto en la empresa privada como en la pública, la inversión en acciones formativas relacionadas con las habilidades directivas supone un 20 % del total del gasto formativo en España,[10] por ejemplo (véase el gráfico 1).

Estos porcentajes hace solo veinte años hubieran resultado impensables, pero hoy gran parte de las organizaciones empresariales ya tiene asumida la necesidad de utilizar la inversión en formación, como una ventaja competitiva más.

Gran parte de las acciones formativas relacionadas con las habilidades directivas tiene como punto de partida una presentación de la teoría de la comunicación: el emisor,

---

[10] Este dato aparece en el estudio sobre la inversión en formación, *El estado de la formación en España* (realizado durante 2007).

el mensaje, el canal y el receptor. Esta teoría se basa en la propuesta que Shanon presentó en 1949, que entiende la comunicación como un acto centrado exclusivamente en los contenidos. Como estrategia formativa, es una buena idea empezar la casa construyendo unos buenos cimientos, lástima que la teoría matemática de la comunicación esté olvidada desde hace más de treinta años. En la actualidad, todo el mundo da por válida la teoría orquestal de Bateson. Un modelo comunicativo mucho más amplio y complejo que el planteado por Shanon, ya que propone que los niveles que pueden influir en la comunicación entre personas son cuatro: el del *contenido* del mensaje, el de las *formas* del mensaje, el del *entorno* del mensaje y el del *contexto* del mensaje.

La paradoja formativa se plantea cuando en momentos de dificultad se realiza un esfuerzo inversor en habilidades sociales o de gestión propias del siglo xxi y los contenidos de estas sesiones se continúan fundamentando en teorías de mediados del siglo xx. Por ejemplo, ¿cuántos cursos ha recibido usted sobre habilidades sociales o de gestión en los últimos dos años?, ¿en cuántos de ellos ha recibido información para mejorar su comunicación no verbal y conocer cuál es la imagen que actualmente está transmitiendo a su entorno? o ¿cómo debe comportarse inicialmente para generar empatía en su interlocutor posturalmente?

1.3.2.2   La paradoja emocional: «lo que siento no es lo que escucho»

La evolución de los seres humanos como especie ha conducido hacia una polarización de las funciones cerebrales a escala comunicativa, el hemisferio izquierdo analiza los contenidos y el derecho calibra las emociones que se generan en el proceso. De forma instantánea, los impulsos eléctricos generados por estas valoraciones se envían hacia el cuerpo calloso y si, por alguna razón, este detecta algún tipo de incoherencia o discrepancia entre el contenido y la emoción del mensaje lanza una señal de alarma. Esta señal se transforma en emoción o sensación consciente que informa que el cerebro ha detectado algún tipo de incoherencia perceptiva. «Algo no acaba de funcionar como debería…», seguro que el lector ha tenido esta percepción en más de una ocasión. Pocas veces es posible analizar o detectar el estímulo, la palabra o el factor externo responsable de esta percepción.

Una razón que explica este tipo de percepción es que el cerebro se ha especializado en trabajar de forma racional, y cualquier mensaje relacionado con aspectos emocionales tiende a minimizarse o desacreditarse. En definitiva, se ha aprendido a obviar este tipo de señal que puede producirse en cualquier ámbito vital por entenderla como políticamente incorrecta.

Que nuestro jefe nos transmita una orden de trabajo o que en casa nuestra pareja nos pida algo son situaciones que se reproducen en multitud de ocasiones, muchas veces generan buenas sensaciones, sin embargo, otras generan «malas vibraciones». La paradoja emocional se produce cuando el sistema perceptivo informa de algún tipo de incoherencia sensorial, pero en lugar de preocuparnos, como lo hacemos cuando al circular por una carretera observamos una señal de tráfico que alerta sobre viento en la zona y actuamos automáticamente reduciendo la velocidad y aumentando el nivel de alerta en la conducción, en los procesos de comunicación, al encontrarnos con señales emocionales, las obviamos y menospreciamos, y no profundizamos en las razones que las justifican. Sencillamente, «pasamos» de las emociones.

1.3.2.3 *Paradoja racional. «Qué fácil parece…»*

Como cualquier otro día, corremos hacia el trabajo, la universidad, la compra… De repente, el detalle de un escaparate, el mensaje de una valla publicitaria o el titular de un diario capta nuestra atención. Le dedicamos unos segundos y volvemos a concentrarnos en nuestra carrera. Este tipo de situación se produce para todas las personas que residen en grandes ciudades entre 2.000 y 3.000 veces al día. A pesar de no analizar de forma racional este tipo de estímulos, es imposible ignorar que se producen en la vida cotidiana y que afectan a la forma de actuar y de consumir.

La ciencia ha podido demostrar cómo el cerebro capta los estímulos externos, pero esta explicación física no permite entender de forma racional por qué determinados estímulos exteriores captan la atención de un determinado grupo de personas o por qué un tipo de color transmite mejor la sensación de tranquilidad que otro. Este misterio psíquico se oculta bajo un manto de aparente simplicidad que solo la rutina diaria puede generar. Del mismo modo, parece sencillo explicar los intercambios de información; sin embargo, cuando se intenta abordar una justificación racional de las emociones y percepciones que se ponen en juego durante la transferencia de información entre dos partes, surge una serie de interrogantes (véase la figura 10) difíciles de explicar, como por ejemplo:

Figura 10. Qué fácil parece.

1. ¿Cuáles son los estímulos que pueden influir en este proceso de creación de emociones?
2. ¿Cómo afecta cada uno de estos estímulos al proceso en su totalidad?
3. ¿Cuál es la importancia que cada uno de los estímulos puede tener en el conjunto de la comunicación?
4. ¿Cuál es el valor relativo de cada tipo de estímulo en una conversación?

Es posible aceptar racionalmente un proceso de comunicación y sus contenidos, pero mientras no se personalice la aplicabilidad del mensaje recibido se continuará ignorando su utilidad y beneficios. Las campañas antitabaco, los métodos anticonceptivos y las campañas de tráfico, entre otros, son algunos ejemplos de estas paradojas racionales.

Si en general se acepta la existencia y la importancia de la comunicación no verbal en los procesos comunicativos, ¿por qué es tan poco valorada, si con esta actitud se cae constantemente en el error de entender la comunicación como un acto sencillo, cuando debería entenderse como una carrera de obstáculos en la que deben cuidarse todos los detalles?

1.3.2.4 *La paradoja de los mitos*

En un extremo opuesto al anterior, algunas personas tienden a mitificar en exceso las bondades de la comunicación no verbal y sus posibilidades interpretativas. Si desea aprovechar realmente su tiempo, le sugerimos que sea consciente, en todo momento, de sus limitaciones.

La comunicación no verbal no es una entidad aislada y distinta del fenómeno de la comunicación, sino que se halla integrada en el proceso global a través de su íntima vinculación con el resto de los componentes de la comunicación humana.

No puede enfocarse desde una perspectiva parcial, es decir, no puede ni debe contemplarse si no es dentro de un contexto sociocultural.

Un gesto aislado, por sí solo, no puede dotarse de significado concreto. Los pensamientos, sentimientos y emociones no están ligados unívocamente a un gesto, sino que suelen expresarse a través de los diferentes sistemas de comunicación no verbal, lo que significa que un mismo pensamiento, sentimiento o emoción puede manifestarse por diferentes gestos y viceversa.

Después de estas consideraciones, es importante recordar que la comunicación no verbal es una herramienta, y como tal requiere cierta habilidad para utilizarla de forma adecuada. No debe olvidarse que lo más importante cuando se emplea una herramienta es «prevenir los posibles accidentes». Lo más indicado en estos casos para evitar el riesgo de resultar dañado o estropear más lo que se pretende arreglar, por incurrir en errores graves de interpretación, es respetar las recomendaciones recibidas.

La interpretación de la comunicación no verbal es una habilidad que:

- Requiere paciencia para evitar realizar interpretaciones equivocadas.
- Necesita un proceso de observación (el conjunto completo es lo que importa, perder algún detalle puede significar un imperdonable error si se toman decisiones con la información que nos proporciona).
- Se fundamenta en el sentido común.

La utilización correcta de la comunicación no verbal permitirá:

- Conocernos a nosotros mismos, al hacer conscientes nuestros verdaderos sentimientos y contradicciones.
- Conocer mejor a los demás, valorando adecuadamente su estado de ánimo y su posicionamiento en las diferentes situaciones y contextos en los que nos podamos encontrar. Empatizar mejor con ellos.
- Disponer de un pilar de apoyo adicional para afrontar mejor los retos personales y profesionales.

Una utilización adecuada de la comunicación no verbal, en un momento histórico en el que todo lo relacionado con las emociones, percepciones e intuiciones se menosprecia y se sustituye por lo racional o lo lógico, puede proporcionar innumerables ventajas. No conviene despreciarla: no todo avance supone una mejora.

Capítulo 2
Modelo GOHE

> «… es esencial que aprendamos a leer las comunicaciones tácitas y silenciosas con la misma facilidad con que captamos las orales y las escritas. Solo haciéndolo así podremos comunicarnos con otras personas, tanto dentro como fuera de nuestras fronteras…»
>
> Edward T. Hall
> *La dimensión oculta*
> 1966

Llegados a este punto, algunos lectores estarán impacientes por introducirse en los secretos de un sistema de comunicación que posee el encanto de lo desconocido, y al que algunos atribuyen la capacidad de poder desnudar lo más íntimo de los demás y descubrir lo que esconden.

El modelo GOHE surge de la necesidad de complementar los modelos verbales actuales y disponer de una estructura para reducir la dificultad comprensiva de la comunicación no verbal, así como hacer frente tanto a un primer contacto con desconocidos como a las situaciones profesionales más complejas y sofisticadas, teniendo en cuenta la gran cantidad de elementos no verbales que intervienen en estos procesos.

El principal objetivo del modelo GOHE es facilitar una metodología que permita mejorar las estrategias comunicativas y, en consecuencia, las relaciones interpersonales. Para ello, el modelo desarrolla y explicita los máximos factores y fuentes de información no verbales que hay que tener en cuenta en cualquier proceso de intercambio de mensajes. En resumen, el modelo GOHE proporciona las bases requeridas para:

— Poder interpretar correctamente la máxima cantidad de mensajes que envían los interlocutores.

Esquema 1. Las cuatro etapas del modelo GOHE.

– Permitir que las intenciones se vean reflejadas no solo en las palabras, sino también en «todos los recursos que la comunicación no verbal pone a nuestro alcance».

Con el modelo GOHE se propone iniciar un viaje que permita establecer unas pautas de análisis para facilitar el conocimiento de las formas y maneras comunicativas que se utilizan habitualmente para intercambiar información y emociones con el entorno. El conocimiento adquirido será especialmente relevante en los casos en los que dichas formas y maneras acaban condicionando negativamente los intercambios comunicativos. La estructura de esta obra corresponde a un desarrollo lineal del modelo desde la planificación hasta la adaptación, pasando por la emisión y la retroalimentación (véase el esquema 1), con la intención de buscar claridad, simplicidad y concisión en la presentación, y favorecer su comprensión.

2.1 Punto de partida del modelo GOHE

La escritura china es un ejemplo de la tendencia de las culturas asiáticas a representar formalmente las ideas o conceptos mediante símbolos. Este tipo de escritura está formada por tres grandes grupos de caracteres: pictogramas, ideogramas y fonogramas:

1. Los *pictogramas* son signos que representan objetos. El pictograma 人, que significa «persona», es una representación deformada del perfil de un hombre.

2. Los *ideogramas* son representaciones gráficas de una idea. Los ideogramas suelen formarse por la combinación de pictogramas. Siguiendo el ejemplo anterior, el ideograma 囚 representa a una persona dentro de un recuadro, y significa «prisionero».

3. Los *fonogramas* son el tercer tipo de carácter que aparece en la escritura china y matiza la inmensa mayoría de los caracteres chinos actuales. Consiste en la modificación de otro carácter con el que comparte pronunciación añadiéndole otro componente gráfico distinto que lo distingue. El componente añadido es a menudo uno de los llamados «radicales», que aporta una idea semántica respecto al tipo de significado representado por el nuevo carácter.

En la escritura japonesa también se encuentra un gran número de fonogramas, conocidos como *qanjis,* cuyo significado evoluciona y cambia a cada nuevo trazo. Sirva como ejemplo la palabra *árbol* (véase la tabla 2).

Castellano	Japonés
Árbol	木
Raíz	本
Arboleda	木木
Descansar	休

Tabla 2. Evolución del fonograma de árbol en la escritura japonesa.

Al analizar la evolución del dibujo y su significado, se encontrará rápidamente su relación, pero si se imagina el momento de su escritura se descubrirá que a medida que se va dando forma al carácter iconográfico, su contenido se va modificando en función del trazo que se aporta, y su significado real solo se concreta cuando se obtiene la visión final y global del carácter. Cualquier interpretación parcial o descontextualizada del carácter puede conducir a un error en su apreciación, del mismo modo que sucede en cualquier proceso de comunicación.

Esta construcción gradual del significado de un carácter es similar al modelo de análisis y ejecución de la comunicación no verbal. Este modelo defiende que en cada acto de comunicación interviene una gran variedad de elementos que, al agruparse en un todo, pueden transmitir información, sensaciones, sentimientos, emociones y estados de ánimo; del mismo modo que de forma individual las letras no transmiten nada, pero al asociarse de una u otra forma son capaces de transmitir información. No puede negarse que de forma individual los diferentes elementos que componen la comunicación son importantes por sí mismos, pero solo alcanzan su verdadero significado cuando se evalúan de forma global.

Como puede comprobarse existe una gran similitud entre los fonogramas asiáticos y la comunicación no verbal. La eficacia de ambos sistemas se basa en la combinación de trazos y gestos básicos, para acabar expresando significados o conceptos complejos.

Las personas dispuestas a mejorar sus intercambios comunicativos no deben obsesionarse por el análisis pormenorizado de los signos y señales que lanzan nuestras cejas, manos, pies o tronco superior, sino que deben ser capaces de aplicar una metodología de trabajo que les permita, a través de unas sencillas reglas, interpretar y transmitir, de forma global, los diferentes mensajes, valorando tanto las partes como el conjunto, sin olvidar los antecedentes y el contexto que rodea a cada situación.

2.2   Modelo GOHE. Un cambio de perspectiva

Cuando, en cualquiera de los procesos de intercambio, se inicia la comunicación de ideas de forma casi automática y solo se valora su contenido, se está aplicando un modelo lineal como el que se expone en el esquema 2.

Este modelo clásico se caracteriza por:

- Destacar la importancia de la emisión y recordar la necesidad de planificar el mensaje que se emite para facilitar su interpretación correcta por parte del receptor.

Esquema 2. Modelo lineal de Sheman.

   – No tener en cuenta las diferencias entre el emisor y el receptor, por lo que no establece mecanismos de control para evitar desajustes entre ambos niveles comunicativos.

La consecuencia de este modo de enfocar la comunicación es la aparición de momentos de incomunicación fruto de los errores en la transmisión y en la recepción, y lo que es más importante, derivados de la manifestación e interpretación de las intenciones, que son fuentes de importantes conflictos interpersonales, sociales y políticos.

Con la llegada del modelo orquestal de Bateson, la comunicación pasa a ser un proceso coral donde intervienen multitud de actores, sin olvidar la planificación del mensaje, y su principal aportación es la apertura de las puertas a la influencia que la comunicación no verbal puede tener en los procesos de intercambio de información.

Se ha escrito mucho sobre la comunicación no verbal, y existen infinidad de enfoques y modelos. El modelo GOHE ha tomado como principal referente el modelo de Palo Alto, sin descuidar las mejores aportaciones del resto de los modelos y líneas de investigación anteriores (véase el esquema 3). Para llevar a cabo una valoración de la efectividad del mensaje en el mismo instante en que se emite, no habría sido lícito obviar sus logros, máxime cuando se pretende ofrecer una respuesta completa a la necesidad de mejorar el modelo de comunicación actual, sobre todo en lo que respecta a la capacidad para modificar las formas de comunicar los contenidos, la planificación del proceso y el cambio de perspectiva.

Con la intención de favorecer su aplicabilidad, este modelo se ha orientado hacia una propuesta pragmática. Una propuesta que valora una serie de factores previos a cualquier proceso de comunicación, sin los cuales será difícil lograr el éxito deseado.

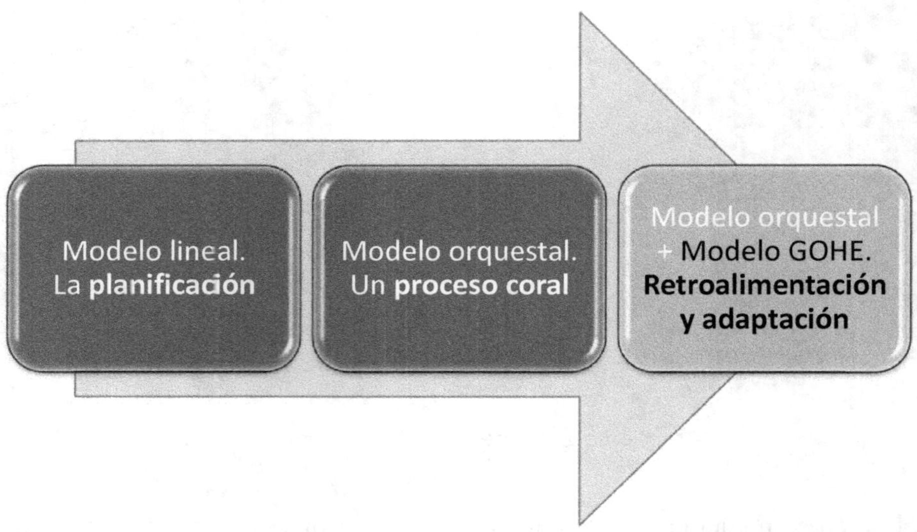

Esquema 3. Evolución hacia el modelo GOHE.

Por tanto, el modelo GOHE podría presentarse como una sencilla lista de chequeo de actuaciones antes de iniciar cualquier proceso de comunicación, durante y al final de este, y cuya aplicación permitirá afrontar con éxito cualquier situación social en la que se produzca un intercambio interpersonal.

Este «listado de acciones» que se propone ayudará a evitar errores conceptuales, emocionales o contextuales, y proporcionará más posibilidades de conseguir trasmitir e interpretar correctamente sentimientos, ideas, mensajes u órdenes.

El modelo matemático de Sherman (1949) aportó la necesidad de planificar correctamente los mensajes enviados a los interlocutores, y el modelo orquestal de Bateson (1972) permitió poner sobre la mesa la influencia de muchos actores en el momento de la emisión del mensaje, entre ellos la comunicación no verbal. El modelo GOHE (2011) reitera la importancia de estos dos aspectos y remarca la necesidad de establecer técnicas o mecanismos de retroalimentación y adaptación adecuados para cualquier proceso comunicativo.

El modelo GOHE utiliza una estructura comunicativa con cuatro etapas bien definidas:

a) La planificación, donde se tienen en cuenta los aspectos que pueden influir durante el proceso.

b) La emisión, donde se recogen las principales fuentes de información no verbal.

c) La retroalimentación, donde se concretan los principales significados de las acciones que se producen durante los intercambios de información.

d) La adaptación, donde se presentan las medidas adecuadas para desarrollar las estrategias que se van a utilizar de forma correcta.

Estas etapas están configuradas por una serie de factores, entendidos como un conjunto de elementos que intervienen, de una manera u otra, actuando como condicionantes perceptivos. Así, la etapa de *planificación*, por ejemplo, está compuesta por los factores: cultura, estatus, entorno, personas, gestión temporal y gestión emocional. El factor *cultura*, a su vez, estará matizado por si se trata de una cultura de contacto o de no-contacto. En la etapa de *emisión* actúan dos grandes factores: el referido a la *comunicación verbal*, que aquí solo se mencionará dada la gran cantidad de bibliografía al alcance del lector, y el factor *comunicación no verbal*, en cuyos sistemas de comunicación se profundizará. La etapa sobre *retroalimentación* se centra en la aplicación de sus diferentes modalidades para obtener información del receptor del mensaje; finalmente, en la etapa de *adaptación* se modifican las formas de actuar con la única finalidad de facilitar la recepción adecuada del mensaje al interlocutor.

Una aplicación correcta del modelo GOHE (2011) permitirá:

- Desarrollar de forma adecuada la planificación de cualquier proceso comunicativo.
- Ser flexibles y coherentes en la emisión del mensaje.
- Aplicar la retroalimentación como ayuda para obtener información acerca del nivel de comprensión y aceptación del mensaje por parte del receptor, y cumplir con la obligación de valorar la efectividad del mensaje en el mismo proceso de comunicación.
- Mejorar la capacidad para modificar las formas de comunicación de los contenidos emitidos.
- Adaptar el estilo comunicativo al del receptor en cualquier momento del intercambio.

Los modelos clásicos plantean la comunicación como una mesa de billar francés (de carambolas), ya que esta se produce en un marco cerrado que impone limitaciones y barreras, donde existen tres elementos interactuantes condicionados por dichos obstáculos. Estos elementos interactuantes pueden realizar intercambios con las bandas y entre ellos cuando un ente superior (el que posee la intención) decide activar el proceso de interacción golpeando uno de estos elementos móviles. En el momento que la intención activa, uno de estos elementos móviles le imprime una

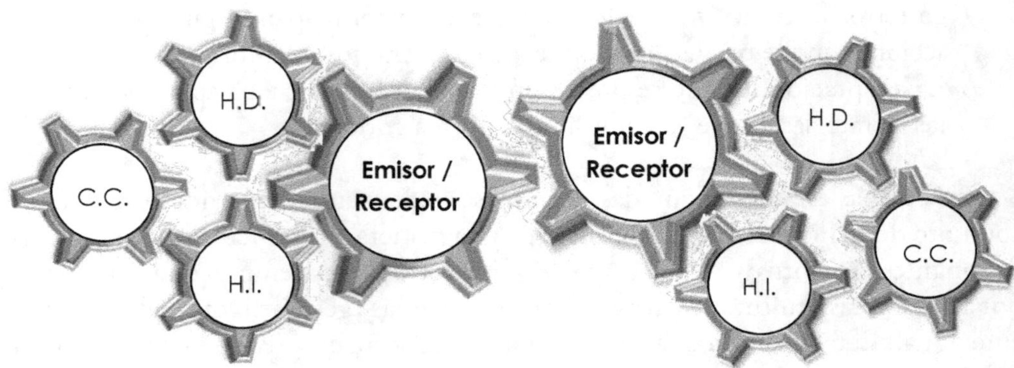

Esquema 4. Relación de influencias durante el proceso de comunicación.

fuerza determinada y un cierto efecto. La bola cargada de los mensajes proporcionados, fuerza y efecto, se desplaza golpeando una de las otras bolas, transmitiéndole, a su vez, una fuerza determinada y un cierto efecto y haciéndola reaccionar en función de las condiciones en las que ha recibido el impacto. Es un modelo de acción reactiva.

En el modelo GOHE, el tapete de billar se ha sustituido por la placa base de un reloj y todo el conjunto de ruedecillas y muelles que componen su maquinaria. Cualquier movimiento, contacto o pausa afectan a todo el conjunto, y el resultado final no se explica por el simple intercambio, sino por la inmensa cantidad de movimientos, contactos y pausas que ha desencadenado. En el modelo GOHE, la interacción de dos elementos por canal analógico/digital o comunicación verbal/no verbal desencadena toda una serie de acontecimientos en el emisor y en el receptor que se influyen mutua y continuamente (véase el esquema 4). Es un modelo complejo de interacción y retroalimentación constante.

Las diferencias prácticas que ofrece el modelo GOHE se basan precisamente en la coherencia de su estructura y en la riqueza interpretativa que proporciona. El aprovechamiento del conocimiento expuesto dependerá tanto de la capacidad para explicar y motivar al lector, como de la capacidad de este para interiorizar el mensaje y transformarlo en un conocimiento útil y práctico aplicable en sus rutinas comunicativas.

A modo de diagrama de flujo, en el esquema 5 se ilustran la estructura y los contenidos que se proponen considerar para disponer de una visión global de este modelo. Se trata de un modelo exigente con todos los elementos que componen la comunicación, porque cualquier cambio en uno de ellos afecta irremediablemente, directa o indirectamente, a todos los demás.

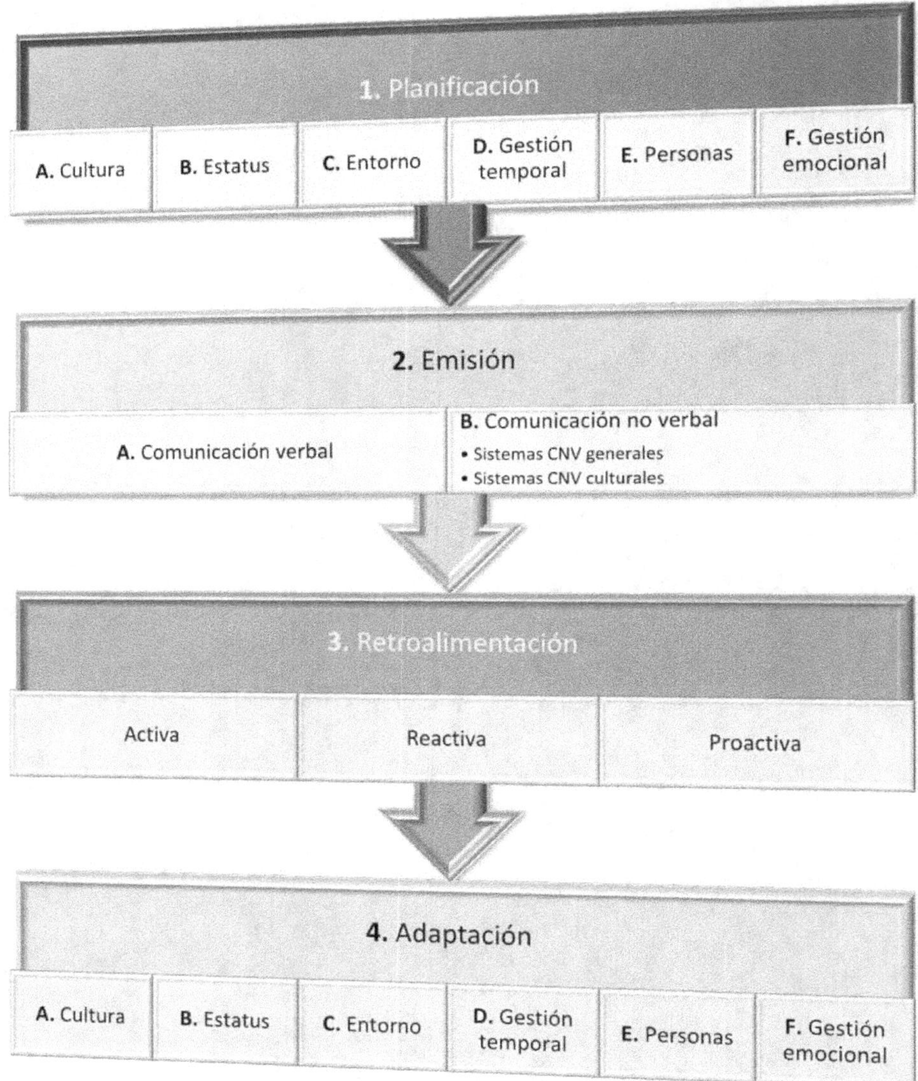

Esquema 5. Representación lineal del modelo GOHE.

Esta representación servirá como guía a la hora de realizar la presentación y el desarrollo de las diferentes etapas que componen el modelo, así como los diferentes elementos de análisis que forman cada una de esas etapas. Así, siempre se podrá situar la acción concreta sobre la que se está trabajando dentro del modelo global.

Capítulo 3
La planificación

Igual que en muchas otras habilidades sociales, la primera clave para afrontar con éxito un proceso comunicativo es la planificación (véase el esquema 6). Si se acepta que para mejorar los resultados de una reunión es aconsejable planificar el orden del día; si se da por sentado que para realizar una buena sesión de negociación hay que ser capaz de planificar un buen número de alternativas, establecer previamente un MAPAN,[1] el régimen de concesiones y los tiempos, para poder utilizarlos como herramientas durante la negociación; entonces, ¿por qué resulta tan difícil encontrar a personas que, por ejemplo, planifiquen los elementos verbales y los no verbales de

Esquema 6. Etapas del modelo GOHE.

---

[1] Siglas de «mejor alternativa para un acuerdo negociado».

una sesión donde deben comunicar a sus colaboradores un cambio en las rutinas funcionales o cuando tienen que dar una mala noticia?

¿Cuántas veces un encuentro profesional o personal ha generado resultados distintos a los esperados y no es posible explicar qué ha provocado esta situación?

La respuesta probablemente se halle en que los modelos anteriores de análisis e interpretación de la comunicación se han concentrado en sus aspectos explícitos. El modelo que se presenta tiene como punto de partida que en cualquier proceso comunicativo siempre existe una intención, aunque esta sea inconsciente para el propio emisor. Por ello, obtener el resultado esperado dependerá en gran medida del cuidado que se haya puesto en la definición del objetivo, la estrategia comunicativa, la elección de los medios y las herramientas para conseguirlo. Es decir, del cuidado y de la preparación dedicados a la planificación de la emisión y la retroalimentación que se empleará para verificar que se ha conseguido el objetivo.

Siguiendo el ejemplo anterior, y en relación con la planificación, cuando se planifica un escenario de negociación se suele tener un punto de partida, una estrategia definida y un discurso verbal apropiado; sin embargo, en numerosas ocasiones se descuida la planificación de aspectos como la influencia del entorno en una y otra

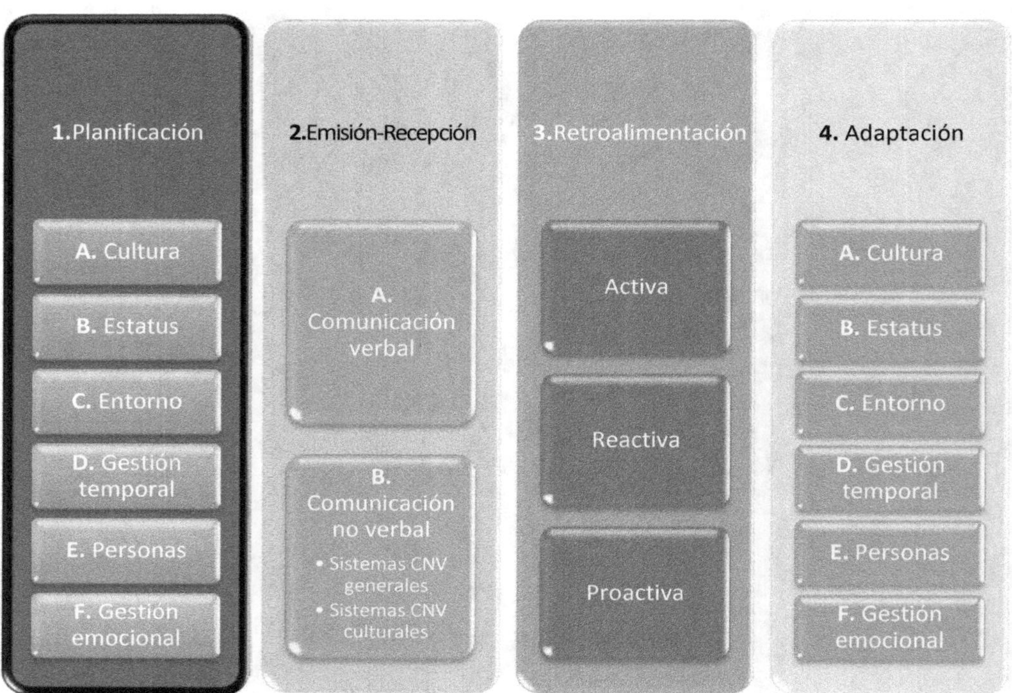

Esquema 7. Etapa de la planificación. Factores.

parte; el modo más conveniente de sentarse los asistentes; la hora ideal para realizar la reunión; la decoración más adecuada de la sala o el tipo de mesa ideal, entre otros.

Seguro que hay personas que preparan el contenido verbal de su mensaje desde el punto de vista de sus intereses, adecuándolo incluso al punto de vista de su interlocutor, con el objetivo de realizar una eficaz transmisión de la información. Lo que no queda tan claro es que hagan lo mismo respecto al contenido de su comunicación no verbal, y mucho menos en cuanto a la retroalimentación y a la adaptación posteriores. Esto pone de manifiesto que hay personas que planifican una parte de la comunicación, la correspondiente a los contenidos que transmitirán, y olvidan hacer lo mismo respecto al resto de los factores, lo que significa dejar en manos de la improvisación algunos de los elementos más importantes del proceso comunicativo. La solución para evitar barreras que lastran las estrategias comunicativas se halla sin duda en una planificación que no solo tenga en consideración los elementos *hard* (contenidos) de la estrategia, sino también los elementos *soft* (emocionales) de esta (véase el esquema 7).

Para evitar este tipo de errores de estrategia, el modelo GOHE propone realizar una sistematización de los elementos *soft* de los encuentros en la que se lleven a cabo, como mínimo, seis acciones muy concretas y que corresponden a cada uno de los factores de esta etapa:

A. Identificar las implicaciones culturales que se desprendan de la procedencia de los interlocutores.

B. Apercibirse de la complementariedad o la igualdad existentes entre los interlocutores.

C. Establecer las influencias contextuales que se desprenden del lugar y momento en que va a producirse la interacción entre las partes.

D. Determinar el concepto personal del tiempo y preestablecer la distribución de este: inicio del contacto, desarrollo de la relación y final de la relación.

E. Conocer cuáles son los estereotipos que la situación en la que se producirá el encuentro ha creado de cada uno de los participantes y los estilos perceptivos/comunicativos de cada uno de ellos.

F. Prever nuestro estado emocional y el de los interlocutores.

El modelo GOHE entiende que cada uno de estos factores cumple con un objetivo parcial al consolidar una parte de la etapa y contribuye a la consecución del objeti-

Condicionantes	Condición/estado	Escala	Condición/estado
Cultura	No contacto	1-2-3-4-5-6-7	Contacto
Estatus	Complementariedad	1-2-3-4-5-6-7	Igualdad
Entorno	Hostil	1-2-3-4-5-6-7	Propicio
Gestión temporal	Contacto	Intercambio	Despedida/cierre
Interlocutores	Rechazo	1-2-3-4-5-6-7	Aceptación
Gestión emocional	Ausente	1-2-3-4-5-6-7	Presente

Tabla 3. Componentes de la comunicación no verbal en la etapa de planificación.

vo final de la comunicación interpersonal. Por tanto, cada una de estas acciones no debe contemplarse como un simple apartado por el que debe pasarse, por mero cumplimiento procedimental. Una mala planificación conduce a la improvisación, lo que hace perder atención y concentración, al generarse una preocupación por lo que se va a hacer o decir cuando corresponda; este estado mental es lo primero que detectará el interlocutor.

Hacer realidad el objetivo dependerá, irremediablemente, del desarrollo adecuado de toda la etapa pasando por todos sus factores, ya que solo se podrá garantizar el alcanzar la meta si se es capaz de controlar y orientar todos los pasos en la dirección adecuada.

«Al barco que no sabe dónde va, cualquier viento le es propicio» (Séneca).

Como puede observarse en la tabla 3, para cada uno de los factores que sirven como recurso expositivo se ha establecido una escala, de manera que se representan los extremos y el continuo que existe entre ellos. La justificación no puede ser más obvia, en la vida cotidiana en raras ocasiones se encuentra una condición o un estado puro.

En la tabla 3 se visualizan los factores necesarios para sentar las bases de un buen proceso comunicativo. Unas bases que definen como escenario ideal, sin olvidar la implicación de las partes en todo el proceso, una situación donde se establece un contacto de igual a igual con un entorno propicio y una aceptación mutua. Esta debe ser la esencia que respire cualquier estrategia de planificación y el objetivo hacia el que se debe orientar esta etapa.

3.1 La cultura

Los sentimientos, las ideas y los comportamientos de las personas no son únicamente producto de su naturaleza biológica, sino que también se transfieren de generación en generación mediante procesos de socialización. Cuando se manifiesta una conducta dentro de un contexto lleno de relaciones interpersonales, ya sea cara a cara, en el seno

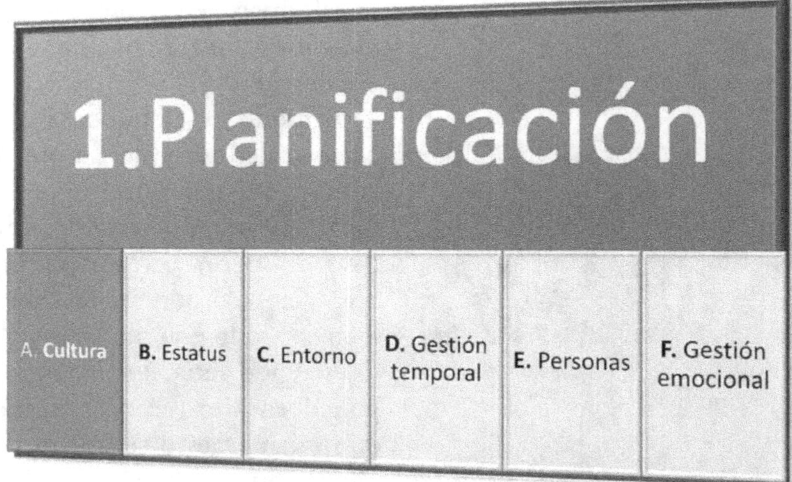

Esquema 8. Etapa de la planificación. La cultura.

de grupos o incluso en escenarios más amplios, se produce un aprendizaje socializador, en el que el sujeto va captando los valores y normas de su sociedad (véase el esquema 8). En estos intercambios se aprende de los comportamientos de los demás, a la vez que se produce una identificación como miembro de la sociedad a la que se pertenece.

Este proceso de interiorización de normas, si bien tiene un lado positivo e incluso imprescindible para sustentar la convivencia, también tiene el inconveniente de inculcar valores sin que sean cuestionados, y los incorpora simplemente porque son valores adjudicados por el entorno social y cultural en el que se crece. Del mismo modo que estos valores se asumen como propios, no se plantea en ningún momento si estos valores, creencias y comportamientos sociales son o no igualmente aceptados por otras sociedades, y menos aún si entran en colisión con ellas.

Sin ser conscientes, los participantes de un encuentro intercultural actúan apoyándose en suposiciones culturales propias, y puede llegar a darse el caso de que un mismo mensaje pueda tener significados totalmente distintos para cada uno de los participantes (véase la figura 11). En ocasiones, estas diferencias pueden

Figura 11. Hábitos culturales.

Figura 12. Ok.

transformarse en elementos de incomunicación o fuente de conflicto entre los interlocutores.

A modo de ejemplo, si a cualquier persona del norte de Europa se le preguntase qué gesto podría simbolizar de forma rápida y general las ideas positivas de logro, el reconocimiento y la aceptación, o que refleje que «todo va bien» o «todo está bajo control», el gesto escogido sería el del puño cerrado y pulgar en alto (véase la figura 12). Si este mismo gesto se utiliza en el seno de algunas culturas de Oriente Medio y África, lo que se estará transmitiendo son ideas negativas de rechazo, ofensa y menosprecio, que se concretan verbalmente en expresiones como «que te...» o «vete a...».

Por tanto, en el momento de planificar la gesticulación utilizada durante el discurso debe valorarse la posibilidad de encontrarse culturas que van desde el extremo de ensalzar y valorar un gesto a otras que tratan de disimularlo o lo reprimen. Conocer este tipo de aspectos ayudará a evitar que algo tan sencillo como la gestualidad, sin pretenderlo, pueda bloquear la comunicación o incluso dar una imagen grosera o maleducada. El éxito o el fracaso de la comunicación dependerá, en gran medida, de la familiaridad del emisor con la cultura del interlocutor, y el primer paso para conseguir este objetivo es ser consciente de las diferencias que pueden separarlos.

Descartada la opción de elaborar un gran compendio de referencias culturales, en este modelo se ha tomado como referencia una de las características no verbales que mejor definen a las distintas culturas existentes (véase el esquema 9):

- *Culturas de contacto.* Son aquellas en cuyos intercambios comunicativos las personas tienen tendencia a estar muy próximas unas de las otras, mirándose

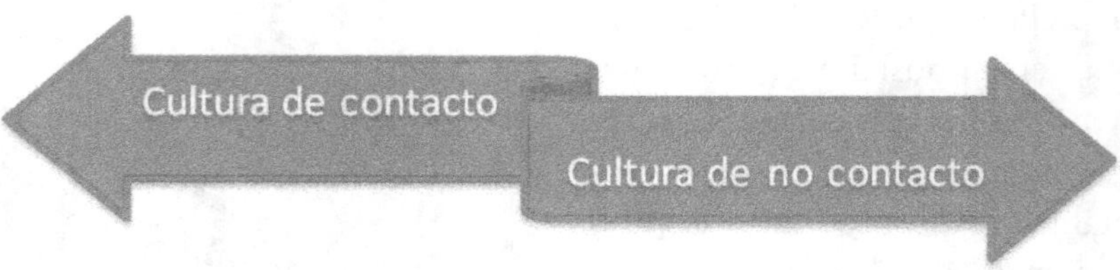

Esquema 9. Cultura: condición contacto-no contacto.

a los ojos, tocándose, sintiéndose. En sus encuentros se transmite y se percibe familiaridad, intimidad, calidez, confianza y acercamiento emocional.

- *Culturas de no contacto.* Son aquellas cuyos intercambios comunicativos se caracterizan por la tendencia a mantener una cierta distancia entre los interlocutores. En sus encuentros se transmite y se percibe distanciamiento, ausencia de intimidad, poca implicación emocional, frialdad e incluso un atisbo de desconfianza.

Esta sencilla descripción de los dos tipos de culturas hace referencia exclusivamente a los encuentros en los que no existe una relación íntima previa, como puede ser amistad o parentesco. En estos casos, los límites se difuminan en función del grado de intimidad, hasta llegar a desaparecer. El ejemplo más claro de una cultura de contacto lo representan la cultura latina, la mediterránea y la árabe, y el ejemplo más claro de una cultura de no contacto, la estadounidense, muy probablemente seguida por la japonesa. Entre estos dos extremos se puede situar el resto de las culturas con las que se puede entrar en contacto.

A efecto prácticos, en España, por ejemplo, puede encontrarse que la cultura andaluza se halla próxima al polo de contacto y la catalana al polo de no contacto, y entre ellas se sitúa el resto. Reduciendo más las distancias, en una misma provincia, las personas que residen en los centros urbanos están más cerca de las culturas de contacto que las que habitan en zonas rurales, que estarán más próximas a las de no contacto. En estos casos, se entiende que la explicación se halla en la percepción del espacio disponible, es decir, el que no es necesario compartir para interactuar.

Imagínese la complicada situación que puede producirse si coinciden dos personas que sean una de contacto y otra de no contacto. Por un lado, la persona de no contacto procurará mantener, como mínimo, la distancia a la que habitualmente se siente cómoda, y, por otro, la persona de contacto se acercará hasta casi tocar a la otra persona, porque esa es su distancia idónea para conversar.

Cuando se ha invadido un espacio personal, la persona de no contacto reaccionará primero sintiéndose mal, con una predisposición negativa a la relación. Esto se detectará si mientras se habla uno de los interlocutores se acerca buscando su «distancia de confort» y el otro al sentirse incómodo, porque se invade su espacio, retrocede un paso tratando de recuperar su propia «distancia personal». Se inicia, así, un desplazamiento en el que uno avanza y el otro retrocede:

- En los encuentros con personas de «cultura de no contacto» se ha de evitar el contacto físico. La sensación de incomodidad que el interlocutor podría sentir arruinaría la relación. El contacto físico, a excepción del ritual de saludo dando la mano, está relacionado con la amistad, la proximidad personal o la relación íntima y no con encuentros casuales.

- Por el contrario, en los encuentros con personas de «cultura de contacto», mantener una distancia excesivamente amplia (desde su punto de vista) se considerará un signo de mala educación, repulsión o rechazo. Si una persona norteamericana mantiene una amplia distancia cuando conversa con una latina o una árabe, podría llegar a ser tachada de racista.

Si se desea profundizar en el conocimiento intercultural, es recomendable leer revistas como *International and Intercultural Communication Annual, International Journal of intercultural relations* o *Journal of Cross-cultural Psychology*. El interés por este tipo de particularidades de la cultura de los interlocutores es más una inversión de futuro que un gasto, y no cabe duda que resulta conveniente y muy práctico tener en cuenta las características culturales en un mundo cada día más globalizado, donde las fronteras desaparecen y las corrientes migratorias son cada vez más intensas. Un mundo en el que, a pesar de todos los avances, las primeras impresiones siguen siendo las más importantes en los contactos personales.

Cada día es más necesario valorar la procedencia cultural del interlocutor o interlocutores para adecuar de la mejor forma posible los contenidos y las formas del mensaje al receptor.

3.2 El estatus

Vista la importancia del condicionante cultural, a continuación se asciende un escalón para valorar un nuevo elemento diferencial que aparece sistemáticamente en la práctica totalidad de culturas existentes (véase el esquema 10): el estatus.

El estatus hace referencia a las diferencias o similitudes existentes entre las personas dentro de un grupo social, en función de múltiples factores, como una estructura jerárquica profesional, una estructura cultural o un grupo deportivo.

Todos estos ejemplos tienen en común la presencia de una estructura, entramado o configuración, más o menos permanente, que adquiere el grupo al constituirse y desarrollar sus funciones, y cuya finalidad es mantener y preservar la unidad colectiva a la que pertenece el individuo.

La estructura del grupo establece una serie de regularidades derivadas de las características del propio grupo e indican qué debe hacerse, cuándo debe llevarse a cabo, quién tiene que hacerlo y, en ocasiones, cómo hacerlo. Las pautas de comportamiento generadas suelen caracterizarse por ser relativamente independientes

Esquema 10. Etapa de la planificación. El estatus.

de los individuos que componen el grupo y permanecen estables aunque estos cambien.

La consecuencia de la estructuración del grupo se materializa en que cada uno de sus integrantes tiene asignada una determinada posición (rol) que establecerá lo que se espera de él. El estatus es la valoración que los demás miembros conceden a dicha posición, en referencia al resto de posiciones (véase el esquema 11).

El rol es el conjunto de derechos, obligaciones y normas de conducta aceptadas para ser desarrolladas por los individuos que ocupan una determinada posición

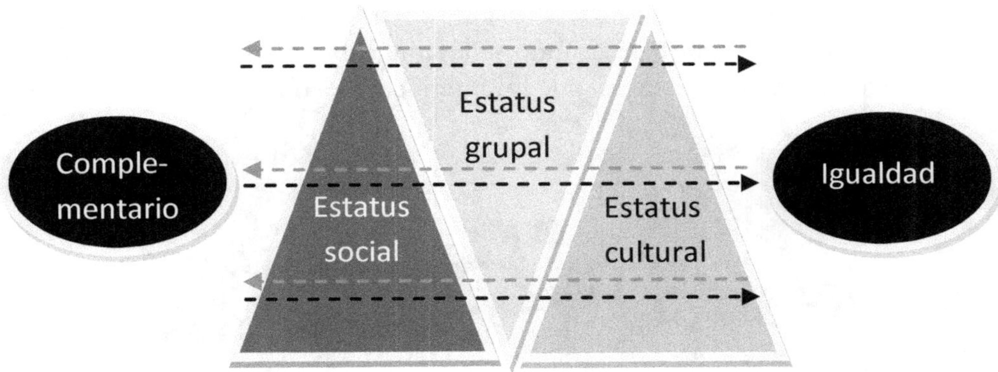

Esquema 11. Tipos de relación en función del «estatus» real o percibido.

dentro del grupo. Los distintos roles, al haber sido adquiridos por aprendizaje social, generan una serie de expectativas que suelen ser recíprocas, dado que a medida que las personas se familiarizan con sus roles, también lo hacen respecto al de los otros.

En las relaciones interpersonales, el estatus permite conocer el marco o conjunto de comportamientos que se esperan de ambos actores sociales. El estatus varía según el tiempo y el grupo al que se pertenece. Una persona, durante su vida, puede tener varios estatus simultáneamente (por ejemplo, una mujer puede ser esposa, ingeniera, hija y madre a la vez).

A efectos prácticos, es importante aclarar que esta clasificación no se plantea como un estereotipo más, sino como un elemento de valoración en el momento de establecer el proceso comunicativo. Si se desea planificar correctamente un proceso de comunicación, es vital valorar el nivel de relación que se puede mantener con el interlocutor para determinar el tipo de estrategia comunicativa que se adapte mejor. En la práctica, en los extremos de este factor se encontrará un tipo de relación de (véase el esquema 12):

- *Una relación será complementaria* cuando el principio de igualdad se rompa y sitúe a una de las partes en una posición superior o de autoridad sobre la otra, que queda en una posición inferior o de obediencia. Esta complementariedad no es buena ni mala en sí misma, sino que la satisfacción que producirá en cada uno de los interlocutores dependerá del grado con que cada uno la acepte. El tipo de relación y rol percibido determinará, por ejemplo:

  - Cómo será el ritual del saludo.
  - Quién se tomará ciertas libertades respecto al otro.
  - Cómo se distribuirán los turnos de palabra.
  - Quién dará por acabado el encuentro.

- *Una relación será simétrica* cuando se levante sobre unas bases de igualdad y de respeto, en la que ninguno de los interlocutores trate de imponerse al otro

Esquema 12. Estatus: condición de complementariedad-igualdad.

Estatus cultural	Alto	Medio	Bajo
Estatus social	Alto	Medio	Bajo
Estatus grupal/profesional	Líder/superior	Colega	Subordinado
Estatus relacional	Complementario superioridad	Igualdad	Complementario inferioridad

Tabla 4. Tipos de estatus y relación entre ellos.

haciendo prevalecer sus derechos sobre los de él. Ambos se sitúan en un mismo plano, y cada uno decide libremente continuar o abandonar la interacción si percibe que el otro está tratando de beneficiarse.

Una reflexión sobre las implicaciones personales de cada una de estas situaciones permitirá optar, en esta planificación, por seguir las directrices o las estrategias que faciliten en mayor medida la consecución de los objetivos:

- Si se prevé que en un encuentro una persona percibirá nuestra relación desde una perspectiva de superioridad, se optará por seguirle el juego y, mediante la comunicación no verbal, se podrá satisfacer su ego mostrando un rol complementario; por el contrario, se empleará la comunicación no verbal para que sutilmente perciba a la otra persona como alguien que está a su mismo nivel. Incluso en el caso más extremo, y si no existe mucho interés en la relación, podrá marcarse claramente la negativa a aceptar un rol de inferioridad.

- Si se prevé que el interlocutor vivirá el encuentro desde una perspectiva de inferioridad, podrá optarse por enviarle sutiles mensajes de igualdad y respeto hacia su persona, proporcionándole tranquilidad y seguridad.

El error que más fácilmente se puede cometer en este momento de la planificación es caer en las redes de los estereotipos, que por ser generalizaciones hacia el colectivo, como se comprobará más adelante, pueden no ajustarse a la realidad. Como referencia, se puede tener presente algunas de las posibilidades que se presentan en la tabla 4.

En lo concerniente a la comunicación no verbal, hay que tener en cuenta que un determinado gesto no tiene necesariamente el mismo significado y no tiene por qué ser interpretado igual si ha sido realizado por personas que ocupan distintas posiciones.

A la hora de considerar el estatus, el principal problema con el que puede encontrarse vendrá dado por la posible ausencia de referencias sobre el interlocutor. Si existe un conocimiento previo o referencias fiables se tendrá una idea bastante aproximada de su nivel y cómo comportarse para lograr los objetivos marcados.

3.3 El entorno

En primer lugar, se presenta un ejemplo sobre la relevancia y la trascendencia que puede llegar a tener este factor en todo el proceso comunicativo.

¿Se ha planteado alguna vez por qué, en los eventos deportivos, normalmente salen victoriosos los equipos o los deportistas que juegan en su campo?

Sencillamente, por la confianza y la seguridad que proporciona la percepción psicológica de jugar en casa (véase el esquema 13). En estas situaciones, el equipo siente que está en sus dominios, se siente arropado por los que le rodean y se halla seguro porque conoce el territorio y lo que en él hay.

Jugar repetidamente en el mismo campo hace que el equipo interiorice una percepción del espacio disponible, y se adapta física y mentalmente a él. Ese dominio del entorno es uno de los elementos que le proporcionan ventaja respecto al contrario.

Cualquiera de los elementos que forman parte de este componente puede, por su capacidad de condicionar un encuentro, lograr que este sea vivido como hostil o como propicio (véase el esquema 14).

Esquema 13. Etapa de la planificación. El entorno.

Esquema 14. Entorno: condición hostil-propicio.

3.3.1 *El entorno situacional*

La situación la conforman una serie de elementos como los motivos que justifican el encuentro, el conocimiento previo y el concepto positivo o negativo que se tiene sobre la otra persona. En este sentido, cuando se recurre a los propios recuerdos sobre alguien, de manera automática la memoria remite a los más recientes o a aquellos más cargados de sensaciones o emociones, ya sean positivas o negativas.

La situación se entiende como el fondo del lienzo sobre el que va a pintarse el encuentro a la vez que lo enmarca. Su importancia se fundamenta en que los elementos que la configuran predispondrán emocionalmente y crearán en el sujeto el estado de ánimo con el que se enfrentará a dicho encuentro. Será todo el cuerpo, de cada uno de los interlocutores, el que hable expresando cómo percibe y vive el encuentro.

A continuación se exponen algunos ejemplos de cómo la situación y los diferentes elementos que la definen pueden influir en las relaciones y de qué manera el cuerpo habla de ello:

- Nos han invitado a una fiesta de amigos con los que mantenemos una relación cordial y anticipamos una situación rodeada de alegría, festividad y celebración. Al llegar, nuestras expectativas empiezan a cumplirse y empezamos a disfrutar del momento, nuestro cuerpo, que se hallaba predispuesto positivamente por los centros emocionales del cerebro, se abre, se expande, se proyecta hacia el exterior con gestos, como movimientos exagerados con las manos, movimientos corporales, cambios constantes de posición y postura, expresiones faciales agradables, ojos abiertos, pupilas expandidas, cejas alzadas, sonrisa en los labios, etc. En resumen, el cuerpo se halla en un estado de cierta excitación permanente.

- Si, por el contrario, los centros emocionales han previsto un encuentro más bien desafortunado, nuestro cuerpo exhibirá la contrariedad, frustración y tristeza. En estos casos, el cuerpo se contrae, se esconde, se repliega sobre sí mismo, con gestos como pegar los brazos al cuerpo, cruzarlos sobre el pecho, agarrarse las manos, inclinar la cabeza, fruncir el ceño, parpadear más de lo necesario, contraer las pupilas, cerrar o apretar los labios, evadir la mirada del otro, etc. En resumen, el cuerpo se manifiesta replegado sobre sí mismo.

- No hablaremos igual en un campo de fútbol que en la consulta de un médico, aunque nos hallemos igualmente contrariados, o no lo haremos igual en una reunión de trabajo que en una junta de vecinos. La situación es uno de los elementos que influye más claramente en la comunicación no verbal –puede llegar a alterar el estado de ánimo– y en la verbal –condicionar las palabras que escogemos para expresar lo que queremos decir.

3.3.2 El entorno físico

Siempre y cuando sea posible alterarlo, transmitirá información esencial del estatus, los ideales, los valores o los gustos de una persona. Así sucede con los elementos más vistosos, llamativos y sin duda más fácilmente identificables (por ejemplo: la casa, el coche, los lugares de encuentro preferidos, restaurantes, teatro, campo de fútbol, montaña o playa). Podrían ponerse infinidad de ejemplos de entornos físicos que, pretendidamente o no, hablan de una persona, de sus gustos, valores, ideologías, cultura, estatus, incluso de su personalidad.

El primer paso para interpretar estas señales es proceder a su ratificación, es decir, determinar si realmente existe una correspondencia con el titular o, por el contrario, no es más que una fachada, una operación de maquillaje de las propias debilidades. La clave que ha de ayudar a interpretar todas estas manifestaciones no verbales sobre alguien es la «coherencia». ¿Existe una correlación positiva entre todos estos elementos o, por el contrario, no sucede así?, o lo que es peor, ¿es negativa esta correlación?

En un nivel de análisis más superficial, pero no menos importante, del entorno físico, los elementos ambientales, como la decoración interior (mobiliario, distribución del espacio, orden, etc.), la iluminación, los colores, la temperatura o el ambiente musical, también influyen muy significativamente en la composición de la situación, en el comportamiento y en el desarrollo posterior de una interacción cara a cara.

La planificación del entorno que rodea cualquier proceso de comunicación es vital no solo para el emisor, sino también para el receptor. Como se ha visto, no es lo mismo que el encuentro se produzca en territorio propio que en el del contrario. La razón o la causa de que en determinadas situaciones una persona se encuentre a gusto y en otras no lo esté no siempre está relacionada con la química que pueda haber con su interlocutor, sino con el contexto y entorno en el que se produce el encuentro. El

Esquema 15. Etapa de la planificación. La gestión temporal.

conocimiento de estos factores, y el tenerlos en cuenta, ayudará a poder controlarlos y utilizarlos en el propio beneficio o, en el peor de los casos, a evitar que este tipo de estímulos interfiera inconscientemente en el interlocutor y revierta sus efectos de modo negativo para los propios intereses.

En capítulos sucesivos se desarrollará ampliamente todo lo concerniente a las influencias del entorno, y será en ellos donde el lector podrá apreciar mejor su importancia.

3.4 La gestión temporal

El tiempo, el concepto que se tiene de este y cómo se emplea, abre una puerta a cómo las personas se enfrentan a las diferentes situaciones que se plantean y su manera de entender la vida. El modo como se percibe el tiempo, se estructura y se reacciona ante él es una fuente rica de información que no puede despreciarse para planificar los encuentros (véase el esquema 15).

3.4.1 Concepto personal del tiempo

En primer lugar, es necesario reconocer que hay dos grandes maneras de entender el tiempo:

- El tiempo visto y percibido a través de un *concepto lineal.* Se fundamenta en la creencia de que el tiempo pasa inexorablemente ante nosotros y de que si no hacemos algo por aprovecharlo o atesorarlo lo estamos malgastando inútilmente. El resultado es un intento por optimizar la gestión del tiempo, llegando en algunos casos a convertirse en una obsesión. Así, la percepción de la puntualidad, la predisposición a esperar, la velocidad cuando se habla o la paciencia para escuchar son señales claras sobre el modo particular de entenderlo. Vivir el tiempo desde una perspectiva lineal es propio de las culturas occidentales.

- El tiempo visto y percibido a través de un *concepto circular.* El tiempo no es algo que se pierde, siempre está ahí, ante nosotros, mostrándose, ocultándose, reapareciendo de nuevo, como las mareas que suben y se retiran en un ciclo sin fin o como el día y la noche que se suceden invariablemente. El tiempo para estas personas es algo eterno e inagotable. Esta percepción del tiempo se traduce en una anteposición de las propias necesidades y relaciones personales a la planificación y programación que puedan haberse convenido con otros. Vivir el tiempo desde una perspectiva circular es más propio de culturas orientales y latinoamericanas.

En las personas con un concepto lineal del tiempo predomina la prisa, la ansiedad, la reflexión, un cierto egoísmo, la sensación de vacío cuando se hace algo que parece no reportar nada y un aparente desinterés por los demás. Es muy probable que para estas personas lo más importante sea tener la certeza de haber aprovechado bien su tiempo disponible, de no haberlo perdido en contemplaciones:

- Los gestos, movimientos y cambios de postura de quienes perciben el tiempo de forma lineal serán rápidos e imprecisos, y se acentúan a medida que crece en ellos la idea de que se les está haciendo perder un tiempo valioso.

Muy al contrario sucede con las personas con una idea circular del tiempo, en ellas tiene mayor valor la tranquilidad, disfrutar del momento, la contemplación, escuchar a los demás y compartir sus preocupaciones. Muy probablemente para estas personas lo más importante sea sentir y palpar el momento y poder recordarlo como un suceso agradable:

- En quienes perciben el tiempo de forma circular, los mismos gestos y movimientos son suaves, sin aspavientos, dando a entender que es posible relajarse y compartir con ellos algo más que un momento.

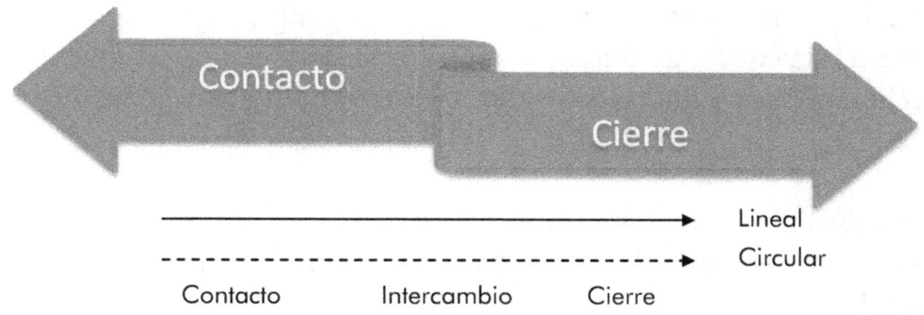

Esquema 16. Gestión temporal: lineal-circular.

Claramente se ven las implicaciones que estos modos tan distintos de enfrentarse a la vida tienen en las relaciones interpersonales. Los gestos que cada uno exhibirá durante un encuentro estarán en sintonía con estas percepciones e indicarán el modo en que hay que gestionar dicho encuentro. Con una tipología habrá que ir «al grano», sin divagaciones ni explicaciones superficiales; con los otros, en cambio, habrá que controlar los impulsos y relajarse hasta sintonizar con su ritmo y acompasar el propio al suyo.

Como curiosidad, recientemente ha hecho su aparición en Occidente una corriente o movimiento de reacción al modo de vida occidental, y entre sus reivindicaciones se encuentra una alternativa a la visión lineal del tiempo, puesto que condiciona las relaciones interpersonales y con la propia naturaleza; se trata del *slow movement*. También hay que tener en cuenta que hay personas que sistemáticamente no respetan sus compromisos y en las que la puntualidad brilla por su ausencia, y no es porque partan de una visión del tiempo circular o pertenezcan al movimiento *slow*, son simplemente personas informales o egoístas que no manifiestan ningún respeto por los demás.

3.4.2 *Distribución del tiempo*

La planificación de la gestión del tiempo en el modelo GOHE parte de un conocimiento previo del concepto personal del tiempo, que como se acaba de ver tiene tanta relevancia como la distribución secuencial en la que se estructurará el encuentro: contacto, intercambio y cierre (véase el esquema 16).

Estos tres momentos tienen muchas similitudes, en lo referente a la comunicación, pero también unas particularidades que es importante dominar conscientemente.

Los motivos por los que se ha escogido esta distribución del tiempo son:

- El modo de enfrentarse al tiempo que tiene cada persona, sea lineal o circular, permanecerá constante durante todo el encuentro, y ya se ha mencionado que reaccionará positivamente si se comparte su enfoque o negativamente si no se hace.

- La dimensión propuesta permitirá una mayor amplitud y alcance en la planificación, porque podrá gestionarse de forma adecuada cada fase del encuentro.

- Podrá detectarse cuándo los gestos del interlocutor no pertenecen a la fase en la que se está, y estos anunciarán si es necesario aminorar el paso o avivarlo para una adaptación correcta a su posición en el proceso.

Las principales ventajas que reportará la gestión temporal del encuentro se centran básicamente en que en todo momento un sujeto será consciente de la fase del encuentro en la que se halle y proporcionará información puntual sobre qué ha sucedido y qué debe suceder en función del modo en que su interlocutor concibe el tiempo. Todo ello si la persona ha llevado a cabo una planificación correcta.

3.4.2.1   El contacto

Veamos ahora qué sucede en una situación en la que dos o más personas coinciden en un determinado espacio físico y no existe entre ellas ninguna voluntad de interactuar.

Ante este dilema, las alternativas más generalizadas son dos:

- Cosificación del otro o convertirlo en no-persona. Es un proceso mental mediante el cual se deshumaniza al otro y se deja de pensar en él como persona. Se lo convierte en un objeto más del entorno, lo que libera al sujeto de cualquier compromiso protocolario, como podría ser mostrarle el respeto debido o cualquier tipo de consideración. La cosificación permite dar rienda suelta al comportamiento sin que importe la percepción que el otro pueda tener sobre nosotros. Es decir, no nos importan nada las conclusiones que pueda extraer de nuestro comportamiento.

- Adopción del comportamiento socialmente esperado. En este caso, la persona se limita a respetar las reglas de educación sociales aprendidas de saludo protocolario y mantener la compostura tanto en cuanto a los actos como a la apariencia. Uno o ambos ponen de manifiesto que no hay ningún interés en pasar a la siguiente fase que supondría mantener un mínimo intercambio.

El contacto o modo en que este se produce ofrecerá información sobre cómo cada uno de ellos tiene previsto enfocar el encuentro y cómo va a posicionarse respecto al otro.

3.4.2.2 El intercambio

Esta fase se caracterizará por:

- La manifestación e intercambio de ideas, opiniones y argumentos y la aparición de los acuerdos, las discrepancias y los conflictos.
- La confirmación o rectificación de las conclusiones en la fase del contacto, basándose en lo que se dice y lo que se transmite de manera no verbal.

Se anticipan tipos de relaciones que pueden establecerse en la fase del intercambio y que se derivan del hecho de compartir o no los mismos intereses. Los resultados, tras reflexionar unos instantes, no son difíciles de imaginar:

1. *Relación satisfactoria y estable:* ambos participantes estarán de acuerdo en los contenidos del intercambio y lo vivirán como algo positivo. Ambos perciben que podrán lograr sus propios objetivos.

2. *Relación satisfactoria pero inestable:* ambos participantes coinciden y están de acuerdo en los contenidos, pero al menos uno de ellos percibe que no se le está respetando como persona y, muy a su pesar, consiente para no poner en peligro los objetivos. Es una relación satisfactoria porque ambos comparten los mismos intereses, pero al menos uno de ellos siente amenazada su propia estima personal.

3. *Relación insatisfactoria pero estable:* ambos están en desacuerdo en el nivel de contenido, pero de acuerdo en el nivel de relación. En este caso ninguna de las dos personas siente amenazada su autoestima, ya que el conflicto se establece en torno a los datos reales. Sin duda, es la manera más madura de manejar los conflictos, porque estos no afectan a la relación.

4. *Relación insatisfactoria e inestable:* ambos están en desacuerdo en los contenidos y al menos uno de ellos percibe que está siendo menospreciado y no respetado. Se dan todos los ingredientes para una ruptura o una guerra abierta.

En todos estos casos, el cuerpo hablará por la persona y continuamente expresará si está o no de acuerdo con los contenidos y cuáles son sus sentimientos. Para ello, empleará cualquiera de sus elementos estructurales con capacidad de movimiento, la cabeza y todas las expresiones faciales, las manos y los brazos, los pies, las posturas o, incluso, sus estructuras destinadas al lenguaje para emitir expresiones verbales, como «ya»; «sí»; «bueno»; «ajá»; «um», etc., y los matizadores paralingüísticos que las acompañan dejarán perfectamente claro su verdadero significado.

De todos los gestos o grupos de gestos que aparecerán en esta fase del encuentro, no está claro cuáles son los más importantes. En un momento concreto, una situación concreta y un entorno limitado, un gesto «de segunda fila» puede ser clave, y uno tradicionalmente considerado importante ser del todo irrelevante. Recuérdese, ahora más que nunca, que será la situación, el entorno, las características personales, las emociones dominantes, etc., lo que dotará de valor no al gesto aislado sino a un conjunto de ellos.

En el momento de la planificación hay que especificar cuál es el tipo de relación que se desea obtener con los interlocutores y actuar en función de esta estrategia. También sería conveniente calibrar la estrategia de nuestro receptor.

3.4.2.3 La despedida

El momento adecuado para proceder a cerrar el encuentro llega inexorablemente. Saber cuándo se debe iniciar dependerá del motivo o del asunto tratado. Como reglas generales hay que tener presente que un encuentro debe concluir cuando:

- Se ha logrado el objetivo.
- Las evidencias demuestran la imposibilidad de llegar a un acuerdo.
- El tiempo disponible del interlocutor se ha agotado.
- Nuestro tiempo disponible se ha agotado.
- El interlocutor da muestras (señales no verbales) de su intención de concluir.

Existen muchas formas y maneras de cerrar un encuentro de manera asertiva, independientemente de los motivos que lo justifiquen. A continuación proponemos algunos:

- Resumir los acuerdos alcanzados.
- Proponer un nuevo encuentro para tratar los temas no resueltos.
- Agradecer la atención prestada.
- Expresar la satisfacción porque el encuentro haya tenido lugar y haya posibilitado charlar amistosamente durante unos instantes.

3.5 Las personas

Es conocido que todas las personas se consideran únicas e inimitables y, por ello, no deja de repetirse que no hay dos personas iguales o dos caracteres iguales y nos vanagloriamos de la riqueza que supone la diversidad; sin embargo, a pesar de esta realidad, cuando se llevan a cabo valoraciones sobre los demás, consciente o inconscientemente, las personas se dejan guiar por lo que han oído o leído respecto a sus grupos de referencia. Estas generalizaciones se convierten en lo que se conoce como «prejuicios cognitivos».

Un prejuicio cognitivo es una distorsión mental que afecta al modo en el que los seres humanos perciben la realidad. En términos coloquiales, *prejuicio cognitivo* equivale a «predisposición», «sesgo», «tendencia», y suele tener una connotación negativa.

Los prejuicios cognitivos no dejan de ser creencias o modelos creados por la mente para satisfacer un deseo de control y de seguridad. La influencia que estos prejuicios cognitivos tienen en los procesos comunicativos se observa en los comportamientos desplegados. Un prejuicio cognitivo conducirá a actuar como si la presunción fuese verdadera y el cuerpo, «que no sabe mentir», lo manifestará creando desconcierto en la percepción de los interlocutores, con el consiguiente resultado negativo.

Conocerse a uno mismo y no dejarse llevar por las propias tendencias interpretativas es tan importante como no caer en el error de estereotipar a aquellos que no se conoce. Si no se es capaz de controlar estos impulsos se cae en el «sesgo actor-observador», que consiste en la tendencia a explicar los comportamientos individuales de los demás enfatizando la influencia de su personalidad y desestimar la influencia externa de su situación.

Los prejuicios cognitivos son actos inconscientes que se producen antes de conocer en profundidad a los otros, y consisten en atribuirles una serie de cualidades por similitud con un grupo concreto con el que supuestamente comparten una serie de características. Esta acción se conoce como «etiquetar a alguien». En muchas ocasiones, cuando se ha tenido la oportunidad de conocer realmente al interlocutor, a medida que se va captando su idiosincrasia, sus particularidades e individualidad, se empieza a elaborar un concepto distinto al influenciado por las primeras impresiones.

Esquema 17. Etapa de la planificación. Las personas.

El conocimiento del otro puede llegar hasta el punto de poder establecer su estilo de percibir el mundo y, por tanto, su estilo de comunicación; cuestión que, como se verá, no es banal. La aproximación a la esencia del interlocutor será posible si se emplea: la empatía, una interpretación de su comunicación no verbal adecuada y la retroalimentación (véase el esquema 17).

A efectos meramente expositivos, el componente personas, se ha dividido en dos matizadores suficientes para lograr una buena planificación del encuentro: los estereotipos y los estilos de comunicación.

La consecuencia más clara y simple en la que se manifiestan los prejuicios en las relaciones personales es el posicionamiento ante la dimensión que caracteriza este factor (véase el esquema 18):

Seguir con el encuentro y lo que en este se produzca reforzará o desmentirá las primeras impresiones y determinará el resultado final.

Esquema 18. Interlocutores: condición rechazo-aceptación.

3.5.1 *Los estereotipos*

Al reflexionar sobre los estereotipos, la mayoría de las personas llega a la conclusión de que son falsos; sin embargo, en el día a día es fácil dejarse llevar por los prejuicios. Se entiende como *estereotipo* «una imagen mental muy simplificada elaborada a partir de unos pocos detalles sobre un grupo de gente que comparte ciertas cualidades características o habilidades».

La estigmatización basada en un estereotipo se produce por varios factores: en primer lugar, por la opinión subjetiva de otros; en segundo lugar, por los complementos personales empleados, y, en tercer lugar, por el entorno en el que la persona se mueve. A lo largo de la historia han aparecido y desaparecido distintos estereotipos, todos ellos condicionados por la riqueza, las creencias, la ideología o la cultura. Los más comunes durante siglos se basaron en predicciones de comportamiento relacionadas con el estatus social o la riqueza, y son conocidos popularmente como *clases sociales*. Vaya por delante que en este libro el concepto de *estereotipo* no tiene una carga positiva o negativa. Sin embargo, viene marcado por un claro matiz peyorativo. En sentido contrario, si espontáneamente se asocia una característica positiva a otra persona no se hace en referencia a ningún grupo, sino a un detalle personal y particular, manteniendo así las creencias sobre el colectivo (véanse las figuras 13 y 14).

Es importante destacar que los estereotipos matizan la esencia de las personas hasta el punto de que estas pueden presentarse ante un desconocido con una idea preconcebida y finalizar el encuentro y comentar con alguien: «No se parece en nada a lo que me había imaginado». Mientras no se sea capaz de valorar y tomar

Figura 13. Imagen transmitida 1.

Figura 14. Imagen transmitida 2.

conciencia de esto, se estará a merced de las impresiones inconscientes y no se podrá culpar a los demás de los propios fracasos interpersonales, ya que para los éxitos no se necesita justificación alguna.

Estos errores probablemente se reproduzcan en la actualidad con mayor frecuencia que en épocas anteriores; esto se debe a que las rutinas personales y laborales, cada día más, conducen a momentos de estrés, decisiones rápidas y tensión que alejan a la persona de momentos de tranquilidad y reflexión donde poder valorar las formas de relacionarse con los demás.

En cualquier caso, este tipo de factores no debe servir como excusa a la hora de valorar y comprender el mensaje que los sistemas de información no verbal pueden transmitir a los interlocutores. Es conocido que el elemento que más credibilidad confiere al perfil profesional y personal es la coherencia entre la expectativa generada y la posterior actuación de las personas; por lo tanto, es necesario preguntarse:

– ¿Cuál es la imagen que transmitimos a nuestro entorno?
– ¿Cuál es nuestro punto de salida?

Son preguntas cuyas respuestas habrá que tener claras en la planificación, para saber cómo presentarse y cómo iniciar el encuentro ofreciendo la imagen que realmente interese. Conocer las condiciones iniciales de la imagen que se transmite permitirá adoptar medidas que eviten la interpretación incorrecta de los mensajes.

Del mismo modo, es importante reflexionar sobre las anticipaciones que se hacen sobre los demás, para no dejarse influir por los prejuicios cognitivos y, con ello, no cometer errores imperdonables.

La única solución posible para evitar que este tipo de situación pueda condicionar el resultado final del intercambio de información es ser consciente de estas limitaciones antes de iniciar una conversación con el interlocutor. En otras palabras, hay que armarse de paciencia y esperar acontecimientos, sin etiquetar. Lograrlo dependerá de la capacidad para conocer los propios estereotipos o barreras mentales, además de anticipar la imagen que tendrá el interlocutor dentro del entorno contextual en el momento de la comunicación.

3.5.2 Los estilos comunicativos

Se trata de uno de los matizadores recogidos en el modelo GOHE más importantes. El aprendizaje de los seres humanos consiste en aplicar a nuevos comportamientos las experiencias obtenidas en otros anteriores. Con este tipo de mecanismo de adaptación al entorno, las conductas con resultados positivos acaban interiorizándose de tal forma que se transforman en creencias y en parte de la forma de entender el mundo de cada persona, sin necesidad de que otras experiencias similares la refuercen. Por ejemplo, si un perro muerde a alguien y le provoca heridas, seguro que en la forma de actuar de esta persona se incluirá la creencia de que los perros son animales peligrosos.

La mayoría de las creencias se asumen durante la infancia y la adolescencia en el seno del entorno familiar, escolar y social, y cada persona vive su propia realidad. La realidad se percibe de forma subjetiva y determinará la forma de interpretar el mundo y los mejores canales para relacionarse con ella. En este sentido, la mayoría de las decisiones que afectan al comportamiento de las personas procede de la información que proporcionan la vista, el oído y el tacto. Estos receptores especializados transmiten los estímulos externos al cerebro, que, mediante un proceso de generalización, distorsión y supresión, filtra las señales eléctricas y las transforma en una representación interna. De esta forma, la representación interna no es exactamente como la realidad, sino una reelaboración interior y personalizada (véase el esquema 19).

En el momento de recoger la información del exterior, todo el mundo tiene un canal o sistema representativo preferente que utiliza con mayor frecuencia que el resto. Hay personas que recuerdan imágenes con claridad, otras recuerdan los mensajes escuchados, y finalmente otras valoran las emociones o sentimientos

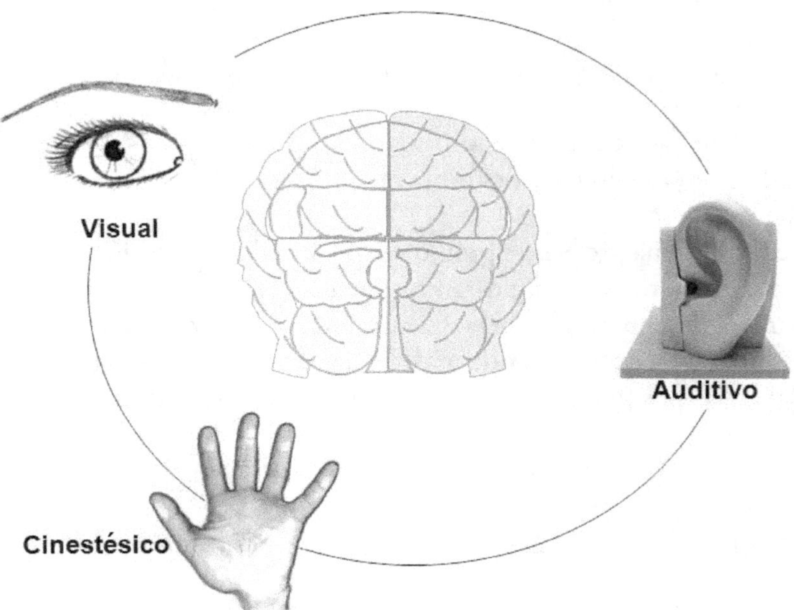

Esquema 19. Estilos comunicativos.

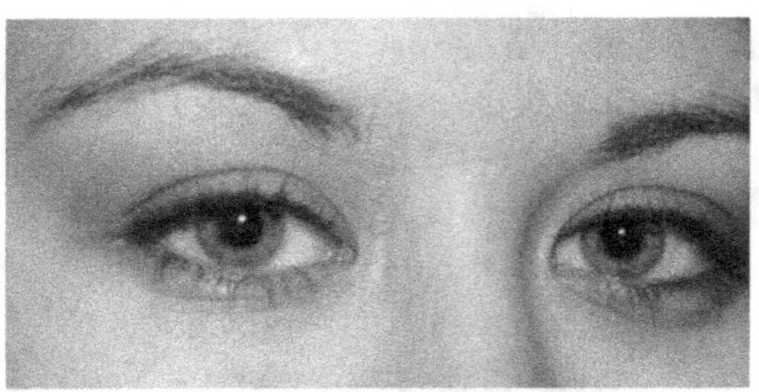

Figura 15. Estilo visual.

asociados a cada momento. Cada persona registra la realidad a su manera, y su forma de recordarla no se asemejará en nada a la que pueda emplear otra persona en la misma situación. Por tanto, a pesar de que todo el mundo está capacitado para entender y emplear los tres sistemas de interpretación, la forma de emitir y recibir la información del exterior estará condicionada por el sistema preferente de tratamiento de la información que cada uno ha ido adoptando durante su vida y según sus experiencias personales.

Ser consciente del propio estilo de comunicación es un primer punto de partida para conocer las ventajas y las dificultades de cada uno en el momento de establecer una comunicación con personas cuyo sistema de representación preferente sea diferente. Si se es capaz de deducir el sistema preferente del interlocutor, se estará ante un escenario ideal para poder adaptar el mensaje a su forma de relacionarse e interpretar el mundo (véase la figura 15).

La psiconeurolingüística propugna que las personas interpretan el mundo siguiendo estos tres modelos: visual, auditivo y táctil, y establece la predominancia en la población occidental:

– El 45 % de la población occidental interpreta el mundo de forma preferentemente visual.
– El 35 % lo hace de forma auditiva.
– El 20 % restante lo hace de forma táctil.

Conocer el sistema preferente propio y el del interlocutor facilitará la elaboración de los mensajes, porque se emplearán los medios y los recursos (matizadores) adecuados para lograr la mayor eficacia. Cuanto más se conozca el esquema interpretativo de los otros, y los recursos que más se adaptan a ese estilo perceptivo, mayores serán las propias posibilidades de éxito, tanto en cuanto a la emisión como en lo referente a la recepción.

3.5.2.1 *El sistema de representación y comunicación visual*

Las personas que interpretan el mundo de forma visual perciben y elaboran la información preferentemente cuando la ven de alguna manera. En una conferencia buscarán las imágenes de las transparencias antes que seguir la explicación oral del conferenciante. Al utilizar las imágenes en sus procesos mentales, pueden procesar instantáneamente mucha información, por ello tienen más facilidad para absorber gran cantidad de información con rapidez. La visualización ayuda a establecer relaciones entre diferentes ideas y conceptos; por ello, la capacidad de planificación y abstracción está directamente relacionada con este sistema de representación.

Algunas de las características de las personas que interpretan el mundo de forma visual son:

1. Su postura es altiva.
2. Siempre van bien arregladas.
3. Procesan la realidad a través de imágenes. Como la imagen se procesa más rápidamente que la palabra, estas personas hablan deprisa y utilizan una gestualidad descriptiva.
4. Siempre tienen una respuesta para todo.
5. Mantienen un contacto visual intenso, necesitan el contacto ocular, porque si no se les mira a los ojos cuando hablan piensan que no se les está escuchando.
6. Procesan mucho en futuro. El pasado lo olvidan con facilidad.

3.5.2.2 *El sistema de representación y comunicación auditivo*

Las personas cuya interpretación del mundo es auditiva están especialmente capacitadas para procesar explicaciones orales, pero sobre todo cuando pueden repetir la información recibida de otra persona.

El sistema auditivo no facilita la abstracción y la relación entre conceptos, pero es más eficaz en la música o en los idiomas. Las características de las personas auditivas son:

1. Procesan la realidad a través del diálogo o de los sonidos.
2. Mantienen una postura global de escucha telefónica.
3. Normalmente hablan despacio, porque se escuchan a sí mismos. Utilizan un tono de voz agradable.
4. Son muy cuidadosos con el lenguaje. Prefieren emplear conceptos precisos y concretos.
5. No necesitan mantener contacto ocular, lo que puede representar un problema si se encuentran con una persona que interpreta el mundo de forma visual: las personas «auditivas» pueden hablar sin mirar, pero las «visuales» necesitan que les miren.

Visual	Auditivo	Cinestésico
Ver	Escuchar	Sentir
A primera vista	Sí, oí bien	Sentido común
Evidentemente	Prestar oído	Los pies en la tierra
Visiblemente	Con el oído alerta	Calor
Claro	Hacer el sordo	Tibieza
Luminoso	Hacer eco	Frialdad
Esclarecer	Campanada	El corazón en la mano
Aclarar	Estar a tono	Tomar a pecho
Objetivo	Jugar con toda la gama	Contacto
Perspectiva	Grito agudo	Es como para comérselo
Ilustrar	Aullar	Huele a...
Pintoresco	Hablar, decir	Pesado
Brumoso	Sonar falso, verdadero	Liviano
	Oír	Choque
	Oír voces	Asir
	Armonía	Tener olfato
	Orquesta	Experimentar
	Nota falsa	Resentir
		Ver la vida color de rosa

Tabla 5. Estilos comunicativos y lenguaje asociado.

6. El pasado y el futuro les es indiferente y uno no predomina sobre el otro.
7. Utilizan poca gestualidad.

3.5.2.3 El sistema de representación y comunicación cinestésico

Las personas que utilizan preferentemente el sistema de representación cinestésico procesan la información asociándola a sensaciones y movimientos. Las personas cinestésicas aprenden de forma mas rápida cuando manipulan los elementos sujetos del aprendizaje. Sus principales características son:

1. Mantienen una postura global relajada.
2. Procesan la realidad a través de las emociones. Lo sienten todo. Todo les llega.
3. Hablan lentamente, suelen tener una voz grave y calmada.
4. Generalmente respiran abdominalmente.
5. El pasado predomina sobre el futuro.
6. Son muy intuitivos.
7. Extraen mucha información con pocos datos.
8. Su gestualidad es redundante.
9. Necesitan una distancia personal corta.

Además de las características expuestas para cada tipo de representación, hay otros indicadores que ayudan a descubrir el estilo comunicativo de los interlocutores. Aunque un primer paso es conocer el propio sistema preferente en la transmisión y la recepción de información, se adjunta una sencilla prueba como ayuda para conocerlo (véase el anexo 1).

Para facilitar el conocimiento sobre el sistema preferente de interpretación del mundo del interlocutor, en la tabla 5 se recogen algunas palabras y expresiones propias de cada estilo representativo.

Determinar el estilo de comunicación del interlocutor es sin duda complicado, pero ser conscientes de que existen diferentes formas de asimilar la información que nos rodea debe obligarnos a reflexionar sobre la mejor forma de presentar las ideas a personas «auditivas», «visuales» o «cinestésicas».

3.6 La gestión emocional

Al contrario de lo que cree mucha gente, los seres humanos no tienen una sola inteligencia, sino varias. Entre ellas, la más conocida es la relacionada con el coeficiente intelectual (CI); sin embargo, se dispone de una inteligencia espacial, una inteligencia lingüística, una inteligencia lógico-matemática, una inteligencia musical, una inteligencia corporal-cinestésica y una inteligencia emocional (véase el esquema 20).

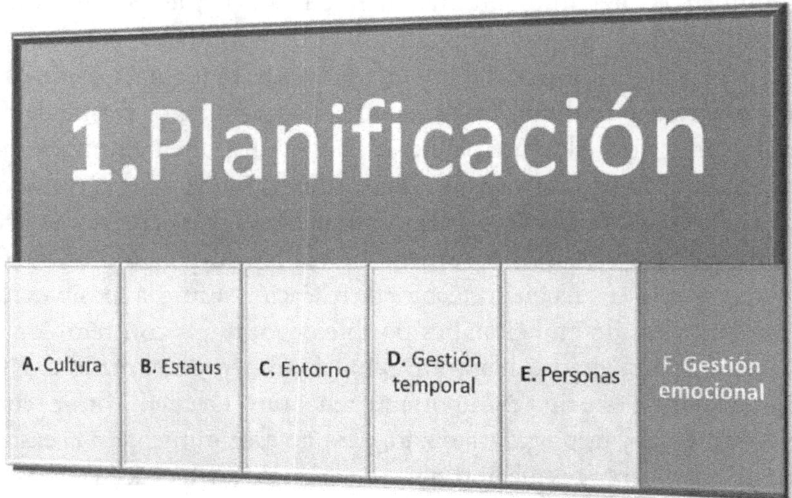

Esquema 20. Etapa de la planificación. La gestión emocional.

Para una gestión emocional adecuada, lo primero que hay que saber distinguir lo más claramente posible es si lo que se está experimentando es un sentimiento o una emoción.

Para disipar dudas a la hora de discriminar una emoción de un sentimiento, hay que aclarar que los sentimientos son los estados de ánimo que, por un lado, se van forjando progresivamente y pueden llegar a provocar una reacción emocional, o bien responden a la interpretación que se hace de la situación y de los acontecimientos que se están viviendo y a las expectativas que se abrigan tras haberla experimentado. Por otro lado, son los estados de ánimo que permanecen tras una determinada respuesta emocional. Es posible conocer cuál es el sentimiento si se obtiene respuesta a alguna de estas cuestiones: ¿cómo te sientes?, ¿cómo estás? o ¿cómo te encuentras? Y se obtendrían respuestas del tipo:

- Abatido.
- Decepcionado.
- Contrariado.
- Reconfortado.
- Gratamente impresionado.
- Feliz.
- Alegre.

Los sentimientos son la base sobre la que se forman las emociones. Unas emociones que se experimentan sin que se haya desencadenado ninguna respuesta neurofisiológica o de comportamiento reactivo.

Las emociones son estados afectivos que se experimentan como reacción subjetiva a las influencias del ambiente; normalmente esta reacción se acompaña de cambios orgánicos (fisiológicos y endocrinos) de origen innato, pero influidos por la experiencia. La principal función de las emociones es la adaptación del organismo al entorno, y sobrevienen súbita y bruscamente, en ocasiones en forma de crisis más o menos violentas, y normalmente pasajeras, que predisponen a una reacción.

Son emociones: el miedo, la sorpresa, la aversión, la ira, la tristeza, y suelen manifestarse a través de expresiones fisiológicas y conductuales. Las expresiones fisiológicas de las emociones son respuestas físicas e involuntarias iguales para todos y no controlables, a no ser que se emplee una buena técnica de relajación. Entre las posibles reacciones del organismo a un estado emocional es posible encontrarse con temblor, sonrojo, sudoración, respiración agitada, dilatación pupilar, aumento del ritmo cardíaco, etc.

Ante una reacción de este tipo es importante tener muy en cuenta que es consecuencia de un estado mental y fisiológico alterado, pero no el sentimiento o la emoción que la ha provocado. Es posible descubrirlo si se han leído de forma adecuada las expresiones corporales que han precedido a la expresión de la emoción, así como mediante el análisis del entorno y de la situación en la que se está produciendo la reacción.

Por ejemplo, llegamos a un tanatorio y nos dirigimos a dar el pésame a un allegado próximo al difunto, lo encontramos con la cabeza baja, la mirada perdida, las manos cogiéndose una a la otra, y al percatarse de nuestra presencia vemos cómo ambas manos empiezan a temblarle.

Cuando a alguien le tiemblan las manos, las causas pueden ser múltiples: frío, nervios, miedo o abatimiento, como es el caso del ejemplo anterior. Si se hubiese aislado a la persona del entorno, la situación, la intimidad respecto al interlocutor, etc., habría sido muy difícil determinar el estado de ánimo real que ha provocado el temblor en las manos.

Las emociones no solo se expresan externamente a través de reacciones fisiológicas, sino que también lo hacen empleando expresiones conductuales involuntarias: expresiones faciales, acciones y gestos, distancia entre personas o componentes no lingüísticos de la expresión verbal.

Si se agudizan los sentidos y se es capaz de captar estas expresiones fisiológicas y conductuales, se podrá reconocer si las propias emociones o las que experimenta el interlocutor son negativas o positivas, y con ello poder deducir el estado de ánimo que le es propio. Una emoción es un sentimiento sobre el que se ha perdido el control.

De entre las muchas definiciones que existen sobre inteligencia emocional, y en interés de esta obra, se presenta la del reconocido investigador H. Weisinger,[2] según la cual la inteligencia emocional es equivalente al uso inteligente de las emociones:

«De forma intencional, hacemos que nuestras emociones trabajen para nosotros, utilizándolas con el fin de que nos ayuden a guiar nuestro comportamiento y a pensar de manera que mejoren nuestros resultados.»

Para hacer realidad lo expresado en esta definición, es importante apoyarse en dos supuestos básicos:

- Aunque no es posible transformar las contingencias externas, *sí se pueden elegir las conductas* que se manifiestan ante ellas.
- Aunque las personas no controlan directamente las emociones, *sí pueden elegir sus propios sentimientos*.

Seguro que le suena la escena en la que alguien no deja de repetirse: «Hoy no me voy a dar por vencido. Hoy no me voy a dar por vencido».

---

[2] H. Weisinger, *La inteligencia emocional en el trabajo*, Humanitas, Buenos Aires, 1988.

Esta técnica, que consiste en repetirse continuamente una frase, hace que el cerebro la acepte como verdadera, se la crea y genere el sentimiento asociado y, con él, incluso desencadenar un estado emocional. Si, pasado un rato, se pregunta a la persona cómo se siente, la respuesta muy probablemente sea: «Estoy muy bien, tengo la sensación de que hoy van a salir bien las cosas».

Transmitir una imagen adecuada en los encuentros está estrechamente relacionado con lo que acaba de comentarse y con el nivel de dominio de los cuatro matizadores de la gestión emocional que se presentan a continuación:

1. El autoconocimiento. Conocer las propias emociones.
2. El autocontrol. Controlar las propias emociones.
3. La automotivación. Motivarse a sí mismo.
4. La empatía. Reconocer las emociones en los demás.

Gestionar las emociones no significa que haya que suprimirlas, ello nos privaría de una valiosa información; su control es lo que permitirá comprenderlas y utilizarlas para lograr enfrentarse productivamente a la situación.

3.6.1 Autoconocimiento

La dimensión del autoconocimiento está relacionada con la habilidad de reconocer una emoción en el momento en que esta ocurre, ser consciente de ello y poner en marcha los mecanismos propios de la segunda dimensión, el autocontrol.

Para aumentar el grado de autoconciencia es importante reflexionar sobre cómo se reacciona ante las personas y sus actos. Ello implica:

– Examinar los juicios.
– Sintonizar con los sentimientos.
– Saber cuáles son las intenciones.
– Prestar atención a los actos.

3.6.2 Autocontrol

Controlar las emociones, proceso también conocido como *autocontrol* o *autorregulación*, es la habilidad de gestionar las emociones de manera que trabajen para uno mismo y no en contra. El control de las emociones supone comprenderlas y, por tanto, poder utilizarlas a conveniencia.

El control de las emociones, o autocontrol, pasa por «reconocer que son nuestros propios pensamientos, cambios corporales y comportamientos los que desencadenan nuestras respuestas emocionales y no los actos de otras personas o sucesos externos».

Un incremento del ritmo cardíaco, de la presión arterial, la respiración alterada o la sudoración son señales de la aparición de ansiedad. Para evitarlo, lo primero que hay que hacer es tomar conciencia de la situación, y, lo segundo, procurar relajarse. Si la ansiedad no se controla, la reacción será impulsiva.

3.6.3 *Automotivación*

La motivación es el empleo de la energía en una dirección determinada y para un fin específico; es decir, dirigir los pensamientos y actos en una dirección concreta, tratar de ver lo positivo de lo que nos sucede y reconducirlo para que revierta a modo de recompensa. Son elementos propios de la motivación: la confianza, el optimismo, la tenacidad, el entusiasmo o la resistencia. Si bien hay innumerables fuentes de motivación, entre todas ellas, destacan:

- Aprender a pensar de forma positiva.
- Utilizar reafirmaciones motivadoras.
- Realizar juegos mentales.
- Centrar los pensamientos.
- Emplear imágenes mentales.
- Hacer autocríticas constructivas.
- Establecer metas significativas.

3.6.4 *Empatía*

La empatía es la capacidad de ponerse en el lugar del otro, pensar como él, vivenciar la situación y el momento como lo hace este. Es entrar en sintonía con su manera de ver las cosas.

La demostración no verbal de la sintonía o nivel de empatía existente entre dos personas que mantienen una conversación se manifiesta y percibe a través de:

- Las evidencias de que se está en una predisposición de escucha activa. Estas evidencias son: contacto ocular, diciendo «sí» y afirmando con la cabeza, se formulan preguntas abiertas para que el otro se exprese, comprender cómo se siente el que habla, no se desplaza la conversación hablando de uno mismo, etc.

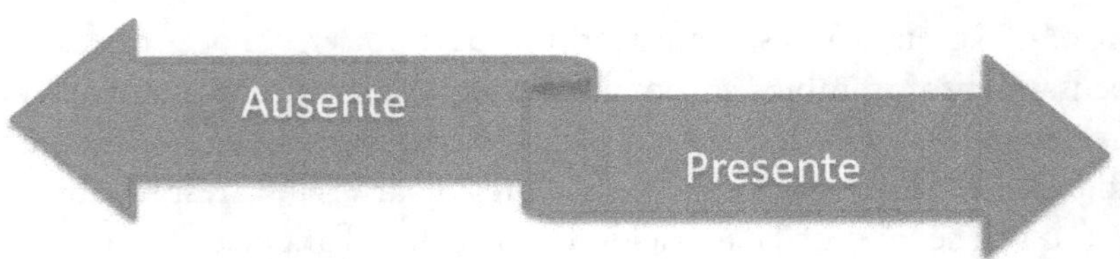

Esquema 21. Gestión emocional: condición ausente-presente.

- Las sinergias corporales o la imitación de los gestos corporales del otro. Aunque se debe ser muy prudente si se hace intencionadamente para hacerle creer que se comparten sus puntos de vista y apreciaciones, ya que en caso de que el otro se dé cuenta se habrá cometido un error, creerá que está siendo objeto de burla. Se recomienda mucha prudencia en su aplicación.

La dimensión que hay que contemplar cuando se analiza el estado emocional en que puede hallarse el interlocutor es la que proporcionará información acerca de si está presente, implicado, en el encuentro (véase el esquema 21).

Los motivos hay que extrapolarlos a partir de la información previa de que se disponga sobre este y sus reacciones a las opiniones o comentarios propios.

Para finalizar la etapa de la planificación es importante recordar la forma en que los equipos de Fórmula 1 afrontan cada gran premio. Cada uno de ellos tiene en cuenta un gran número de factores: longitud del circuito, tipo de curvas, tipo de asfalto, temperatura ambiental, capacidad del piloto, etc., y según esto planifican una estrategia para obtener la victoria. Una estrategia que no tendrá nada que ver con la utilizada en el último gran premio, aunque se hayan obtenido los objetivos propuestos. La presente propuesta comparte lo fundamental de esta manera de enfrentarse a los retos. El resultado de los intercambios comunicativos dependerá de la importancia de ser conscientes tanto del número de elementos y factores que intervienen en la comunicación como de las propias capacidades y limitaciones a la hora de afrontarlos. La única forma de alcanzar los objetivos pasa necesariamente por una planificación individual de cada encuentro comunicativo basándose en los factores que acaban de presentarse.

Capítulo 4
La emisión-recepción

La emisión y la recepción son dos actividades con muchos puntos en común. Para no reiterar la explicación de determinados comportamientos, dado que su significado tanto si es emitido como si es recibido es muy similar, ambas acciones se agruparán en un solo capítulo (véase el esquema 22).

4.1   Consideraciones previas

Para abordar esta etapa es importante destacar algunas reflexiones que hay que tener en cuenta antes y durante su desarrollo, para acertar en los planteamientos de las estrategias comunicativas:

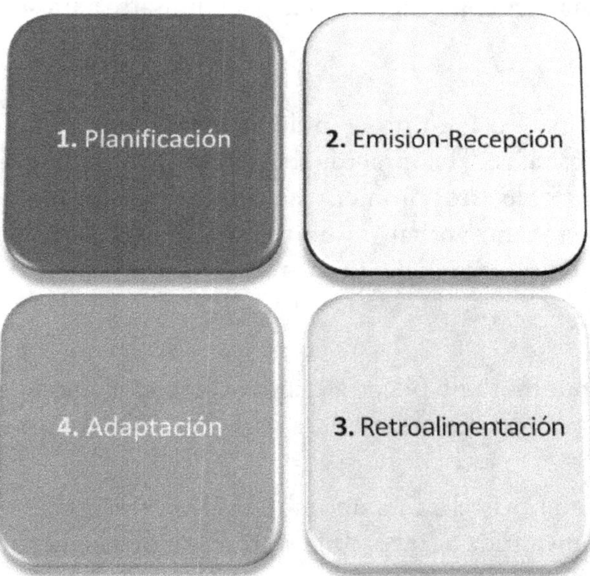

Esquema 22. Las cuatro etapas del modelo GOHE. La emisión-recepción.

- *Primera reflexión.* Dejando al margen casos muy especiales, las actividades personales y profesionales que cualquier persona desarrolla implica el establecimiento de relaciones sociales, y es en su desempeño correcto donde radica la clave del éxito.

  Paradójicamente, la formación académica que se recibe en la actualidad se centra exclusivamente en la adquisición de conocimientos teóricos más o menos especializados, dejando en segundo plano las habilidades necesarias para interactuar de forma eficaz con los demás.

- *Segunda reflexión.* El Instituto Cervantes hace suya la idea de que es posible que una persona extranjera pueda tener un dominio sintáctico y lingüístico de una lengua, pero que, probablemente, solo se podrá hablar de esta como alguien que hable bien el idioma cuando sea capaz de rellenar sus conocimientos lingüísticos con toda una serie de referentes no verbales propios del país y de la cultura de los que comunican en esa lengua. Hoy por hoy, el objetivo de la enseñanza de lenguas extranjeras no es conseguir que los alumnos aprendan una serie de estructuras gramaticales, sino que consigan comunicarse de forma integral en otra lengua. En este sentido, el acto formativo abarca muchos más aspectos que el lenguaje en sí mismo, y comprende toda una serie de conocimientos sociales, situacionales, geográficos y de comunicación no verbal que todo hablante nativo posee. Solo de esta manera el estudiante podrá profundizar en sus relaciones con otras culturas y no limitarse a un simple intercambio de información.

- *Tercera reflexión.* En todo proceso de comunicación se hallan delimitados tres momentos clave: el contacto, el desarrollo y la despedida. Respetando que en cada uno de estos momentos aparecen señales de todos los sistemas de comunicación no verbal, se ha tomado la decisión de presentar cada uno de ellos en la secuencia en la que adquiere mayor relevancia comunicativa.

Llegados a este punto, ya no puede alegarse el desconocimiento de las consideraciones más elementales a la hora de abordar una situación comunicativa:

- El elemento que más claramente informa de la sinceridad del mensaje es la coherencia transmitida a través de la sintonía entre los mensajes verbales y no verbales.
- Por el mero hecho de compartir un espacio ya existe relación.

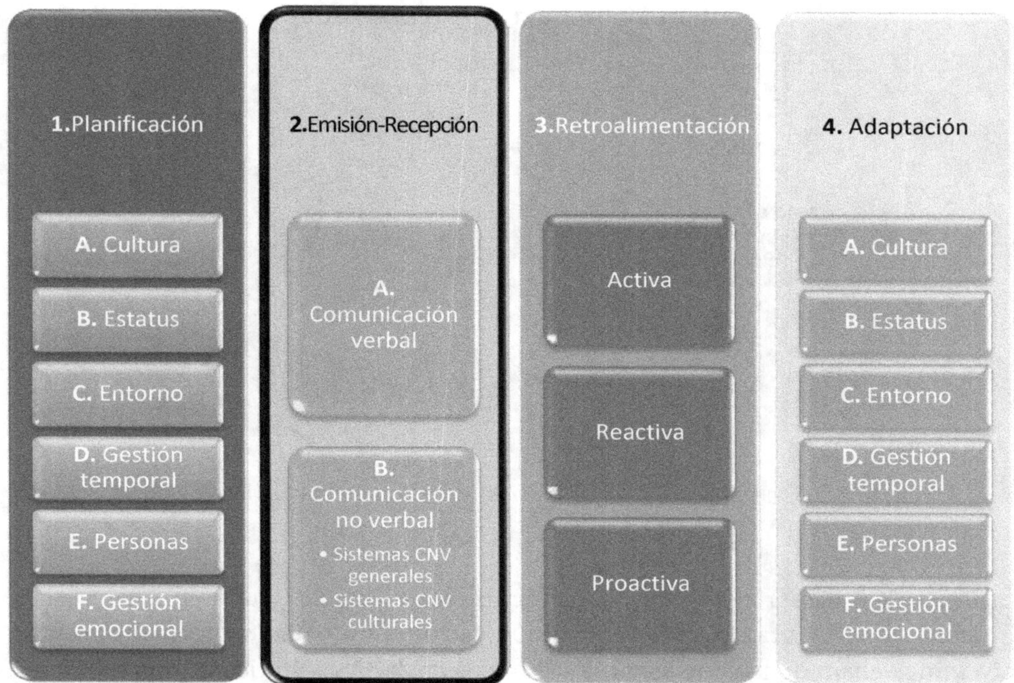

Esquema 23. Etapas modelo GOHE: emisión-recepción.

4.2 La comunicación verbal

Tradicionalmente, la emisión de la comunicación ha estado ligada de forma exclusiva a los contenidos verbales y a la forma de estructurarlos y expresarlos semánticamente. A pesar de que el modelo que se presenta refleja la presencia de la comunicación verbal (véase el esquema 23) en esta etapa de emisión-recepción, no se profundizará en ella.

El modelo GOHE profundiza en los aspectos relacionados con la comunicación no verbal y, en caso de interés, el lector encontrará abundante bibliografía e información en internet con la que podrá satisfacer su curiosidad sobre cómo estructurar de forma adecuada los contenidos semánticos.

4.3 La comunicación no verbal

Ya en 1952, Birdwhistell propuso que el hombre era un ser multisensorial que algunas veces verbaliza sus ideas, estimando que la aportación de este tipo de comuni-

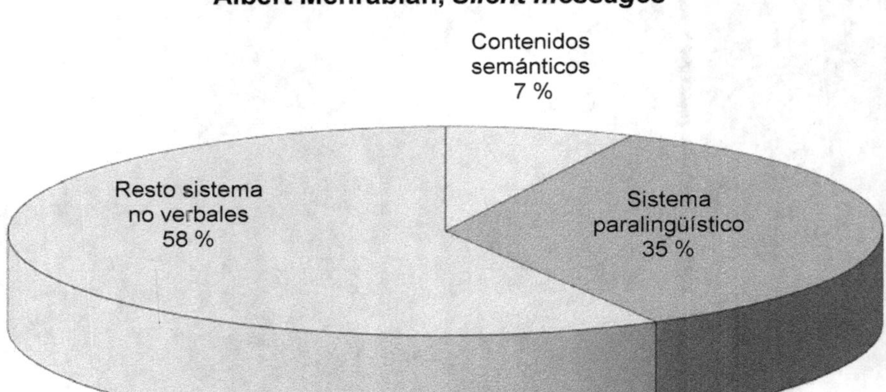

Gráfico 2. Elementos más significativos en la comunicación interpersonal.

cación no representa más del 35 % del significado social de cualquier conversación. En consecuencia, gran parte de las comunicaciones humanas se desarrollan en un nivel por debajo de la conciencia, en el que las palabras solo tienen una relevancia indirecta.

En este mismo sentido, Flora Davis, en *Comunicación no verbal,* escribió: «Las palabras son hermosas, fascinantes e importantes, pero se han sobrestimado en exceso, ya que no representan la totalidad, ni siquiera la mitad del mensaje. Más aún, como sugirió cierto científico: "Las palabras pueden muy bien ser lo que emplea el hombre cuando le falla todo lo demás"».

A mediados de la década de 1970, Albert Mehrabian dirigió un estudio[1] que confirmó los elementos significativos que intervienen en la comunicación interpersonal. En los contenidos verbales obtienen un 7 % del total, mientras que los aspectos paralingüísticos obtienen un 35 %, y el resto de los sistemas de información no verbal, un 58 % (véase el gráfico 2).

A finales del siglo xx, Fernando Poyatos presenta su «estructura triple básica de la comunicación humana»,[2] donde propone que el lenguaje no puede desligarse del paralenguaje y la quinésica.

---

[1] Albert Mehrabian, *Silent messages,* Wadsworth, Belmont, 1971, y Albert Mehrabian, «Nonverbal betrayal of feelings», *Journal of Experimental Research in Personality,* 5, 64-73, 1971.

[2] Fernando Poyatos, 1994, I: 130. «Cada vez que una persona emite un enunciado verbal, ambos sistemas no verbales, paralenguaje y quinésica, se ponen automáticamente en funcionamiento.»

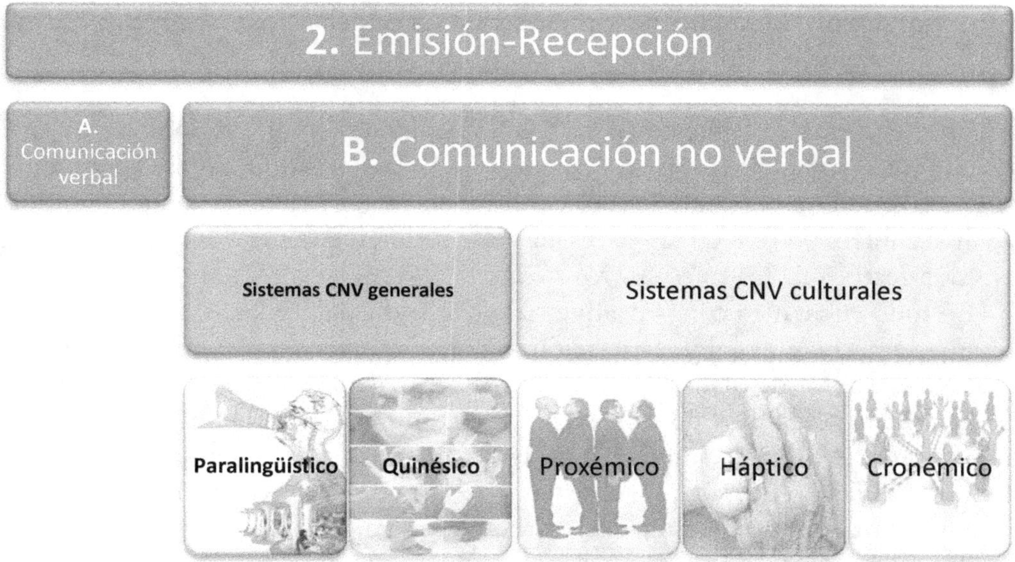

Esquema 24. Sistemas de comunicación no verbal.

Desde nuestro punto de vista, más que de una estructura triple se debería hablar de una estructura múltiple, donde, además del lenguaje, el paralenguaje y la quinésica, existen otros sistemas de comunicación que también influyen en los procesos de comunicación (véase el esquema 24).

Estas aportaciones ayudan a comprender mejor los procesos de comunicación, relativizando el valor de la comunicación verbal y descubriendo la importancia de los canales de la comunicación no verbal. Hay que recordar que la expresión *comunicación no verbal* hace referencia a «todos los signos y sistemas de signos no lingüísticos que comunican o se utilizan para comunicar»,[3] incluyendo el conjunto de hábitos de comportamiento, influencias ambientales y creencias de una comunidad que interviene en la comunicación.

Los sistemas de comunicación no verbal de los que se está hablando pueden ser expositivamente clasificados en dos grandes grupos:

- Los sistemas generales de comunicación no verbal: el paralingüístico y el quinésico.

---

[3] Ana María Cestero, 1999.

– Los sistemas culturales de comunicación no verbal, entre otros: el proxémico, el cronémico y el háptico.

En el esquema 25 se presentan los cinco sistemas de comunicación no verbal que se emplearán como referentes en el modelo GOHE. A continuación se lleva a cabo una exposición de cada uno de ellos con la finalidad de facilitar la comprensión del análisis e interpretación de los gestos en todos los momentos en los que se divide la emisión-recepción.

En todo encuentro comunicativo, como se indica en las consideraciones previas, y de hecho en cualquier relación, hay tres momentos claramente determinados: contacto, desarrollo y desenlace. En cada uno de ellos tienen especial predominancia algunos de los sistemas de comunicación no verbal analizados. Así, durante el contacto son el sistema proxémico y el sistema háptico los más relevantes; durante el desarrollo, el sistema paralingüístico y el sistema quinésico, y finalmente, durante el cierre, el sistema cronémico.

En nuestro modelo se aprovecha esta predominancia de cada sistema en el proceso comunicativo para, huyendo de modelos teóricos, realizar su clasificación. La intención de este libro es facilitar el conocimiento de estos sistemas mediante propuestas concretas y lograr ser consciente de en qué momento hay que prestar una especial atención a cada uno de ellos.

Esquema 25. Sistemas de comunicación no verbal y sus componentes.

Con esta intención se elaborará, de forma paralela a la explicación de estos sistemas, una batería de preguntas que ayude a tener en cuenta cuáles pueden ser las fuentes de información no verbal y los posibles significados de las señales emitidas por esas fuentes. Se trata de una sencilla lista de preguntas que servirán de guía en la valoración de una serie de aspectos básicos sobre las diferentes fuentes de información no verbal. Esta herramienta, no de forma exhaustiva, pero sí en la práctica, tiene el propósito de facilitar el reconocimiento de los recursos que el cuerpo humano utiliza en cualquier proceso comunicativo y los efectos que estos pueden tener en la estrategia comunicativa.

Las respuestas más comunes a las preguntas formuladas se irán descubriendo a lo largo de esta obra, y permitirán conocer cuáles son sus posibles significados. Su aplicación facilitará la detección de señales no verbales, desencadenando un proceso de mejora en la estructuración del proceso comunicativo que abrirá las puertas a posibles acciones correctoras y a lanzar mensajes de manera que se facilite su percepción correcta por parte del interlocutor.

4.3.1 Fase de contacto

4.3.1.1 El sistema proxémico

El término *proxémica,* también conocido como «territorialidad», fue introducido por el antropólogo Edward T. Hall (véase la figura 16) en 1963 para describir las distancias entre las personas mientras interactúan (véase el esquema 26). Sus estudios sobre la conducta de las personas se inspiraron en los comportamientos que desplegaban los animales para proteger su territorio, y en ellos Hall descubrió que la posición relativa de los interlocutores tiene importantes efectos en la comunicación: si alguien se acerca demasiado, nos alejamos; si está demasiado lejos, nos acercamos.

Cuando se habla de espacio personal no se hace referencia exclusivamente

Figura 16. Edward T. Hall.

Esquema 26. Sistemas de comunicación no verbal. Sistema proxémico.

al espacio existente entre dos personas que conversan cara a cara, sino a un espacio más amplio que se extiende desde nuestra piel hasta unos límites en los que la presencia de otra persona deja de afectarnos o influirnos (véase el esquema 27). Hall hablaba de este espacio diciendo que el individuo estructura el espacio que le envuelve formando una burbuja a su alrededor, extendiéndolo hasta alcanzar su propio margen de seguridad.

Concretamente, Hall diferenció tres espacios o territorios propios:

- *Espacio fijo:* es el marcado por estructuras inamovibles. En un edificio serían el techo, el suelo, las paredes, las ventanas, etc.
- *Espacio semifijo:* es el tipo de espacio que posee obstáculos posibles de mover o que se mueven habitualmente: sillas, escritorios, mesas, lámparas, etc. En nuestro modelo incluiremos en este apartado otros elementos modificables del espacio semifijo que no contempló Hall, como: la decoración interior, el color o las condiciones ambientales.

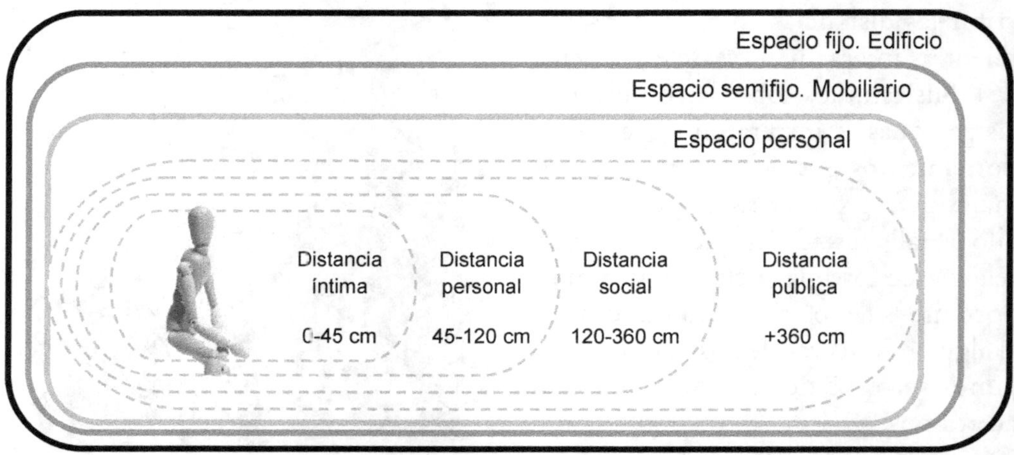

Esquema 27. Espacios o territorios propios.

– *Espacio personal o informal:* espacio alrededor del cuerpo donde pueden observarse cuatro zonas diferenciadas: íntima, personal, social y pública.

- **Los espacios fijos**
  Dada la imposibilidad de modificar este tipo de espacios, a excepción de poder escoger uno u otro, en esta obra se desarrollarán aspectos relacionados con los espacios semifijos y personales, tanto por su sencilla adaptabilidad, como por su efectividad en la mejora de nuestras relaciones interpersonales.

- **Los espacios semifijos**
  El médico canadiense Humphry Osmond observó que algunos espacios, concretamente las salas de espera de los ferrocarriles, tendían a mantener apartadas a las personas, y los denominó «espacios sociófugos». En otros, como las mesas de un bar, observó que tendían a unir a las personas, y a estos los calificó de «espacios sociópetos». Trasladó esta observación al hospital que dirigía y pudo apreciar que había muchos espacios sociófugos y muy pocos a los que podía valorar como sociópetos. Osmond contrató a un psicólogo, Robert Sommer, para que tratara de descubrir todo lo que fuera posible respecto a la relación entre el mobiliario y las conversaciones que se establecían entre sus usuarios. Sommer seleccionó la cafetería del hospital, donde mesas de 1 × 1,80 metros servían para acomodar a seis personas. Como se muestra en la figura 17, estas mesas proporcionaban seis distancias y orientaciones diferentes para la relación entre las personas que las ocupaban.

  Después de un número elevado de sesiones de observación, comprobó que entre las posiciones E y A se establecía comunicación en un 50 % de las ocasiones, mientras que entre las posiciones C y B esta probabilidad era del 25 %, y entre las posiciones C y D la probabilidad de establecer contacto se reducía al

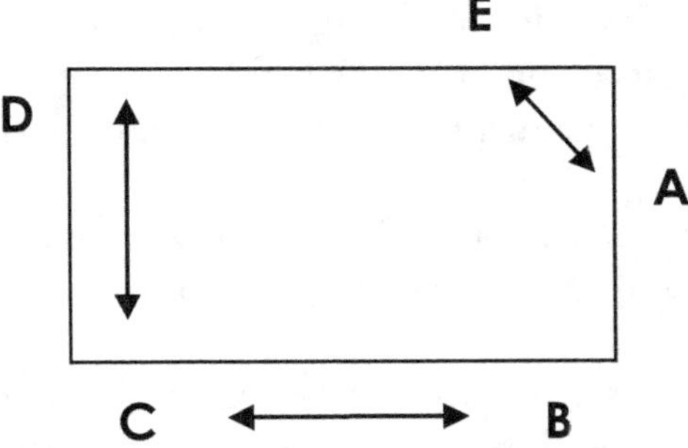

Figura 17. Posición y tipo de relación.

8 %. En otras palabras, las posiciones en esquina con personas enfrentadas en ángulo recto producían seis veces más conversaciones que las situaciones cara a cara a través del metro de ancho de la mesa, y el doble que en la distribución de lado a lado. Para nosotros, el aspecto más interesante de este experimento presentado por Edward T. Hall en *The silent lenguage* es la demostración de que la estructuración de los elementos móviles de un espacio semifijo puede tener un profundo efecto sobre el comportamiento, y que este efecto es medible.

- **El espacio personal**
  Entre los espacios presentados por Edward T. Hall, el espacio personal tendrá una mayor repercusión en las percepciones que elabora un interlocutor sobre el otro. Si bien existen otras divisiones de este espacio, su propuesta divide el espacio personal más próximo en:

  - *Distancia íntima.* Entre 15 y 45 cm. A esta distancia la comunicación se llevará a cabo a través de la mirada, el tacto y el sonido, y para que alguien pueda acceder a ella tiene que haber mucha confianza y en algunos casos estar emocionalmente unido a la otra persona. Es la zona de los amigos, parejas o familia. Dentro de esta zona se encuentra la zona inferior a unos 15 cm del cuerpo; es la llamada zona íntima privada, cuyo acceso es mucho más restringido.
  - *Distancia personal.* Entre 45 y 120 cm. Es la zona normal de conversación en la cultura occidental. Es la distancia que suele emplearse en la oficina, reuniones, asambleas, fiestas, conversaciones amistosas o de trabajo. Si se estira el brazo se llega a tocar a la persona con la que se está manteniendo la conversación.
  - *Distancia social.* Entre 120 y 360 cm. Es la distancia que separa de los extraños, las personas con quienes no se tiene ninguna relación amistosa o las que no se conoce bien. Si se estira el brazo no se llega a tocarlos. Por ejemplo: la dependienta de un comercio, el albañil, los proveedores, los nuevos empleados, etc.
  - *Distancia pública.* Más de 360 cm y no tiene límite establecido. Es la distancia idónea para dirigirse a un grupo de personas. En ella el tono de voz es alto, y es la distancia normalmente utilizada en conferencias, coloquios o charlas.

La influencia del espacio personal (véase la figura 18) en el desarrollo de las relaciones interpersonales se justifica por varios motivos:

- Todas las personas lo activan de forma inconsciente, desde el momento en que otros entran dentro del límite de la propia zona social y permanecen dentro de dicho límite.

Figura 18. Espacio personal.

— Cada persona establece el alcance de los límites de cada una de las zonas en función de su personalidad, la cultura en la que ha crecido, el tipo de relación con el otro y la situación en la que se produce el encuentro. La intensidad y la naturaleza de la reacción o respuesta varía en función del límite traspasado, el conocimiento del otro, la cultura y la personalidad de cada uno.

Cuando se produce una invasión o intromisión en alguna de estas zonas, se desencadena una serie de reacciones psicológicas y fisiológicas primarias en la persona:

— Invasión de la zona pública: atención.
— Invasión de la zona social: alerta.
— Invasión de la zona personal: preparación para el encuentro, la huida o la lucha (según el caso).
— Invasión de la zona íntima: estallido emocional (ansiedad, incremento del ritmo cardiaco, sudoración, segregación de altas dosis de adrenalina y finalmente: *shock* emocional o agresión verbal o física).

Probablemente al leer las reacciones a la invasión de cada área, sobre todo la zona íntima, parecerá que no son del todo ciertas. Efectivamente, todos los días se dan situaciones en las que extraños invaden las zonas personales, incluida la íntima, de otros, sobre todo si se hace uso del transporte público o se acude a actos o eventos de alta concurrencia. En estos casos es evidente que no se reacciona como se ha expuesto; la razón es muy simple, psicológicamente se percibe el espacio que nos rodea

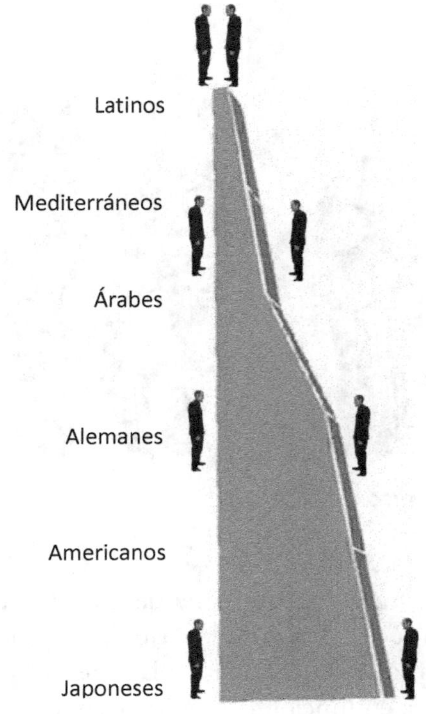

Esquema 28. Distancias culturales.

como propio, mientras que no se tenga la obligación de compartirlo en situaciones de hacinamiento. En estos casos, el espacio personal se funde con el de los demás y se desactiva mentalmente, volviendo a activarse progresivamente a medida que va existiendo la posibilidad de recuperarlo.

Edward T. Hall hacía notar que diferentes culturas mantienen diferentes estándares de espacio interpersonal (véase el esquema 28). En las culturas latinas, por ejemplo, esas distancias relativas son más pequeñas, y la gente tiende a estar más cómoda cerca de los demás. En las culturas nórdicas sucede todo lo contrario. Darse cuenta y reconocer estas diferencias culturales mejora el entendimiento intercultural, y ayuda a eliminar la incomodidad que la gente puede experimentar si siente que la distancia interpersonal es muy grande o muy pequeña. Neal A. Hartman presenta un gráfico muy elocuente sobre las distancias ideales para las interacciones personales entre iguales según las culturas con las que trabajemos.

Como se puede apreciar en el contenido de este apartado, el sistema de comunicación proxémico puede actuar de dos maneras:

– Modificando o reforzando el significado de los elementos de la estructura básica de la comunicación (lenguaje, paralenguaje y quinésica).
– De forma independiente, comunicando y aportando información social y cultural sobre los interlocutores.

A continuación, se formulan las dos primeras preguntas que conformarán la batería de preguntas que ayudarán a identificar correctamente las fuentes de información no verbal más significativas:

1. ¿Cuál es la característica que mejor define el entorno?
2. ¿Cuál es la distancia óptima para el interlocutor?

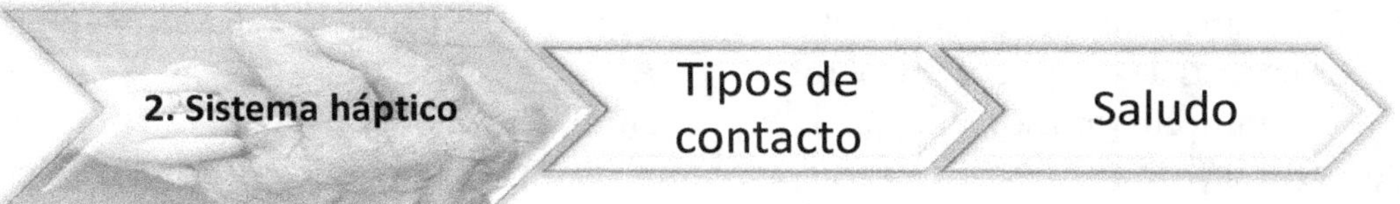

Esquema 29. Sistemas de comunicación no verbal. Sistema háptico.

4.3.1.2 El sistema háptico

Matthew J. Herstein,[4] profesor de la Universidad DePauw, realizó un experimento en el que los participantes establecían contacto físico con otra persona que no conocían para intentar comunicar emociones específicas. La persona que era tocada tenía los ojos tapados y desconocía el sexo de la persona que la estaba tocando. Esta, por su parte, tenía que intentar transmitir alguna de las siguientes emociones específicas: enojo, temor, felicidad, tristeza, disgusto, amor, gratitud o simpatía. Todo el proceso se desarrollaba en silencio. Finalizada esta fase, se proporcionó a la persona que había sido tocada una lista de ocho emociones y se le solicitó que indicara cuál de ellas había sentido. Para controlar el efecto azar se incluyó en la lista una novena sensación incorrecta.

La transmisión exacta de la emoción se produjo entre el 50 y el 78 % de las ocasiones. Estos resultados son comparables a porcentajes encontrados en estudios relacionados con emociones verbales y faciales y mucho más elevados que el 11 % esperable que podría darse por azar. Los investigadores se percataron de que la forma de transmitir algunas emociones se repetía. Por ejemplo, para expresar temor generalmente agarraban y apretaban sin movimiento, mientras que para transmitir simpatía agarraban, daban palmadas y masajeaban. Tanto hombres como mujeres eran capaces de interpretar el tacto, pero usaban diferentes acciones para comunicar las emociones. Los varones raramente tocaban la cara, y solo lo hacían cuando debían expresar enojo o disgusto hacia una mujer, o simpatía ante otro varón. Las mujeres, por su parte, tocaban las caras con bastante frecuencia para expresar enojo, tristeza y disgusto ante ambos sexos, y para expresar miedo y felicidad a un varón.

El contacto físico es una forma de comunicación no verbal que recibe el nombre de comunicación táctil o comunicación háptica (véase el esquema 29). El concepto de háptica se deriva del griego *haptein,* que significa sujetar o agarrar, y puede

---

[4] http://www.depauw.edu/learn/infantdiscoverylab/Templates/pdf_documents/C.V.pdf.

considerarse como el estudio del comportamiento del contacto y las sensaciones transmitidas a través del acto de tocar.

Es un hecho indiscutible que la captación de sensaciones hápticas es el primer proceso sensorial que se activa en el ser humano. Su funcionamiento se inicia ya en el seno materno cuando el feto responde a los distintos movimientos de la madre. Incluso una vez que se produce el parto, el bebé continúa durante sus primeras etapas de desarrollo utilizando el tacto de sus labios como su principal forma de comunicarse con el mundo.

Montagut (1971) confirmó en sus estudios con recién nacidos prematuros en incubadoras que los bebés que reciben estimulación táctil mediante masajes aumentan de peso más rápidamente, captan mejor lo que les rodea, controlan mejor sus emociones, lloran menos y, en general, su sistema nervioso y su cerebro maduran más deprisa. Si a un bebé se le alimenta y cuida bien, pero se le priva de contacto físico, sufre un estancamiento psicológico y físico, que puede llegar a causarle daño cerebral.

En esta misma línea, los estudios de May Ainsworth[5] en Uganda confirmaron que los niños tratados amorosamente y a quienes sus madres cargaban a la espalda mientras trabajaban daban sus primeros pasos alrededor de los siete meses, mucho antes que los niños que crecían alejados de estas:

> «Curiosamente el fenómeno "hambre de piel" es cada vez más estudiado por los investigadores del comportamiento. Se refiere al deseo de ser tocado, a la necesidad profunda de contacto físico. Quien más lo sufre son las personas mayores. Son quizás las menos tocadas de la sociedad, como si la vejez fuera contagiosa. A un niño es agradable acariciarlo, pero ¿a un anciano? Su piel queda excluida de las ideas que trasmiten los medios sobre lo agradable y la belleza.»[6]

A pesar de todos esos datos, en nuestra cultura los aspectos visuales se imponen sobre los táctiles, llegando a menospreciarse el poder comunicativo que proporciona el tacto. Esta es la principal razón que ha provocado que todos los aspectos relacionados con la comunicación táctil se hayan desarrollado o investigado con poca profusión. Al tratar este sistema de comunicación no verbal, no limitaremos nuestra exposición al momento del saludo, sino que la ampliaremos presentando los distintos tipos de contacto físico que en su día propuso Heslin.

---

[5] May Ainsworth, *Infancy in Uganda*, Johns-Hopkins, Baltimore, 1967.
[6] http://www.uclm.es/ab/enfermeria/revista/numero%2014/condic_soc_exp_tac.htm.

4.3.1.2.1   Tipos de contacto físico

Se presenta la clasificación que Heslin (1974)[7] realizó, dentro de la distancia ínti-ma, acerca de los diversos tipos de contactos físicos que pueden producirse en un encuentro tomando como referencia los mensajes comunicados:

- *Funcional-profesional:* la intención comunicativa de este contacto táctil imper-sonal, a menudo frío y burocrático, está en el deseo de cumplir alguna tarea o ejecutar un servicio. La persona tocada es considerada como un mero objeto. Ejemplo: profesor de golf y alumno, sastre y cliente o médico y paciente.

- *Social-cortés:* la finalidad de este tipo de contacto físico es la de afirmar la identidad de otra persona como perteneciente a la misma especie. Para ello, se utilizan reglas de conducta que son esencialmente iguales. Ejemplo: un nuevo compañero de trabajo.

- *Amistad-calidez:* esta clase de conducta de contacto reconoce más el carácter único del otro y expresa afecto por esa persona. Se reconoce al prójimo como amigo. Ejemplo: saludar dando un abrazo.

- *Amor-amistad:* a través de este gesto suele expresarse un vínculo o atracción emocional. La otra persona es el objeto de nuestra intimidad o amor. Las di-versas clases de contacto suelen ser menos estereotipadas. Ejemplo: cuando se apoya la mano en la mejilla de una persona, cuando se la abraza fuertemente o cuando se la besa.

- *Excitación sexual:* nos referimos exclusivamente al contacto como expresión de excitación física. Ejemplo: las caricias. La otra persona es un complemento sexual.

4.3.1.2.2   El saludo

Los gestos y expresiones que preceden al saludo ponen de manifiesto el estado de ánimo y la predisposición de cada uno ante el encuentro. Una vez iniciado el saludo,

---

[7] R. Heslin, *Steps toward a taxomony of touching*. Ponencia presentada en la conferencia anual de la Midwestern Psychological Association, Chicago, IL, mayo de 1974.

Figura 19. Saludo distante.

inconscientemente, se dejan al descubierto algunos de los principales rasgos de personalidad, a la vez que se pone de manifiesto cómo se posiciona cada uno de los interlocutores en referencia al otro o al asunto que los reunió.

El posicionamiento respecto al otro suele estar relacionado con la personalidad, pero también con la percepción que tienen sobre cómo se deben establecer y jerarquizar el intercambio. Dicho de otra manera, quién es o se siente más importante y con qué grado de seguridad se enfrenta al encuentro. En las culturas orientales, el ritual tradicional dicta que se debe saludar obsequiando con una inclinación, sea de cabeza o de todo el tronco, en señal de respeto. Pues bien, el grado de inclinación y el tiempo durante el cual se mantiene la inclinación clarificarán las diferencias de «estatus social» entre los que se saludan. Las personas de menor rango social son las que con su inclinación muestran mayor nivel de sumisión. El extremo más radical en este tipo de saludo se puede observar en culturas en las que mirar directamente a líderes políticos o religiosos está prohibido.

En las culturas occidentales, los rituales de saludo han evolucionado, adaptándose a los cambios socioculturales y al nivel de conocimiento o relación previa entre los interactuantes. Así, puede encontrarse desde un simple saludo alzando el brazo (véase la figura 19) y mostrando la palma de la mano, propio de zonas rurales, hasta un beso en los labios.

Dar la mano no solo es el modo tradicional de iniciar una interacción en muchas culturas, sino que además abre una importante puerta de intercambio de información sobre los estados de ánimo. La manera de ofrecer la mano y lo que se hace con ella durante el corto espacio de tiempo que dura el saludo revela, en ambos sentidos: rasgos básicos de personalidad, la aceptación o rechazo del otro o del encuentro, el posicionamiento de igualdad y de marcaje de territorio, así como las diferencias percibidas de estatus y jerarquía:

- Las personas autoritarias, dominantes o crecidas socialmente lo suelen dejar claro ofreciendo (véase la figura 20):

- Una mano presentada claramente con la palma hacia abajo.
- Un apretón de manos exagerado.
- Un tirón del brazo que obliga a acercarse a estas personas demostrando que los espacios personales no existen. Siempre toman la iniciativa y creen tener la situación bajo control. En caso contrario, su reacción será violenta, agresiva.
- Un brazo recto y firme dotado de la fuerza que indica una gran seguridad en sí mismos.

- Las personas sumisas, dependientes o que se infravaloran socialmente, cuando saludan dando la mano, lo hacen ofreciendo (véase la figura 21):

  - Una mano presentada ligera o claramente con la palma hacia arriba.
  - Una mano laxa, floja, sin tensión muscular, que cuando se aprieta se hace excesivamente.
  - Una mano que apenas se aleja del cuerpo y hay que estirar el brazo para alcanzarla.
  - Una mano sin fuerza, como si tuviese miedo a molestar, a incomodar o a transmitir una sensación de resistencia a una autoridad superior (véase la figura 22).

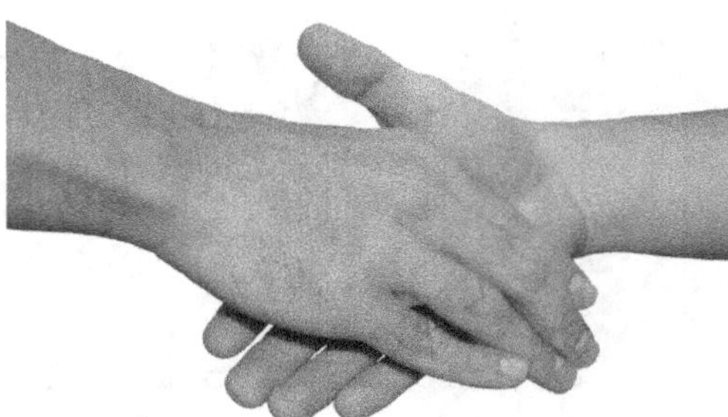

Figura 20. Dominancia.

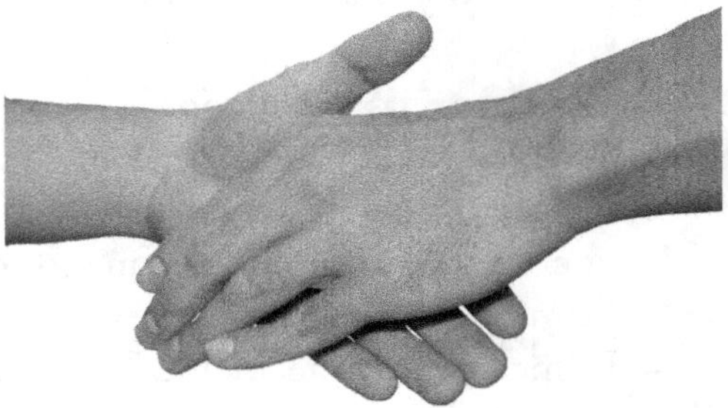

Figura 21. Sumisión.

Figura 22. Sumisión.

Figura 23. Asertividad.

- Las personas asertivas y seguras de sí mismas inician el saludo obsequiando (véase la figura 23):

  - Una mano orientada verticalmente.
  - Una mano firme pero relajada, que permite percibir su seguridad y a la vez su equilibrio personal.
  - Un brazo firme pero flexionado en un ángulo aproximado de 45 grados.

En ocasiones, el saludo mediante el estrechamiento de manos es complementado por uno de los interlocutores por otros gestos realizados con la otra mano. Los gestos complementarios más habituales durante el saludo son:

  - Tomar con las dos manos la mano del otro.
  - Sujetar simultáneamente el antebrazo con la otra mano.
  - Sujetar simultáneamente el brazo con la otra mano.
  - Poner simultáneamente la mano sobre el hombro del otro.
  - Palmear simultáneamente el cuello del otro.
  - Palmear simultáneamente la cara del otro.

Estos gestos complementarios, que al ser observados desde fuera siempre son percibidos como signo de confianza, cordialidad o simpatía, tienen una doble lectura:

- Pueden ser una muestra de cariño, amistad o intimidad, cuando hay un conocimiento previo entre los interlocutores y responden a una reacción inconsciente provocada por la alegría que se experimenta al ver al otro.

- Cuando no existe esa relación o conocimiento previo, indican quién se siente más importante, confiado y superior, ya que se permite el lujo de invadir, sin consentimiento, el espacio personal del otro, llegando incluso a tocarle.

Estos gestos complementarios durante el saludo son la evidencia de un posicionamiento respecto al otro (véase la figura 24):

- «Yo soy más importante y no te lo puedo decir porque mi educación no me lo permite, pero no puedo resistir las ganas que tengo de hacértelo saber y dejar claro dónde está cada uno».

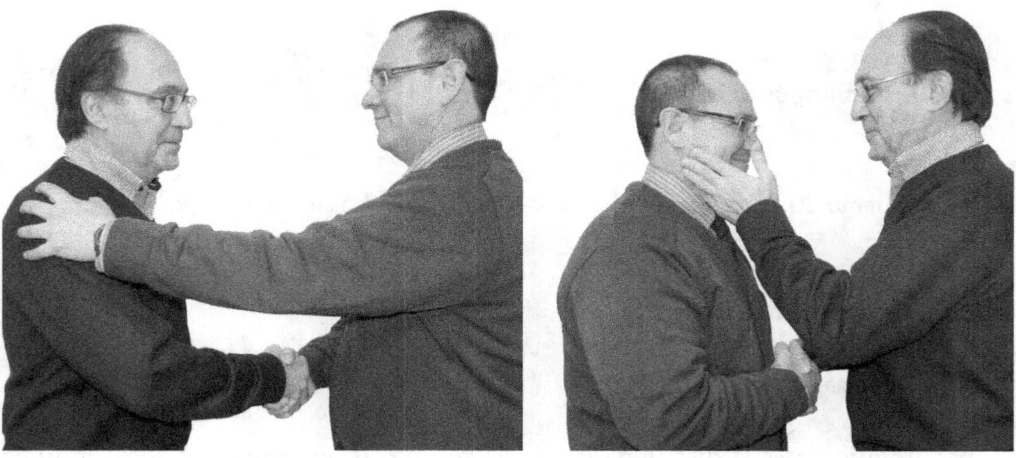

Figura 24. Posicionamiento.

- Lo contrario le sucede a la persona sumisa, a quien sus ganas de ocultarlo le hacen contraerse tratando de evitar el contacto directo, y no se atreverá a tocar al otro.

Profundizando un poco más en este tipo de saludo se puede llegar a establecer la distancia de separación percibida por quien realiza estos gestos complementarios. La diferencia percibida será mayor en función de la altura de la zona corporal tocada. Así, la percepción de superioridad respecto al otro es mayor si le toca el hombro que si le toca el antebrazo, y mayor aún si le toca la cara. Para poner un ejemplo claro y cerrar este apartado del saludo empleando las manos es posible imaginar la situación en la que un empleado de base, que no conoce al director general de la multinacional donde trabaja, va a recibir un premio de manos de este. El empleado se limitará a ofrecer su mano, con mayor o menor seguridad, pero, salvo en raras ocasiones, no se le pasará por la cabeza ponerle la otra mano en el hombro al director general. Sin embargo, probablemente, el director general se permita la licencia de darle unas palmaditas «cariñosas» en la cara.

Las respuestas a la tercera y cuarta pregunta de la lista de comprobación permitirán conocer el tipo de relación inicial entre los interlocutores y el posicionamiento de cada uno respecto al otro:

3. ¿Cuál es el tipo de relación existente entre los interlocutores?
4. ¿Cuál es el posicionamiento del interlocutor en el encuentro: dominancia, sumisión o igualdad?

Esquema 30. Sistemas de comunicación no verbal. Sistema paralingüístico.

4.3.2 Fase de intercambio

4.3.2.1 El sistema paralingüístico

La paralingüística es la disciplina que trata todo lo relacionado con los estímulos producidos por la voz humana y que, con la excepción de las palabras, puede ser percibido por otro ser humano (véase el esquema 30).

El sistema paralingüístico, pese a su gran importancia en la comunicación humana, todavía no se ha estudiado en profundidad. Su análisis se ha centrado principalmente en la lingüística y la fonética. Según F. Poyatos, el paralenguaje está constituido por las siguientes categorías:

1. *Las cualidades primarias:* son rasgos personales de la voz que nos diferencian como individuos. Esta categoría paralingüística está compuesta por el timbre, la resonancia, la intensidad o volumen, el tempo o velocidad del enunciado, el tono y el ritmo empleado durante la emisión de mensajes verbales.

2. *Los tipos de voz:* dependen de factores biológicos, como la configuración anatómica de los órganos articulatorios y fisiológicos, el grado de apertura de las cuerdas vocales o el modo en que es expulsado el aire. Estos últimos, a su vez, pueden ser influidos por factores psicológicos y emocionales. Entre los tipos de voz más característicos se encuentran las voces agudas o graves.

3. *Los sonidos fisiológicos o emocionales (diferenciadores):* son reacciones incontrolables o voluntarias, con capacidad para comunicar. Los diferenciadores se emiten solos o en combinación con otros signos paralingüísticos, quinésicos o lingüísticos.

4. *La ausencia de sonido:* es un recurso en el que tendremos que distinguir entre pausas, que duran de 0 a 1 segundo, y silencios, que duran más de un segundo. Las pausas tienen la función de regular el cambio de turno, presentar distintas clases de actos comunicativos verbales (preguntas, narraciones, peticiones de

apoyos, etc.) o enfatizar los contenidos de los enunciados que acaban de ser emitidos o que van a ser presentados. Los silencios, por su parte, tienen unas funciones bien diferentes, como otorgar unos segundos al interlocutor para que asimile el mensaje recibido, dar tiempo para preparar una respuesta, etc.

Como primer paso en el análisis de este sistema de comunicación no verbal general proponemos la utilización de las siguientes categorías: las cualidades primarias (el volumen, la tonalidad e inflexión, la velocidad) y los silencios. No hay que olvidar que también en esta ocasión el análisis de las diferentes interpretaciones de estos factores debe realizarse de forma conjunta, ya que si se realiza por separado en vez de ayudar conducirá a errores de interpretación. Por tanto, hay que realizar un análisis global fundamentado en el conjunto y sin olvidar el contexto y la situación donde se producen.

- **El volumen**

  Los cambios en el volumen de voz tienen como objetivo fundamental lograr que los demás puedan escuchar lo que se dice, aunque habitualmente se utilizan para enfatizar determinados aspectos dentro de una conversación. En muchas ocasiones, el volumen de voz empleado no se ajusta a las necesidades reales. Un volumen muy bajo de voz suele transmitir a los demás actitudes como sumisión, tristeza o timidez, y una voz muy elevada puede indicar, según el contexto, seguridad, dominio, extraversión, persuasión, ira o tosquedad. Un volumen moderado, por el contrario, casi siempre se asocia a características positivas, como agrado o satisfacción. Un volumen alto sostenido suele asociarse a conductas agresivas. Será la situación concreta la que determine el volumen de voz más adecuado, aunque la actitud que siempre debe servir de guía es la de no alzar la voz, pero a la vez conseguir ser escuchado con claridad. En general, las personas utilizan un volumen correcto de voz, excepto en situaciones especiales o difíciles, como puede ser pedir un favor o rechazar una petición de un amigo o compañero de trabajo. Es importante, por tanto, centrar la atención en estas situaciones para mejorar el resultado.

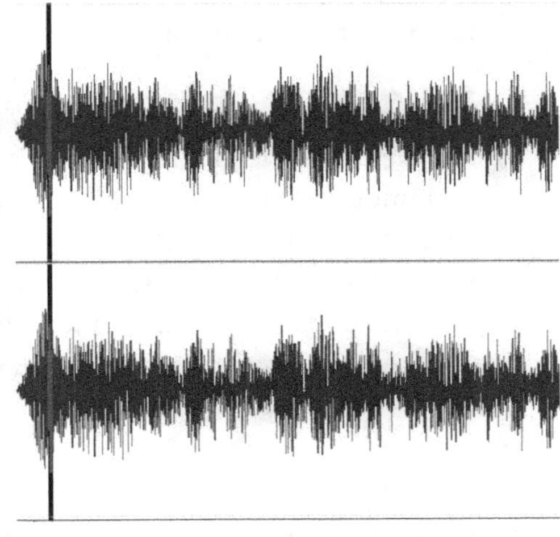

Figura 25. Volumen y entonación.

- **Tono e inflexión**

El tono de la voz es la cualidad que se produce por la mayor o menor tensión de las cuerdas vocales, que da como resultado una voz más aguda o más grave. Esta variable se considera fundamental, ya que diferentes tonos pueden cambiar completamente un mismo mensaje verbal. Las mismas palabras pueden expresar esperanza, afecto, sarcasmo, ira, excitación o desinterés, según la variación de la entonación del que habla. Una escasa entonación, con un volumen bajo, indica aburrimiento o tristeza. Un tono que no varía puede transmitir poco interés, aburrimiento o monotonía. Las personas son percibidas como más dinámicas y extravertidas cuando durante una conversación cambian a menudo la entonación. Normalmente, una entonación que sube es evaluada positivamente (por ejemplo, alegría); una entonación que decae, negativamente (por ejemplo, tristeza) y una entonación fija, como neutral. Para ser percibido positivamente es conveniente cambiar el tono a lo largo de la conversación, ya que se transmite una mayor sensación de dinamismo.

- **La velocidad**

El tercer factor que hay que tener en cuenta es la velocidad con la que se pronuncian las palabras. Uno de los patrones que puede utilizarse es el propuesto por Ladrón de Guevara[8] tras concluir que «los estudios hechos para valorar una locución coinciden en que, en la velocidad media del habla, se pronuncian entre 125 y 190 palabras por minuto, márgenes que limitan las velocidades rápidas y lentas». Hablar lentamente puede ser señal de aburrimiento, de depresión o de confusión, y puede hacer que los demás se impacienten o se aburran. Al hablar superando la barrera de las 200 palabras por minuto, «la comprensión por parte del oyente empieza a decaer».

- **El silencio o la latencia**

Este elemento paralingüístico es tan importante que a pesar de su ausencia de contenido verbal es uno de los elementos más trabajados a nivel científico. Se entiende por latencia el intervalo de tiempo sin sonido entre la terminación de la oración de una persona y la iniciación de la respuesta por parte de la otra persona. Si esta latencia es muy corta, hay que ser consciente de que se está ante personas activas. Estas latencias se transforman en negativas si las interrupciones se producen de forma constante, y pueden llegar a generar sensa-

---

[8] I. Ladrón de Guevara, «Pase Ud. primero, Sr. Maestro». Ponencia presentada en el II Congreso Internacional Virtual de Educación, CIVE 2002, abril de 2002.

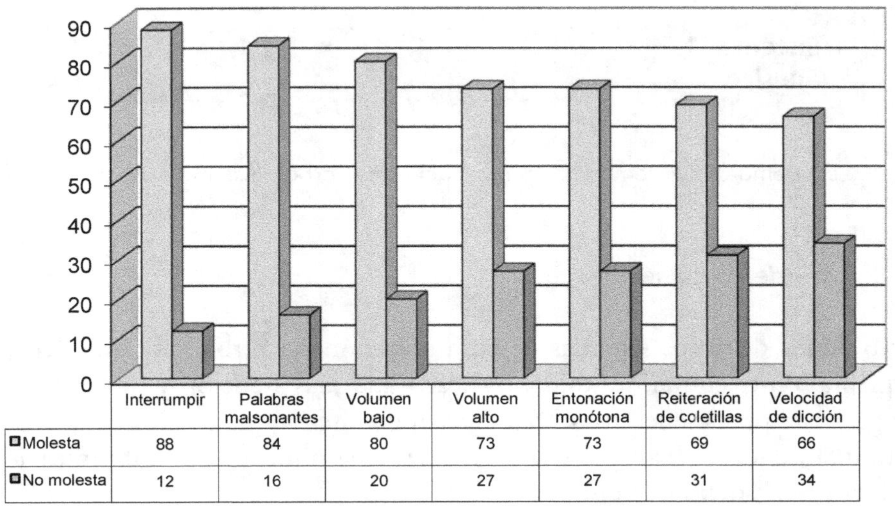

	Interrumpir	Palabras malsonantes	Volumen bajo	Volumen alto	Entonación monótona	Reiteración de coletillas	Velocidad de dicción
Molesta	88	84	80	73	73	69	66
No molesta	12	16	20	27	27	31	34

Gráfico 3. Elementos paralingüísticos molestos.

ción de agresividad. Si las latencias son muy prolongadas, transmiten sensación de pasividad y hastío.

Finalmente, se recogen los datos aportados por Lillian Glass[9] a la hora de valorar los elementos paralingüísticos molestos para los interlocutores (véase el gráfico 3). Unos datos que muestran que interrumpir a los demás, utilizar palabras malsonantes, un volumen inadecuado en la dicción y una entonación monótona son los aspectos más denostados en cualquier comunicación y, en consecuencia, hay que evitarlos.

Establecer valoraciones de forma científica según el sistema paralingüístico resulta, hoy por hoy, complicado. A pesar de ello, es evidente que los tonos de voz transmiten emociones y sentimientos. Es habitual percibir buenas sensaciones ante un simple mensaje de bienvenida. Intentar concretar los aspectos de la voz que han facilitado o posibilitado esta transmisión es una tarea en la que se está trabajando.

La quinta y la sexta preguntas ayudarán a valorar el interés y el dinamismo, y con ello el nivel de implicación de nuestros interlocutores:

> 5. ¿Cuál es el nivel de interés mostrado?
> 6. ¿Cuál es tipo de entonación empleada: dinámica o monótona?

---

[9] Lillian Glass, *Sé lo que estás pensando*, Paidós, Barcelona, 2002.

Esquema 31. Sistemas de comunicación no verbal. Sistema quinésico.

4.3.2.2   El sistema quinésico

Dentro de los distintos sistemas de comunicación no verbal, el quinésico (véase el esquema 31) es el que, sin duda, ha acaparado más atención y sobre el que más bibliografía se puede encontrar. También es el sistema que se desarrollará más en profundidad dado el gran peso que tiene en el conjunto de la comunicación no verbal. Poyatos[10] definió la quinésica como:

> «Los movimientos y posiciones de base psicomuscular conscientes o inconscientes, aprendidos o somatogénicos, de percepción visual, audiovisual y táctil o cinestésica que, aislados o combinados con la estructura lingüística y paralingüística y con otros sistemas somáticos y objetuales, poseen un valor comunicativo intencionado o no».

Birdwhistell descubrió que, del mismo modo que un discurso puede descomponerse en sonidos, palabras, oraciones y párrafos, en la quinésica existen unidades similares. A la menor de ellas, un movimiento apenas perceptible, decidió denominarla *quine*. Partiendo de esta unidad mínima, reveló que existían otros movimientos mayores, a los que llamó *quinemas*, asociación de quines, cuya carga significativa era mayor. Una característica de estos quinemas es su multisignificado, por ejemplo, un simple alzamiento bilateral de cejas a menudo expresa una duda, pero bien podría acentuar una interrogación, o quizás haber sido empleado para dar énfasis a una palabra dentro de la oración y matizar lo que realmente se quería transmitir.

El sistema quinésico está constituido por tres grandes categorías:

A. Las posturas o posiciones estáticas.
B. Los gestos o movimientos faciales y corporales.
C. Las maneras o formas convencionales de realizar acciones o movimientos.

---

[10] Fernando Poyatos, *La comunicación no verbal. I. Cultura, lenguaje y conversación*. Istmo, Madrid, 1994.

En el esquema 32 se presentan algunas de las estructuras corporales que generan señales no verbales que deben tenerse en cuenta en los intercambios. La forma de presentarlas no es gratuita, ya que ilustra la necesidad de realizar un análisis escalonado de las diferentes fuentes de información de cada grupo.

Un análisis pormenorizado de todas las fuentes de comunicación no verbal sería el escenario ideal, pero dada la complejidad de la tarea, es mejor dar un primer paso en mejorar la capacidad de detección y análisis de la información no verbal; para ello, nos centraremos en describir las sensaciones que generalmente reflejan y transmiten las fuentes «perceptibles» a simple vista. Con ello se logrará, en primer lugar, posibilitar su detección, en segundo lugar, facilitar su análisis, y en tercer lugar, poder actuar de forma adecuada, mediante acciones de adaptación, ante cada una de estas situaciones.

4.3.2.2.1   Las posturas estáticas

Las posturas son posiciones fijas que adopta el cuerpo y tienen la capacidad de comunicar activa o pasivamente. Cuando las posturas entran a formar parte de los gestos, el significado final de estos puede verse modificado dependiendo de la posición estática adoptada y de los elementos corporales implicados; sin embargo, pueden actuar claramente como signos independientes.

Es habitual experimentar situaciones en las que no solo se perciben buenas sensaciones durante las primeras impresiones, sino también en cualquier otro momento del intercambio. Una de las maneras que tiene el cuerpo para transmitir información es adoptando una determinada postura estática.

Esquema 32. Fuentes quinésicas de información no verbal y estructuras corporales asociadas.

P. Becheiraz y D. Thalman,[11] analizando actores virtuales, demostraron estadísticamente que del mismo modo que las posturas corporales transmiten emociones en el mundo real, también lo hacen en el mundo virtual, lo que aprovecharon para dotar de humanidad a los personajes de ficción.

Hoy por hoy, uno de los aspectos más importantes y de mayor utilidad es el relacionado con las normas sociales, o lo que es lo mismo, las posturas que deben o no adoptarse en una determinada cultura. Por ejemplo, en Estados Unidos y Canadá los hombres de clase media y baja, ya sea en privado o en público, evitan sentarse cruzando las piernas, por considerarlo afeminado, y en su lugar prefieren sentarse con las piernas abiertas.

La postura global

Una de las reglas básicas de la comunicación no verbal es interpretar las señales emitidas o recibidas dentro de una globalidad. Esta valoración se inicia con una visión del individuo dentro de un contexto y debe continuar con una observación de su gestualidad corporal. De forma generalizada, las posturas han sido objeto de consideración menor; sin embargo, en el modelo GOHE estas adquieren importancia por su capacidad para transmitir, en los momentos iniciales, la predisposición general de la persona sobre el intercambio comunicativo que está a punto de producirse

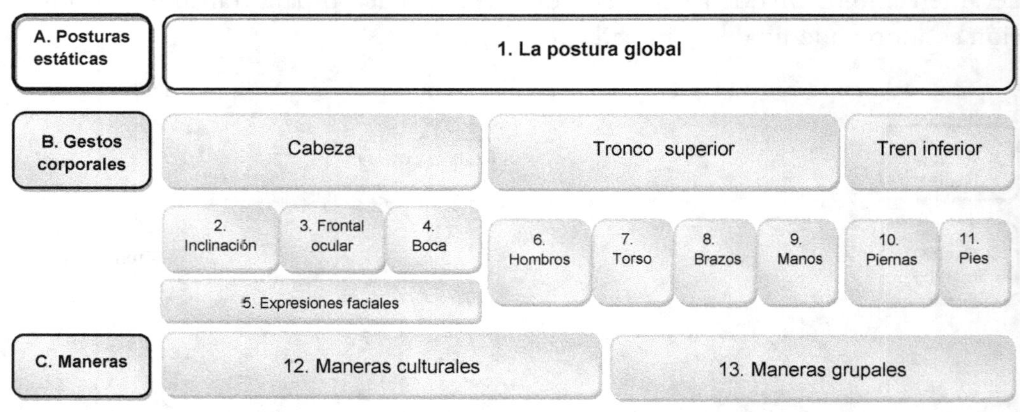

Esquema 33. Fuentes quinésicas de información no verbal asociadas. Posturas.

---

[11] *A model of nonverbal communication and interpersonal relationship between Virtual Actors,* junio de 1996.

(véase el esquema 33). La observación de la postura corporal global predominante proporcionará información sobre la actitud mental ante el encuentro, y podrá ser definida como «abierta» o «cerrada».

En primer lugar, al analizar la postura hay que tener en cuenta si la persona está de pie o sentada, y, a continuación, si la posición adoptada permite gesticular libremente o por el contrario limita el movimiento. Será la combinación de estos elementos lo que proporcionará una visión sobre su interpretación.

Para reconocer las posturas abiertas y las cerradas debe observarse la ubicación de la cabeza, el tronco, los brazos y las piernas:

- En la posición abierta, la cabeza y el tronco se inclinan hacia delante, los brazos se hallan separados del cuerpo y las piernas se mantienen separadas y paralelas (véase la figura 26). Este tipo de postura facilita la transmisión de confianza, atención, empatía y capacidad de adaptación.

- La cabeza y el tronco reclinados hacia atrás, los brazos y las piernas cruzados delante del sujeto son componentes de una actitud cerrada (véase la figura 27). Este tipo de postura evidencia sensaciones de rechazo, antipatía, reserva o poca voluntad de colaboración.

Figura 26. Postura abierta.

Figura 27. Postura cerrada.

La respuesta a la pregunta séptima de nuestra lista de control indicará la predisposición inicial a mantener un intercambio o, por el contrario, su resistencia a este.

> 7. ¿Cuál es la postura global?

4.3.2.2.2   Gestos corporales

A continuación se centra la atención en el análisis de las fuentes de información que se consideran suficientes para valorar los gestos corporales de cualquier persona o auditorio, agrupándolos en tres grandes grupos: los gestos de la cabeza, los gestos del tronco superior y los gestos del tren inferior (véase el esquema 34).

La cabeza

Las manifestaciones faciales son una clara expresión de los sentimientos que se están experimentando y transmiten a los demás qué se está sintiendo en ese instante. A pesar de su importancia, y debido a su complejidad, puesto que en ellas pueden intervenir los ojos, las cejas, la frente, la barbilla, los pómulos, la nariz y la boca, en nuestro modelo solo se utilizarán los movimientos y los gestos perceptibles a simple vista, descartando los que no pueden detectarse, ya sea por su velocidad de ejecución o por la dificultad que supone su percepción. En consecuencia, se considerará la in-

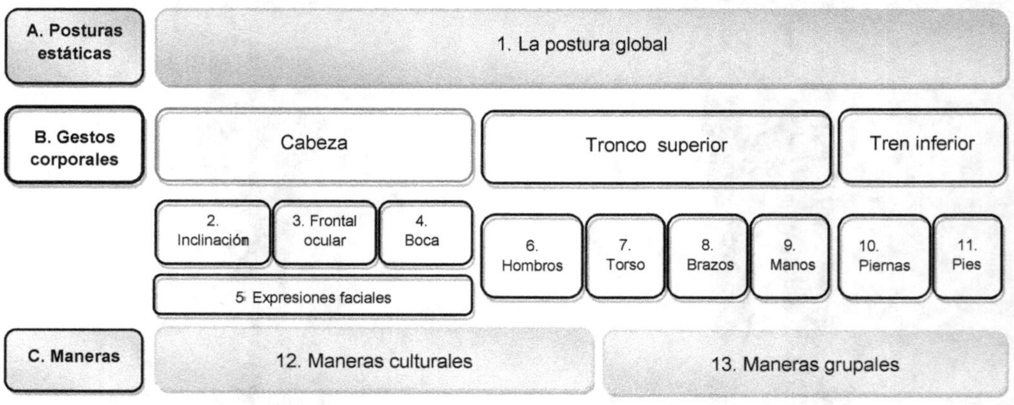

Esquema 34. Fuentes quinésicas de información no verbal asociadas. Los gestos corporales.

clinación de la cabeza, el frontal ocular y la boca como los elementos de análisis más sencillos y asequibles, para finalizar con una recopilación de todos ellos agrupados en algunas expresiones faciales.

Inclinación de la cabeza

En una primera aproximación hay que tener en cuenta la inclinación de la cabeza y la velocidad con la que se realiza la inclinación; ambas características proporcionan información suficiente para inferir algunas conclusiones orientativas:

- Cuando la cabeza se desplaza hacia delante, demuestra atención y algún tipo de emoción personal. Si este movimiento se produce de forma lenta, presentará una situación de sumisión, tristeza o búsqueda de alternativas. Cuando el movimiento se produce de forma rápida se trata de una emoción cercana a la tensión, en ocasiones la agresividad.

- Cuando el desplazamiento de la cabeza se produce hacia atrás, se trata de una expresión de escepticismo o de expectativa ante nuevos acontecimientos. Si este movimiento se produce de una forma pausada, transmite una sensación de duda sobre el contenido del mensaje. En cambio, si el desplazamiento de la cabeza hacia atrás se produce de una forma rápida, se está ante una señal no verbal de resistencia a la propuesta. Obviamente, se validará esta información a través del resto de sistemas de comunicación no verbal. Si se produce esta ratificación, se está ante una actitud y una postura contrarias a la nuestra, en el nivel de contenidos.

Según la sinergología francesa, algo tan simple como la inclinación de la cabeza en las primeras fases de una relación puede cambiar la percepción inicial sobre una persona. Está demostrado que si una persona durante las primeras fases de una relación, incluso antes de emitir ninguna palabra, inclina su cabeza hacia el lado izquierdo, genera habitualmente una sensación de amabilidad y proximidad (véase la figura 28), mientras que si esta inclinación se realiza hacia el lado derecho, la sensación que se transmite es de dureza y agresividad[12] (véase la figura 29).

---

[12] Philippe Turchet, *El lenguaje del cuerpo: conozca a su interlocutor a través de sus gestos y posturas,* Mensajero, Bilbao.

Figura 28. Amabilidad.   Figura 29. Dureza.

El frontal ocular

Si se acepta que la cabeza es el gran centro de información no verbal de nuestro cuerpo, el frontal ocular podría considerarse como una zona clave donde los ojos serían la fuente de información no verbal más relevante y las cejas un buen elemento de contraste (véase la figura 30).

Las cejas

Las cejas generan información mediante movimientos simultáneos o movimientos independientes. Cuando las cejas se levantan al mismo tiempo se está ante una posible sensación de sorpresa, arrogancia, incredulidad o terror. Si las cejas se cierran o contraen a la vez reflejan una sensación de contradicción, enfado o ira. Cuando se levanta una sola ceja, la sensación que suele reflejar es de duda.

Los ojos

Los tipos de análisis que han empleado los ojos como principal fuente de información se han centrado básicamente en tres aspectos: el análisis de la dilatación pupilar, el nivel de parpadeo y el nivel de contacto ocular:

- *El análisis de la dilatación pupilar.* Las pupilas oculares son las verdaderas ventanas de las emociones. Su tamaño o abertura son un fiel reflejo del estado emocional de la persona. Está comprobado que cuando las pupilas se dilatan reflejan un momento agradable, mientras que si estas se contraen las sensaciones no son positivas.

- *El nivel de parpadeo de la persona.* Los párpados son elementos de comunicación versátiles y pueden enviar gran cantidad de mensajes de manera intencionada o totalmente inconsciente. Por ejemplo, se parpadea cada vez que se cambia de idea o de pensamiento, lo que permite adivinar la intensidad de la actividad mental de la persona.

- *El nivel de contacto ocular.* Un gran número de estudios han confirmado que estamos más predispuestos a mirar a las personas que nos gustan, y en consecuencia si el contacto visual es alto, se interpreta como positivo.
  De forma inconsciente aplicamos la siguiente gradación al contacto ocular:

  - El contacto visual constante por un tiempo excesivo es interpretado negativamente, y adquiere especial importancia cuando esta situación se produce en lugares públicos y entre desconocidos.
  - Un nivel alto de contacto visual directo, mantenido durante dos terceras partes de la interacción, se valora como muestra de sinceridad y atención.
  - El bajo nivel de contacto visual directo, mantenido durante menos de un tercio de la interacción, se interpreta como desatención, y en ocasiones como falta de respeto, poca seguridad o poca sinceridad.
  - El nulo contacto visual puede interpretarse como miedo, concentración, desinterés e incluso arrogancia.

En estas situaciones suelen aparecer fenómenos de acción y reacción de forma inconsciente debido a los pocos elementos de control que se tienen sobre ellos y a la velocidad a la que se producen, lo que dificulta un análisis correcto. Por ello, se recomienda centrarse en la interpretación de la información manteniendo un mínimo punto de objetividad, por otra parte necesario para evitar que las emociones condicionen la interpretación.

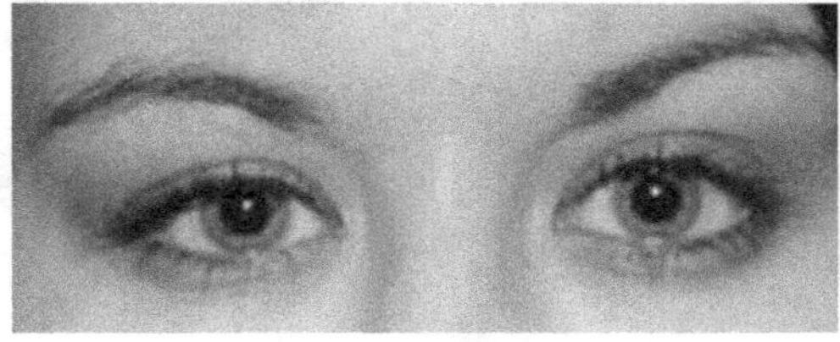

Figura 30. Frontal ocular.

La boca

La boca adquiere una especial relevancia comunicativa cuando proyecta dos tipos de mensajes: los relacionados con su expresión inconsciente y cuyo máximo exponente se encuentra en la sonrisa (véase la figura 31) y los realizados conscientemente, como las muecas.

La sonrisa, cuando es sincera, tiene el embrujo de transmitir mensajes positivos; sin embargo, la mayoría de las sonrisas suelen ser sonrisas sociales, de aceptación, y en ocasiones falsas. Las diferencias entre una sonrisa verdadera y espontánea y una falsa son sutiles movimientos difíciles de reconocer, ya que no están relacionados con los elementos que intervienen directamente en una sonrisa natural, los labios o las mejillas, sino que se producen en el frontal ocular, el espacio que hay entre las pestañas y las cejas. Cuando la sonrisa es auténtica, este espacio se reduce y se hace más estrecho. Si la sonrisa es falsa, este espacio permanece inalterado, desincronizado, formando parte de otra expresión, lo que es el reflejo de que lo que se pretende mostrar no es en realidad lo que se siente. En otras palabras, cuando la sonrisa real viene acompañada de arrugas faciales, oculares y una subida de pómulos, se manifiesta que se está experimentando una sensación de alegría y una aceptación del mensaje. Hacer parecer como verdadera una falsa sonrisa es muy difícil. Se necesita entrenamiento y técnica de interpretación, lo que quiere decir que hay que creerse realmente la falsedad. Falsa es la sonrisa con la que se obsequia a algunos compañeros de trabajo al darles los buenos días. Falsa es la que ofrecen algunos políticos en campaña electoral, como falsa suele ser la del vendedor que hay detrás del mostrador al responder «por supuesto», tras haberle preguntado si el producto que nos ofrece es bueno. La popularización de las técnicas de cirugía estética está condicionando cada día más este tipo de información no verbal, dado que hay personas que debido a estas intervenciones no pueden realizar este tipo de movimientos de piel alrededor de los contornos oculares.

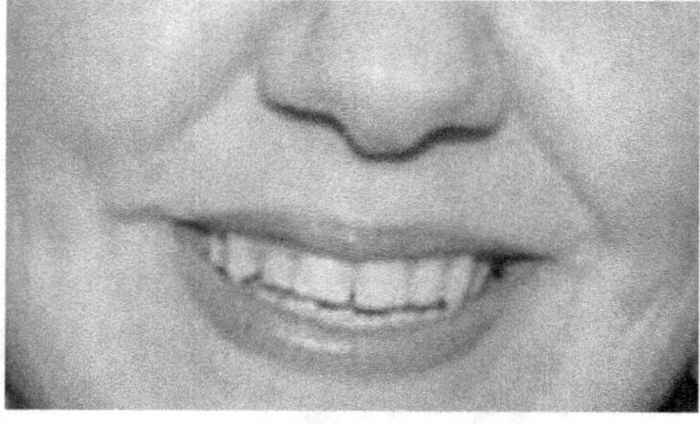

Figura 31. Sonrisa.

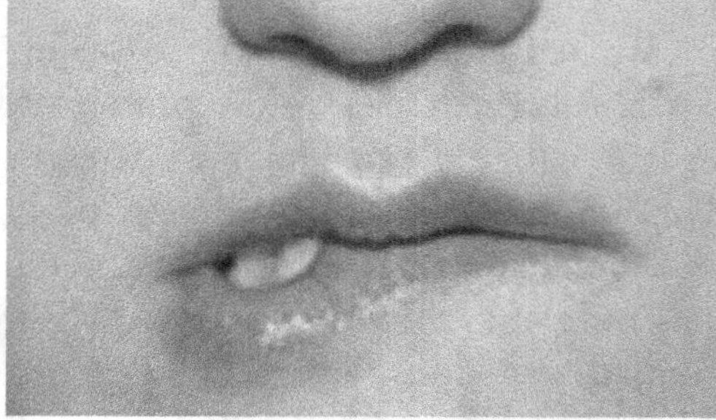

Figura 32. Mueca.

Las muecas (véase la figura 32), gestos más o menos conscientes, responden bien a la necesidad de expresar de forma controlada una evidente contrariedad que no se quiere manifestar abierta y contundentemente, o bien a una señal con un significado concreto, como lanzar un beso.

Para esta fuente de información hay que tener en cuenta la posición de los labios, tanto por la sencillez de su análisis como por la facilidad de observación:

- Cuando las líneas de los labios están relajadas, la persona está prestando atención al mensaje y muy probablemente comprendiendo su contenido.

- Cuando la comisura de los labios se orienta hacia abajo predominará un estado de tristeza con una posible incomprensión o negación del mensaje.

- Si uno de los extremos de la comisura de los labios está hacia arriba y el otro hacia abajo, la actitud será de desprecio hacia el mensaje o hacia la persona.

- Una boca abierta es un signo de apertura, de querer comunicar.

- Si se mantiene la boca cerrada mientras se escucha y esta empieza a entreabrirse, se está expresando el deseo de querer intervenir, se está pidiendo la palabra.

- La boca cerrada y apretando labios o dientes es señal de estar escuchando algo con lo que no se está de acuerdo o no se ve claro.

Las expresiones faciales

Expresiones como: «Ten cuidado, hoy trae una cara de perro que ni te cuento», «Siempre tiene una cara de amargado que te pone de los nervios», «Hoy está radiante, parece que le ha tocado la lotería» o «Es una persona feliz, se le nota en la cara», se usan para describir lo que se ha visto en los dos segundos que se ha mirado la expresión de la cara de alguna persona, sea conocida o no.

Hasta ahora se han tratado, de forma independiente, los gestos proporcionados por las diferentes estructuras que configuran el rostro, porque son elementos comunicativos en sí mismos, pero no aprovechar todo su potencial informativo sería imperdonable, un potencial que se obtiene al analizar la agrupación de estos elementos de forma conjunta: las expresiones faciales.

Figura 33. Felicidad.

Figura 34. Miedo.

Las expresiones faciales son la expresión más clara de los sentimientos que experimenta una persona. Son las que dicen a los demás lo que se siente en el instante que se producen y son, sin duda alguna, los gestos más fácilmente observables por otros. A nadie pasa inadvertida una expresión de alegría o de tristeza.

Las expresiones faciales son percibidas como configuraciones en las que intervienen las principales estructuras móviles de la cara: la boca, los labios, la nariz, los ojos, los párpados, las cejas y la frente. Estas estructuras se transforman y pueden pasar de una posición neutra o inexpresiva (que de por sí ya está comunicando algo) a una composición totalmente desencajada, en la que nada parece estar en su posición normal. Esta última sería la máxima expresión del estallido o *shock* emocional cuando se es presa del terror. Entre ambos extremos pueden configurarse las diferentes combinaciones empleadas para expresar los estados afectivos.

Según Roger Masters,[13] las expresiones faciales humanas son consecuencia de los orígenes del ser humano, siguen pautas similares a las de los primates y se reducen fundamentalmente a tres tipos: seguridad-felicidad, miedo o enfado.

Las conclusiones a las que llegó sentencian que:

- La expresión de seguridad y felicidad se caracteriza por (véase la figura 33):

  - La comisura de los labios hacia atrás y arriba.
  - La boca puede estar o no abierta, con o sin exposición de los dientes.
  - Las cejas están hacia arriba.

---

[13] Roger Masters, *The nature of politics*, Yale University Press, New Haven, 1989.

- La mirada no está fija.
- La nariz y los ojos un poco cerrados.

- En las expresiones faciales de miedo (véase la figura 34):

- Las cejas levantadas y contraídas al mismo tiempo.
- Los ojos están abiertos, como conscientes de lo que les rodea.
- La nariz inspira aire por si es necesario huir.
- Los labios están apretados.

- En las caras que muestran enfado:

- En ocasiones suelen verse los dientes superiores e inferiores.
- Las cejas están muy tensas (véase la figura 35).

Figura 35. Enfado.

Las fuentes de información de la cabeza ofrecen una gran riqueza de datos que se descubrirán si se logra hallar la respuesta a las siguientes preguntas:

8. ¿Cuál es la inclinación de la cabeza?
9. ¿Cuál es la posición de las cejas?
10. ¿Cuál es el tipo de parpadeo?
11. ¿Cuál es el tipo de contacto ocular?
12. ¿Cuál es la posición de la comisura de los labios?
13. ¿Cuál es la expresión facial predominante?

Tronco superior

Continuando con este análisis escalonado y simplificado de la información no verbal que puede ofrecer el cuerpo humano, hay que tener en cuenta los gestos y movimientos realizados fundamentalmente con el tercio superior, excluyendo la cabeza (véase el esquema 35). En el tronco superior destacan cuatro fuentes de información: los hombros, el torso, los brazos y las manos.

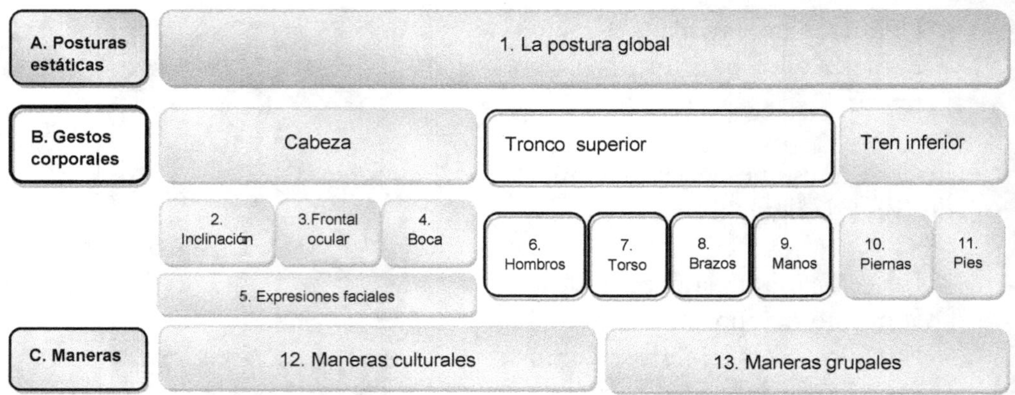

Esquema 35. Fuentes quinésicas de información no verbal asociadas. El tronco superior.

Los hombros

Los hombros son un elemento corporal poco valorado; sin embargo, aportan información rápida y fiable, y son fácilmente observables. La información que se transmite mediante los hombros es diferente cuando los movimientos son simultáneos o cuando estos movimientos son independientes.

Hoy por hoy, en muchas culturas occidentales existe la tendencia a arquear los hombros hacia abajo, generando una sensación de apatía generalizada, conocida como «postura champiñón». Esta postura (véase la figura 36) se caracteriza por unos hombros caídos en forma curva, con la espalda torcida y

Figura 36. Postura champiñón.

Figura 37. Postura alineada.

ligeramente inclinada hacia atrás. La imagen que se transmite es de una persona poco comprometida, apática y sin capacidad de convicción. La validez de estos contenidos se comprueba tanto de pie como sentado. Si se observa a la misma persona con la misma indumentaria, en la misma ubicación, pero con la espalda alineada, las percepciones que se obtienen son mucho más positivas (véase la figura 37).

El torso

La información que suministra el torso se vincula directamente a las cuatro posiciones posibles que este puede adoptar: hacia arriba, hacia abajo, adelante y atrás. En cada una de ellas, las sensaciones transmitidas son diferentes y pueden ir modificándose a lo largo de los intercambios de información.

- Cuando el torso está levantado transmite una sensación de fuerza, y estamos ante una posición de poder que debe ser respetada.
- Cuando el torso está hacia abajo, muestra síntomas de timidez e introspección.
- Si el pecho está inclinado hacia adelante reflejará ganas de intervenir en la conversación, mostrando interés en el mensaje, y en ocasiones podrá reflejar cierta actitud de dominancia o agresividad (véase la figura 38).
- Si la inclinación es hacia atrás se genera una sensación de rechazo y dejadez (véase la figura 39).

Figura 38. Interés.

Figura 39. Desinterés.

Figura 40. Naturalidad.

Los brazos

A pesar de que brazos y manos son elementos funcionalmente interdependientes y que su gestualidad está estrechamente vinculada, en el modelo GOHE se presentan por separado, porque sus gestos tienen entidad y significado por sí mismos. Todas las personas gesticulamos, y según se realice la acción se evidencia una determinada actitud (véase la figura 40). Esta fuente de información permite muchas modalidades de análisis y enfoques, pero como en anteriores ocasiones solo se utilizarán las de mayor utilidad práctica:

- **La extensión total o parcial del brazo a la hora de gesticular**
  Si la gesticulación se realiza con los brazos totalmente extendidos y rígidos, la situación se vive como estresante y en consecuencia provoca tensión, y si la gesticulación se realiza con los brazos en una ligera flexión, la imagen que se transmite habitualmente es de seguridad en uno mismo y en el contenido del mensaje.

Figura 41. Cruce de brazos.

- **El tipo de amplitud del gesto utilizado**

  Si la gestualidad es natural y se mueven los brazos de forma flexionada y con una amplitud razonable, indica seguridad en uno mismo, pero si estos movimientos se realizan muy cerca del cuerpo, la persona se encuentra en una situación de poca confianza o inseguridad.

- **Cómo se cruzan los brazos** (véase la figura 41)

  Finalmente, si los brazos se cruzan delante del pecho, estamos ante una posición defensiva, falta de seguridad o intranquilidad. En ocasiones, hay personas que se sienten realmente cómodas en este tipo de postura, y así lo manifiestan. Si el cruce de brazos se acompaña con un «acentuador», un fruncido de ceño o un apretar de labios, muy probablemente se trata de una hostilidad manifiesta.

Las manos

Anatómicamente, existen más nervios que conectan las manos y el cerebro que entre el cerebro y cualquier otra parte del cuerpo. Físicamente significa que, en todo momento, los movimientos de los dedos y las manos están íntimamente relacionados con lo que sucede en la mente. Las manos están sincronizadas con el cuerpo y con los pensamientos; por ello, reaccionan automáticamente ante cualquier necesidad urgente. Un ejemplo es su comportamiento ante una caída, son las primeras en reaccionar buscando instintivamente un soporte en el cual aferrarse. Lo más trascendente de su sincronización con nuestros pensamientos es que no podemos evitar que nuestras manos hablen por nosotros sobre lo que pensamos y sentimos.

Los gestos realizados con las manos tienen lugar en diferentes planos verticales, la altura a la que se realizan es un elemento indicativo de la intensidad del sentimiento que en ese momento embarga a la persona, como regla general hemos de aceptar que a mayor altura mayor intensidad. Las manos se emplean para hacerse ver, afirmarse, mostrar seguridad o incomodidad, transmitir los verdaderos sentimientos cuando se está diciendo lo contrario.

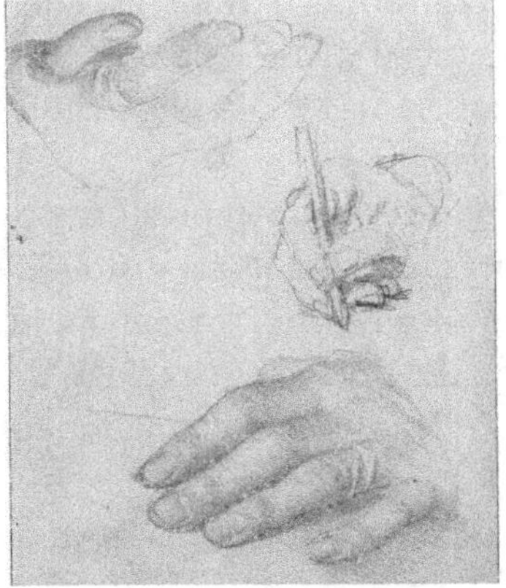

Figura 42. Hans Holbein, *El joven*.

Las manos se emplean para mostrar el nivel de relajación, tranquilidad o paz interior de la persona (manos abiertas) o, por el contrario, de tensión, intranquilidad o desasosiego (manos cerradas). De esta forma, mostrar las palmas al interlocutor es una de las más claras señales de sinceridad y honestidad. Si a un niño se le pregunta quién ha roto el jarrón y contesta: «Yo no he sido» y acompaña su respuesta mostrando las palmas de sus manos, hay que creerle, si las esconde o las mantiene inmóviles y pegadas al cuerpo, puede dudarse de su respuesta.

La razón que justifica la realización de gestos en los que las manos interactúan con diferentes partes de la cara y la cabeza es que existe una necesidad psicológica básica de mantener una buena salud mental: «La coherencia». La existencia de coherencia entre lo que se siente, lo que se piensa, se oye y se dice proporciona una parte muy importante del equilibrio personal necesario para poder posicionarse de forma adecuada ante las diferentes situaciones que se nos puedan plantear. Si hay coherencia se actuará con seguridad y convicción, lo que no quiere decir que se tenga razón o se esté en posesión de la verdad. Una curiosidad propia de los gestos de coherencia es que estos se producen aun cuando se está solo.

La coherencia se renueva con cada sentimiento, pensamiento o palabra que se dice o escucha y se manifiesta de dos maneras:

- Expresando la confianza que uno siente a través de una postura relajada y cuando esa coherencia se va renovando. Probablemente, la expresión más clara de esa confianza, en ocasiones el exceso de ella, es la postura con que se echa el cuerpo hacia atrás y se colocan ambas manos detrás de la cabeza; gesto muy típico en profesionales liberales, sobre todo cuando están sentados.

- Mediante una manifestación de cierta excitación en zonas concretas de la cabeza (boca, nariz, ojos, cuello), que es necesario calmar mediante el gesto de rascarse dicha zona cuando se siente, piensa, oye o dice algo que altera esa coherencia y con ello el equilibrio interior.

Estos gestos son expresiones o manifestaciones corporales que hablan de lo que no quiere ser escuchado, visto o dicho, porque entra en colisión con creencias, valores o modos de pensar y genera un mayor o menor conflicto interior que variará en función del nivel de integridad de cada persona (véase la figura 43). Entre los gestos más significativos relacionados con la coherencia se encuentran:

- Rascarse o tocarse la boca o su contorno.
- Rascarse o tocarse la nariz o su contorno.
- Rascarse o tocarse el contorno de los ojos.

- Rascarse o tocarse las orejas o su contorno.
- Rascarse o tocarse el cuello.

Si la persona que escucha realiza estos movimientos, está diciendo que tiene dudas sobre lo que se le dice, se siente contrariada e incluso puede estar pensando que no se está siendo sincero con ella.

Si estos mismos gestos se realizan mientras se habla, se transmite que no se está muy convencido de lo que se dice,

Figura 43. Gesto de conflicto.

que se es consciente de que lo dicho no procedía, de saber que las palabras pronunciadas pueden dañar la propia imagen, de haberse extralimitado en un comentario o de no estar ajustándose a la realidad o la verdad.

Los movimientos repetitivos y los tics

Cuando se habla de movimientos repetitivos o tics, se hace referencia a movimientos involuntarios producidos por grupos musculares sin una razón aparente y que comparten una serie de características:

- Son inevitables, compulsivos y excesivos.
- Su frecuencia de repetición varía en función del estado emocional de la persona.

En este tipo de gestualidad hay que diferenciar dos grandes grupos, en función de su origen: los de etiología neurofisiológica y los de etiología no neurofisiológica:

- Los movimientos de origen neurofisiológico son producidos espontáneamente por el sistema nervioso, y ocurren repetitivamente con mayor o menor frecuencia; son popularmente conocidos como «tics».
  Existen dos clases de tics de origen nervioso:

  - Los simples, entre los que son muy comunes el parpadeo, sacudir la cabeza, encogerse de hombros, fruncir el entrecejo, olfatear, etc.
  - Los complejos, como saltar, cambiar de posición, olisquear o tocar al otro.

Una de sus principales características es que la persona poco puede hacer por evitarlos, y, por tanto, la información que pueden aportar durante un intercambio se halla en las variaciones en su frecuencia. Una vez establecida la pauta de su repetición, pueden interpretarse las variaciones:

- Si su frecuencia disminuye, el sujeto está distraído o relajado.
- Si su frecuencia se incrementa, la persona está incómoda, contrariada, ansiosa o irritada.

- Los movimientos reiterados o tics, cuyo origen no puede atribuirse a una disfunción neurofisiológica, son hábitos gestuales que la persona ha ido adquiriendo a base de repetirlos, en un principio de manera consciente, pero que acaba realizando de forma inconsciente. Algunos de estos gestos se conocen como amaneramientos. Entre ellos pueden encontrarse movimientos con la mano, interacciones de la mano con el pelo, jugar con las gafas, etc. La interpretación de estos falsos tics sigue la misma pauta que los comentados anteriormente, y facilitan información sobre la sensación o emoción que siente el interlocutor, en cuanto se percibe un incremento o un descenso en la frecuencia de repetición.

Las manos y los complementos personales

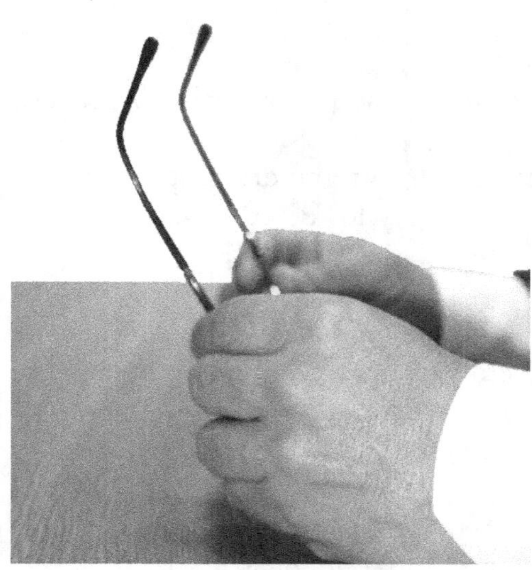

Figura 44. Complementos.

Hay situaciones en las que las manos interactúan con complementos personales (unas gafas) u objetos del entorno (un lápiz o un bolígrafo) para acompañar los gestos. En este tipo de gestualidad hay que valorar: la velocidad con la que se realiza el gesto y la forma en que el objeto interactúa con alguna parte de la cara, cabeza u otros puntos corporales.

Cuando en la realización de este tipo de gestos alguien emplea unas gafas, se valorará la forma en que se las coloca y el lugar de la cara o cabeza que se toca con la patilla o si tiene cerradas o abiertas las mismas (véase la figura 44).

Cuando lo empleado es un lápiz o un bolígrafo, el principal sentimiento o estado reflejado es el de búsqueda de autoprotección a causa del nerviosismo. Suele haber gestos interactivos del lápiz con la boca, el lateral de la nariz, las sienes, la oreja o el cuello, al igual que con las gafas. Tanto si estos gestos los realiza la persona que habla como la que escucha, existirán serias dudas sobre la fiabilidad de lo que está diciendo o escuchando.

Existe todo un despliegue de gestos realizados con las manos y su interacción con diferentes partes del cuerpo que se expondrá en el capítulo de la retroalimentación, ya que en ese contexto podrá apreciarse su verdadera fuerza comunicativa.

El análisis del tronco superior permite obtener respuestas a las siguientes preguntas:

13. ¿Cuál es la posición de los hombros?
14. ¿Cuál es la posición del torso?
15. ¿Cuál es el tipo de gesticulación de los brazos?
16. ¿Cuál es la posición y gestos de las manos?
17. ¿Cuál es la frecuencia de sus movimientos repetitivos?

El tren inferior

En esta rápida y esquemática propuesta de análisis del sistema quinésico, al llegar al tren inferior, se hace hincapié en dos fuentes más de información: las piernas y los pies (véase el esquema 36).

Esquema 36. Fuentes quinésicas de información no verbal asociadas.

Las piernas

El tren inferior puede analizarse siguiendo un proceso sencillo, fácilmente interpretable y con un alto porcentaje de éxito. Aunque similar, la información que se obtiene cuando se está sentado debe diferenciarse de cuando se está en posición erguida:

- Al estar de pie y con las piernas muy abiertas, la sensación que se transmite es de poder o imposición.

- Si la separación es de entre 20 y 30 cm, aproximadamente, la sensación que se transmite es de seguridad en uno mismo. Cuando la persona está de pie y sin apoyar ninguna parte de su cuerpo en una pared, silla o similar y las piernas están muy juntas, la sensación es de tensión e incluso de miedo.

- Si hay una ligera separación, máximo entre 5 y 10 cm, la sensación transmitida es de nerviosismo.

- Si cuando la persona está sentada la separación entre las rodillas es normal, entre 20 y 30 cm aproximadamente, la sensación transmitida es de relajación y control. Del mismo modo que cuando la persona está erguida, si las piernas están muy juntas la sensación es de tensión, incluso de miedo.

Tanto si la persona está de pie como sentada, si las piernas se cruzan, la posición se percibe como defensiva, de inseguridad o de resistencia al cambio.

Los pies

Aunque en ocasiones los pies no sean un elemento sencillo de observar, es fácil descifrar su significado. Como en el caso anterior, se distingue entre gestos realizados en posición sentada y de pie. En primer lugar, se trata la situación en la que ambos interlocutores están sentados:

- La dirección de los pies indicará dónde se halla el foco de interés de la persona (véase la figura 45). Si los pies están girados en ángulo hacia el interior, sin una explicación física, es signo de falta de confianza o inseguridad. En el extremo opuesto, una postura plantar con ángulos muy abiertos muestra una gran seguridad en la forma de hacer y en el mensaje.

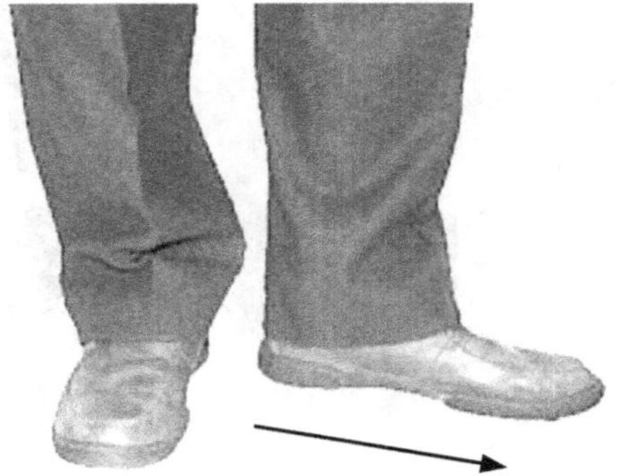

Figura 45. Punto de interés.

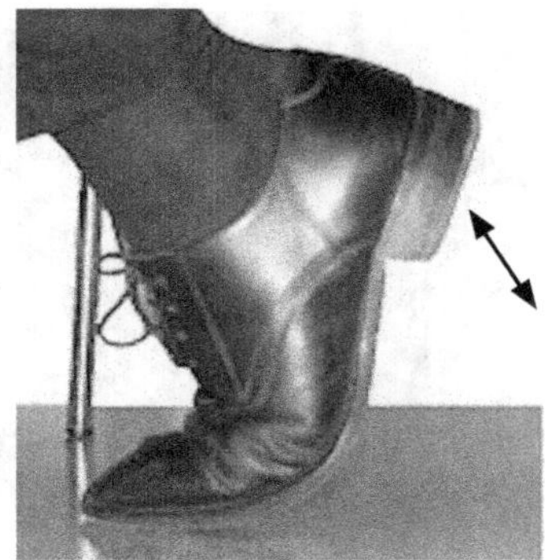

Figura 46. Intranquilidad.

- Cuando la persona vuelca todo su peso sobre las punteras, como si quisiera ponerse de puntillas, la sensación es de impaciencia e intranquilidad (véase la figura 46). Si esta posición cerrada se acompaña de tamborileo o repique de talón suele indicar un estado de nerviosismo e intranquilidad.

Valorar este tipo de señales comunicativas en determinadas situaciones es difícil, sobre todo porque no es recomendable ir mirando debajo de las mesas para conocer cuál es la posición y los movimientos de los pies. Sin embargo, sobre todo en culturas latinas, cada vez se extiende más la tendencia de llegar a acuerdos en reuniones informales, sin obstáculos, en las que es más sencillo observar la posición plantar.

Cuando la situación comunicativa se produce entre dos personas que están de pie, hay que recordar que la mejor orientación para generar confianza y tranquilidad es colocar el cuerpo en un ángulo de 45 grados respecto al interlocutor. La posición frente a frente puede llegar a interpretarse como una postura agresiva, y esta sensación se acrecienta cuando la estatura de uno de los interlocutores es inferior. Por esta razón, se aconseja adoptar una posición ligeramente abierta y con una separación de unos 45 cm respecto al otro. Sin embargo, entre las mujeres, colocarse una delante de la otra se acepta de forma internacional como normal y no implica, si se mantiene una distancia prudente entre las partes, una posición agresiva:

- Se habla de una postura plantar cerrada cuando los pies de la persona cierran el ángulo que forman sus talones, generando una hipotética barrera en el proceso de comunicación (véase la figura 48). Suele adoptarse cuando el sujeto trata de protegerse ante una situación incómoda.

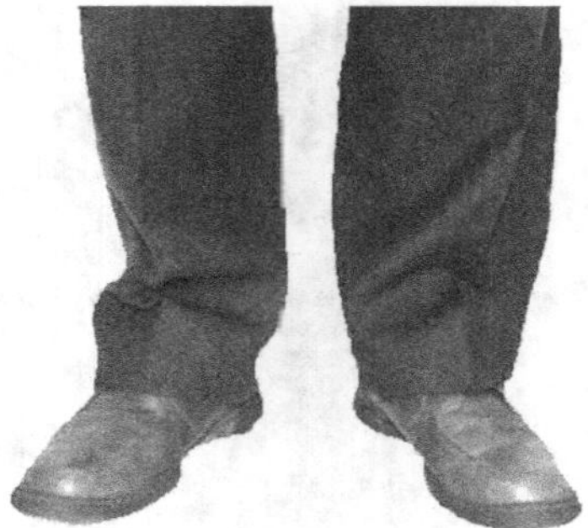

Figura 47. Plantar abierta.   Figura 48. Plantar cerrada.

* Cuando la postura plantar es abierta, la persona muestra una actitud muy segura, con un claro convencimiento sobre el mensaje emitido y la situación donde se encuentra (véase la figura 47).

Rebel[14] afirma que este tipo de simbología no verbal es válida siempre y cuando la posición erguida se mantenga de forma natural; en el momento en que se apoya la espalda o alguna de las partes del cuerpo en una pared, una silla, etc., la significación cambia completamente.

Los aspectos que hay que tener en cuenta respecto al tren inferior son:

> 18. ¿Cuál es la posición de las piernas?
> 19. ¿Cuál es la orientación de los pies?

4.3.2.2.3 Las maneras

Entendemos las maneras como las formas o los modos en que se representan los actos comunicativos no verbales, y hacen referencia al modo en que, convencionalmente, se despliegan hábitos de comportamiento, gestos o posturas fruto del aprendizaje social, que se han ido asumiendo como algo propio. Las maneras son gestos estereotipados determinados por las costumbres de la sociedad y los grupos con los que se interrelaciona. En su gran mayoría, suelen derivar en verdaderos rituales. La información no verbal proporcionada por estas fuentes hace referencia a:

---

[14] Gunther Rebel, *El lenguaje corporal,* Edad, Madrid, 2002.

- El nivel social real o pretendido al que pertenece la persona (por ejemplo, los hábitos en la mesa).
- El nivel cultural (por ejemplo, los hábitos en el saludo).
- El posicionamiento ante los demás (por ejemplo, sentirse superior) o respecto a las normas (por ejemplo, aceptándolas o mostrando su rechazo).

En las maneras culturales y grupales puede distinguirse entre la manera de vestir, hablar, gesticular y la representación de actos concretos. La imagen es la forma más poderosa de comunicación; por ello, el ser humano ha tratado de cuidarla y cultivarla. Consciente o inconscientemente, las personas tratan de ofrecer una imagen que proyecte, represente, identifique y cumpla dos objetivos, aparentemente contradictorios, que las diferencie de los demás y, a la vez, las integre en un grupo de referencia.

El protocolo en el que se especifican las maneras de comportarse no verbalmente en diferentes situaciones es el más claro ejemplo de los hábitos de comportamiento culturales o grupales. Todas las normas de protocolo hacen referencia a la imagen y los modos de actuar que deben observarse en cada situación (véase la figura 49).

La imagen no se suele improvisar y se construye basándose en detalles casi imperceptible o gestos sutiles que se van incorporando y automatizando a la hora de moverse y expresarse, hasta que entran a formar parte de los comportamientos que determinan, junto con los complementos, la imagen personal. La manera de vestir no solo ubica a su portador jerárquicamente, revelando su estatus, un medio de reconocimiento mutuo, sino que a la vez se convierte en una fuente para transmitir lo que no se es. Los más claros ejemplos de la instrumentalización de la manera de vestir, que no debe confundirse con el «estilo», se encuentra en los movimientos sociales. En unos casos evidencian la intencionalidad de alcanzar la integración, como suele ser el vestir con una determinada marca, y, en otros, la de mostrar claramente aquello en lo que se está en contra, como sucedió con los *hippies*, los *punkies* o, en la actualidad, algunas modas como la de llevar los pantalones caídos. Con una orientación bien distinta, la manera de vestir se emplea como un instrumento de seducción.

Figura 49. Protocolo.

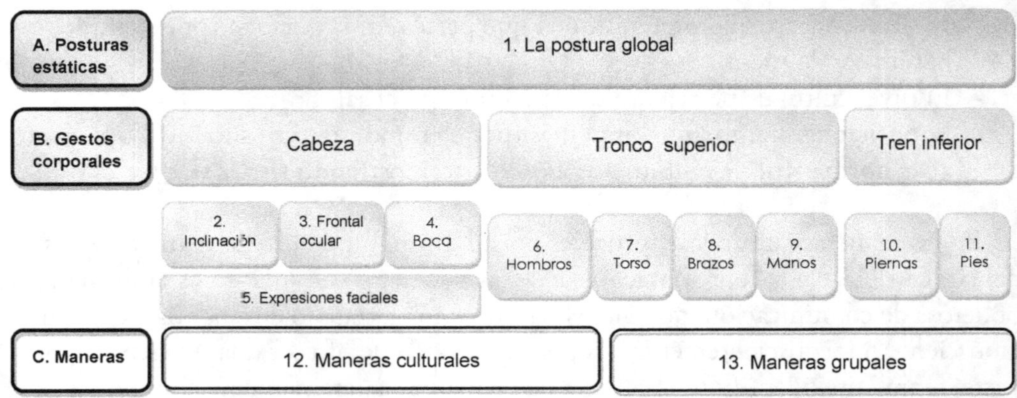

Esquema 37. Fuentes quinésicas de información no verbal asociadas.

La manera de expresarse o, lo que es lo mismo, el vocabulario y las expresiones empleadas, habla de la persona resaltando el posicionamiento que ha adoptado ante la vida y respecto a los demás, así como sus objetivos de desarrollo personal. Un lenguaje ordinario, lleno de palabras malsonantes y de desprecio hacia los demás, no tiene nada que ver con un vocabulario correcto y respetuoso, y mucho menos con unas expresiones más propias de la oratoria que del lenguaje cotidiano. Un ejemplo de cómo el lenguaje se emplea para exhibirse se encuentra en aquellos interlocutores que emplean reiteradamente expresiones en otros idiomas. Otro ejemplo son las muletillas empleadas por ciertos grupos sociales que diferencian e identifican a quienes las emplean.

Dado que existen algunos elementos diferenciadores, estos comportamientos se agruparán en dos grandes bloques: las maneras culturales y las maneras grupales (véase el esquema 37).

Maneras culturales

Las maneras culturales contemplan todos aquellos actos y comportamientos realizados en una determinada situación, y se distinguen claramente de aquellos que, en esa misma situación, podrían realizar los miembros de otra cultura.

Se habla de maneras culturales cuando existen unos principios o normas, no necesariamente escritas, que determinan cómo debe realizarse el gesto, y no realizarlos correctamente puede acarrear consecuencias desagradables en las relaciones con otros. A continuación, se exponen algunos ejemplos que ilustran lo expuesto:

- *La manera de saludar.* Un firme apretón de manos es el método más adecuado en la mayoría de las situaciones. Un apretón de manos fláccido se interpreta como un gesto hueco, y un apretón de manos excesivamente entusiasta puede causar daño a la persona a la que se está saludando. Sin embargo, hay muchas otras maneras de saludarse; por ejemplo, los hombres rusos se saludan dándose un beso, cuando esta práctica, en Occidente, solo se suele emplear entre mujeres y parientes muy próximos. También es curioso para los occidentales el saludo que se profesan los esquimales juntando y frotando sus narices. Sin ir tan lejos, aunque restringido a ciertos círculos aristocráticos, todavía se sigue saludando con una inclinación de cabeza, una genuflexión y un besamanos para demostrar respeto y sobre todo sumisión. Otro ejemplo de comportamiento en un contexto de saludo es la manera de esperar a ser saludado en un acto protocolario, con las manos adelante, una sujetando la otra, y ligeramente flexionadas.

- *La manera de sentarse* en un encuentro social suele dar pistas sobre el saber estar del interlocutor. Cuando una persona adopta, durante una conversación, una posición de piernas extremadamente abierta, muy probablemente se trate de una persona campechana o despreocupada; sin embargo, una persona que cruza una pierna sobre la otra para poder apoyar los brazos transmitirá comodidad y seguridad, a la vez que evitará posturas que distraigan la atención del interlocutor.

Las maneras grupales

Las maneras grupales son la adaptación de las maneras culturales que determinados grupos llevan a cabo para diferenciarse «explícitamente» de otros grupos con los que normalmente comparte cultura, o bien para identificarse con otras culturas o grupos concretos integrados en ellas.

La globalización de las tecnologías de la información está provocando que se esté produciendo un fenómeno digno de mención. Las maneras grupales propias o nacidas en determinados ambientes culturales están sobrepasando sus límites y están siendo adoptadas por grupos pertenecientes a culturas muy diferentes. Así, por ejemplo, pueden encontrarse grupos de jóvenes orientales adoptando maneras de grupos occidentales, y viceversa.

Cuando se habla de maneras grupales se hace referencia a los hábitos de comportamiento que tratan de imitar modelos sociales de referencia con la intención de facilitar la identificación, la proyección o la integración dentro de un grupo específico.

A continuación se exponen algunos ejemplos de maneras grupales:

- *La manera de saludar.* En muchos grupos o pandillas, se emplean rituales que matizan comportamientos habituales otorgándoles un significado de pertenencia. Un claro ejemplo lo encontramos en alguna de las escenas de la película *El padrino,* de Francis Ford Coppola, en la que los hombres de la familia Corleone se saludan con besos en las mejillas como muestra de reconocimiento y pertenencia al grupo. Recibir este tipo de honor va más allá de cualquier saludo protocolario.

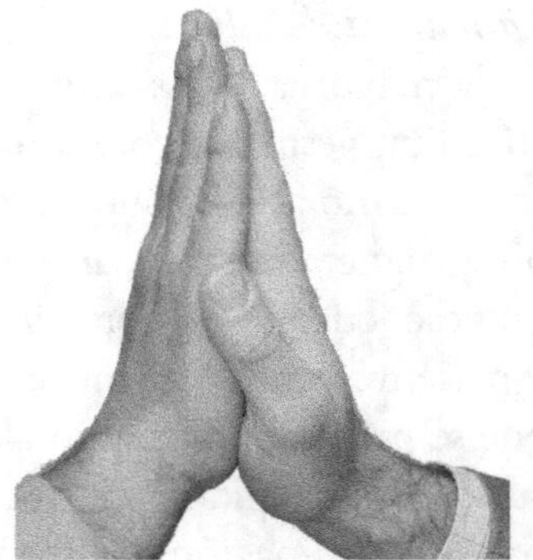

Figura 50. Choque de manos o *give me five.*

Hoy día, en cualquier parque público puede observarse cómo los jóvenes se saludan realizando verdaderos malabarismos con las manos.

- *Choque de manos o «give me five».* Se utiliza para indicar aprobación, «muy bien», «perfecto», típico entre miembros de un equipo o entre colegas que desean reforzar un comportamiento o un sentimiento (véase la figura 50).

La esencia de las maneras y la vertiginosidad con la que, en la actualidad, se producen los cambios hacen difícil presentar gestos concretos cuya interpretación pueda tener una validez, o mejor dicho, un uso social a medio o largo plazo.

Un gesto o ritual conocido permitirá ubicar al interlocutor en relación con su procedencia social, su nivel de educación y saber estar, en relación con la situación o contexto en el que se produce el encuentro. Sin embargo, lo efímero de las modas y la temporalidad de los hábitos sociales desaconseja establecer reglas interpretativas sostenidas en el tiempo:

<table>
<tr><td>20. ¿Cuáles son los comportamientos o rituales que definen al grupo?
21. ¿Cuál es el comportamiento social esperado en el instante del encuentro?</td></tr>
</table>

4.3.3 Fase de despedida

4.3.3.1 El sistema cronémico

Cuando una persona reside habitualmente en un entorno urbano, sin darse cuenta asume como propio un ritmo vital caracterizado por la rapidez en los al-

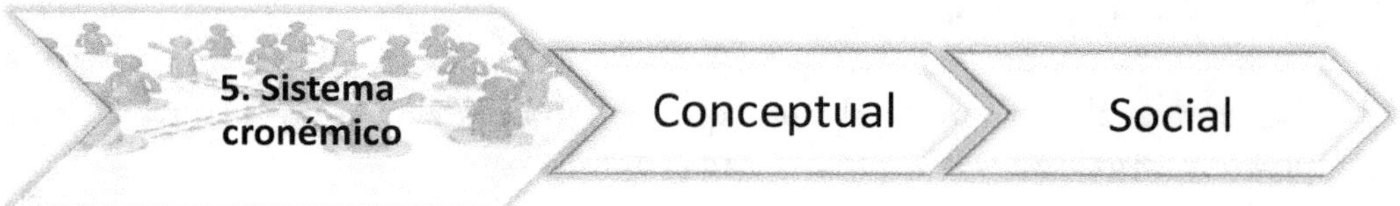

Esquema 38. Sistemas de comunicación no verbal. Sistema cronémico.

muerzos, las prisas en el transporte, la lectura en diagonal de la prensa, etc. Esta cadencia se ve alterada cuando cambian su ambiente habitual por uno menos masificado.

En estos casos, en muchos de sus encuentros comunicativos se producen conflictos en cuanto a la relación, conflictos que se producen a pesar de cumplirse los cuatro indicadores básicos de un uso correcto de la comunicación verbal y no verbal:

- Un acuerdo en el tema.
- Un canal comunicativo adecuado.
- Un objetivo de la comunicación aceptado.
- El tipo de relación existente entre las partes.

Resulta habitual que los habitantes de núcleos urbanos relaten la sensación de malestar que han experimentado al ser atendidos en locales situados en zonas rurales, no por la calidad de los productos, sino por el tiempo que han tardado en prestarles el servicio. Del mismo modo, muchos propietarios de locales rurales comentan que les cuesta habituarse a los «urbanitas». «Con ese ritmo de vida no vivirán muchos años», suelen decir. El principal responsable de este tipo de conflictos es la cronemia (véase el esquema 38).

La cronemia o cronémica se define como «la estructuración y el uso que hace del tiempo el ser humano». La utilización del tiempo también comunica y, al igual que en el caso de la proxémica, puede hacerlo pasivamente, aportando información cultural, o de forma activa, modificando o reforzando el significado de los signos de otros sistemas de comunicación. Poyatos[15] propone tres tipos de tiempo para orientar el estudio de la cronémica: el tiempo conceptual, el tiempo social y el tiempo interactivo.

---

[15] Fernando Poyatos, *La comunicación no verbal. I. Cultura, lenguaje y conversación*, Istmo, Madrid, 1994.

4.3.3.1.1   Tiempo conceptual

Hace referencia al concepto y al valor que se le otorga al tiempo. Dentro de este tiempo conceptual se encuentran aspectos como:

- Los hábitos culturales.
- La distribución del tiempo.

Los hábitos culturales

Edward T. Hall identificó dos formas de entender el tiempo. La principal diferencia entre ambas viene marcada por la influencia del tiempo en la acción humana, modificando conductas relacionadas con su planificación, la realización de una o varias cosas a la vez, el tipo de relaciones sociales que desarrollan, etc. Basándose en todo ello distinguió entre culturas monocrónicas y culturas policrónicas (véase la figura 51).

Las culturas monocrónicas experimentan el tiempo de forma lineal. Algunos autores consideran este rasgo como una herencia de la revolución industrial y de la cultura religiosa imperante en los países del norte de Europa en el siglo XVIII; no hay que olvidar la importancia del trabajo y el sentido del deber en las sociedades protestantes. Como ya puede intuirse, en las culturas monocrónicas se entiende que solo se hace una cosa a la vez y, para evitar las pérdidas de tiempo, se valora en

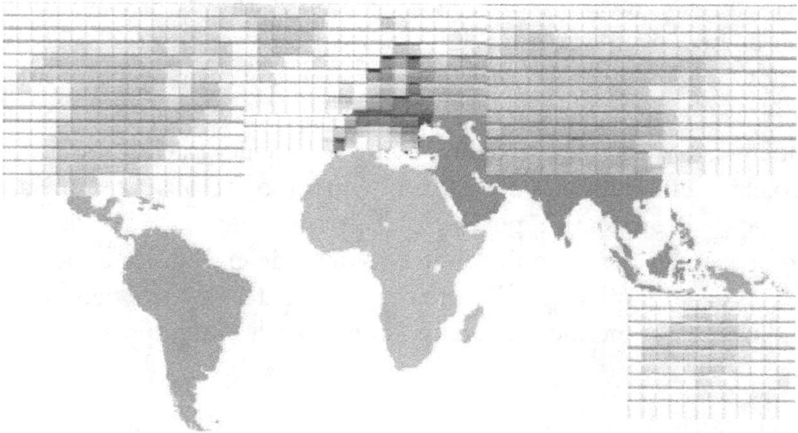

Figura 51. Zona cuadriculada: cultura monocrónica dominante.
Zona lisa: cultura policrónica dominante.

gran medida disponer de la información y de los medios, los argumentos se basan en cifras, las citas se respetan y se es puntual, tanto al inicio como al término de cada jornada. En definitiva, el compromiso es con la tarea que se realiza. En estas culturas, indicadas en el gráfico con cuadrícula, el tiempo se percibe como un bien de consumo, que no puede ni debe malgastarse, lo que permite explicar frases como: «El tiempo es oro», «Concédame un minuto de su tiempo», etc. A este grupo pertenecen los países de Norteamérica, Europa y algunos asiáticos.

Las culturas policrónicas asumen una visión circular y flexible del tiempo. El hombre no posee el tiempo, y para ejemplificar esta percepción se exponen las palabras de Tuivaii,[16] un jefe samoano de principios del siglo XX, que, preocupado por la fascinación que el hombre blanco empezaba a ejercer entre su gente, decidió viajar a Europa y recorrer varios países estudiando sus costumbres y sus valores, para poder explicar después a sus conciudadanos los pros y los contras de la cultura occidental. Así hablaba Tuiavii de la relación de los europeos con el tiempo:

«Los hombres, las mujeres y hasta los niños llevan un aparatito plano y redondo con el que pueden leer el tiempo. Lo llevan atado al cuello con una cadena o en la muñeca con una tira de cuero. En las ciudades se eleva un gran clamor cuando ha transcurrido una determinada cantidad de este tiempo. El *papalagi* (hombre blanco) se queja así: "cómo se me va el tiempo… el tiempo galopa como un caballo… no me hagáis perder el tiempo…". […] El tiempo parece escapársele como la serpiente de una mano húmeda, y justamente, porque lo retiene demasiado, no lo deja aproximarse a él.

»Nosotros nunca le hemos reprochado nada al tiempo, lo hemos acogido tal como llegaba, nunca lo hemos perseguido, ni fraccionado, ni aumentado, nunca ha sido para nosotros una carga o una obligación. ¿Quién de nosotros puede afirmar que carece de tiempo? Sabemos que siempre llegaremos a tiempo a nuestro destino y que el Gran Espíritu nos llamará cuando le parezca, incluso si no conocemos el número de nuestras lunas».

Esta percepción atemporal representa perfectamente la percepción del tiempo por parte de las culturas policrónicas. Un tipo de cultura centrada en la relación entre las personas, por lo que todo el tiempo que se dedique a este objetivo se da por bien empleado. A este grupo pertenecen los países de Sudamérica, árabes, africanos y del sudeste asiático.

---

[16] Este escrito forma parte de los discursos de Tuiavii de Tiavea disponibles de forma gratuita en http://www.Sisabianovenia.com/papalagis.htm.

Prioridades	Cultura monocrónica	Cultura policrónica
Tipo de relaciones	Profesionales (trabajo)	Relaciones (personas)
Tipo de gestión	Planificada *versus* improvisada	Improvisada *versus* planificada
Tipo de planificación	Largo plazo	Corto plazo
Tipo de tarea	Monotarea	Multitarea
Agendas	Puntualidad	Cambio de planes
Relaciones personales	Corto plazo	Largo plazo
Interrupciones verbales	Perturbadoras	Habituales

Tabla 6. Diferencias entre culturas monocrónicas y policrónicas.

Aprovechando los trabajos de la Fundación Banq Boston[17] sobre las diferencias entre las culturas monocrónicas y policrónicas, a la hora de abordar el concepto del tiempo, en la tabla 6 se exponen las actitudes dominantes de ambas culturas temporales ante determinadas situaciones sociales y empresariales.

La distribución del tiempo

Este aspecto cultural está relacionado con la forma en que las personas afrontamos las rutinas cotidianas. Este rasgo cronémico se ejemplifica en la división en los días, meses, años, etc., de las diferentes culturas occidentales. En España, por ejemplo, el tiempo se fracciona de la manera siguiente: mañana, tarde, noche, días laborables, días festivos, curso escolar, vacaciones, etc., pero en países como Alemania se encuentran términos tan expresivos como *vorfrühling* (primavera temprana) y *spätsommer* (verano prolongado). En Bélgica, también se dividen las partes del día, y así oímos en las despedidas cotidianas: *«bonne fin de matinée»*, *«bonne fin d'après midi»*, *«bonne fin de weegend»*, *«bonne soirée»*. A partir de las doce horas y unos minutos, ya se escucha la fórmula *«bon après midi»*, que equivale a buenas tardes, y a partir de las cuatro de la tarde ya estamos en el *«fin de la tournée»*. En España este fin de jornada, o buenas noches, no debe pronunciarse hasta que no desaparece la luz del día, y como consecuencia nuestro «buenas tardes» es mucho más prolongado que el de cualquier país del norte de Europa.

---

[17] http://www.fstandardbanq.com.ar/.

Tiempo social

El tiempo social está formado por los signos culturales que muestran el uso del tiempo en los diferentes tipos de encuentros sociales. Dentro de este apartado se encuentran las reuniones, las entrevistas de trabajo, las visitas comerciales, etc., la estructuración de las actividades diarias (desayunar, comer, merendar y cenar) y los momentos del día más adecuados para realizar determinados actos sociales.

La relación que mantienen los españoles con el tiempo se manifiesta de una manera muy particular dentro del contexto europeo y occidental, y se hallan

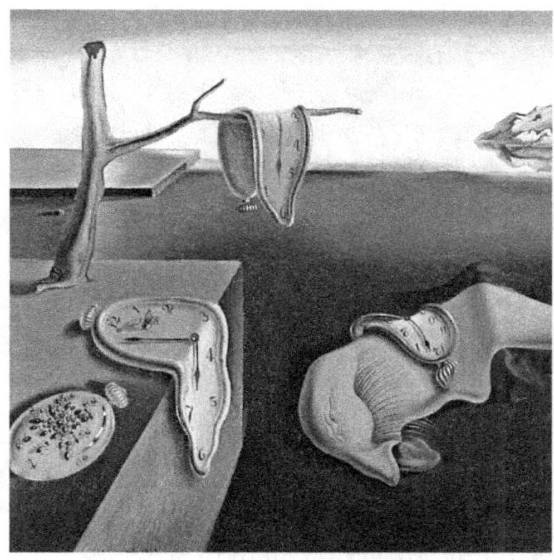

Figura 52. El tiempo.

disonancias muy profundas con otros países. La mayoría de los extranjeros que visitan España coinciden en encontrar los horarios excesivamente tardíos. Por otra parte, la noción de puntualidad o de respeto a horarios presenta también notables diferencias.

Como ejemplo se presenta la experiencia de un ejecutivo español que trabajaba para una importante empresa alemana. Este ejecutivo recuerda las primeras fases de su relación con sus colegas alemanes como llena de pequeñas barreras que se centraban en los horarios de trabajo españoles, porque estaban estructurados de forma diferente a los practicados por los alemanes. Este ejecutivo, a partir de ahora «Sr. García», relata la primera vez que uno de los directivos alemanes, en este caso, el Sr. Schmidt, se desplazó a España para celebrar unas reuniones de trabajo. Nuestro ejecutivo deseaba causar una buena impresión y, a pesar de que este solo iba a estar un día en la ciudad, lo preparó todo para que el encuentro se desarrollara de forma perfecta.

El ejecutivo alemán, conocedor de los ritmos latinos, había previsto llegar a la ciudad una noche antes de las reuniones, con la intención de planificarlas tranquilamente. Su llegada al aeropuerto se produjo, tal y como estaba previsto, a las 21:30 horas. Después de recoger al Sr. Schmidt en el aeropuerto, el Sr. García insistió en llevarle a cenar a uno de los restaurantes más animados de la ciudad, en el que había hecho una reserva para las 22:00 horas. El Sr. García desconocía que su jefe ya había cenado antes de salir de Alemania y, a pesar de ello, este educadamente aceptó la invitación. La preocupación del directivo alemán iba creciendo a medida que la cena se alargaba.

Figura 53. Lugar de encuentro.

La reunión fijada para las 8:30 horas finalmente se inició a las 08:55 horas, y el Sr. García comienza dedicando los primeros veinte minutos a recordar aspectos simpáticos de la cena del día anterior. Hacia las 9:15 horas, el Sr. García observa la cara del Sr. Schmidt y se interesa por su estado, preguntándole si ha dormido bien, ya que no tiene buen aspecto. Sobre las 12:00 horas, sin haber ultimado los detalles de los temas tratados en la reunión, se improvisa una presentación comercial, aprovechando la visita del directivo alemán, con todos los comerciales disponibles. Este imprevisto, aunque positivo intercambio de experiencias profesionales, finaliza a las 13:45 horas.

La comunicación no verbal que desprendía el Sr. Schmidt no era nada positiva, su cuerpo y sus ademanes indicaban que algo no iba bien. El ejecutivo español se acerca y se dirige a su colega y vuelve a interesarse por su salud. Ante este requerimiento, el Sr. Schmidt, después de mirar de arriba abajo al Sr. García y serenarse, le explica algunos detalles de la forma de trabajar en Alemania (véase la tabla 7): «En Alemania, la hora de la comida se sitúa entre las 12 y las 12:30 horas, se cena entre las 18:00 y las 19:00 horas y nos vamos a dormir sobre las 23:00 como muy tarde. Las reuniones se inician puntualmente con un breve saludo y se ataca el tema o temas de la reunión, siguiendo el orden del día y sin esperar a los ausentes».

Toda esta serie de factores podrían parecer pequeños detalles, pero estos hábitos cotidianos que conforman la vida de los seres humanos desde la infancia son difíciles de modificar y pueden llegar a perturbar seriamente la estancia en un país extranjero.

Para que situaciones de este tipo o similares no se produzcan y evitar que les ocurra lo mismo que al Sr. García, en la tabla 7 se exponen los horarios habituales de tres países occidentales; por cierto, el Sr. García aún hoy continúa trabajando en la misma multinacional alemana.

Tiempo interactivo

El tiempo interactivo hace referencia a la duración de los signos de otros sistemas de comunicación reforzando el significado de sus elementos, especificando o cambiando su sentido. Son signos cronémicos la mayor duración de un abrazo o de un beso, lo que indicaría el especial afecto que sienten una persona por la otra, la mayor o

	España	**Alemania**	**Reino Unido**
Levantarse	07:00-08:00	06:00-07:00	06:00-07:00
Desayuno	+30 min	+30 min	+30 min
Almuerzo	10:00-11:00		
Comida	14:00-15:30	12:00-12:30	12:00-12:30
Fin jornada laboral	18:30-19:30	17:00-17:30	17:00-17:30
Cena	21:00-23:00	19:00-20:00	18:00-19:00
Acostarse	00:00-01:00	23:00-23:30	23:00-23:30

Tabla 7. Comparativa tiempo social entre países.

menor duración de las sílabas o de las pausas, con las repercusiones que esto tiene en el significado completo del enunciado, o la duración de la emisión de un enunciado, pues, generalmente, cuando este se emite de forma rápida se le resta importancia, mientras que cuando se pronuncia despacio se realza su contenido (por ejemplo, si se dice lentamente «no quiero» se refuerza la negación).

La correcta gestión del sistema cronémico en las relaciones comunicativas es un valor que hay que tener en cuenta en el momento de planificar las estrategias comunicativas, y por ello hay que ser consciente del tipo de cultura temporal del interlocutor o la gestión que realiza del tiempo social:

> 23. ¿Cuál es el tipo de cultura temporal?

4.3.4 *Batería de preguntas sobre fuentes de información no verbal*

Finalizada la explicación de las fuentes de comunicación no verbal seleccionadas en el modelo GOHE, a continuación se presenta una lista definitiva de 23 preguntas que permitirán valorar las fuentes de información no verbal. Hay que recordar que en su elaboración ha pesado más la necesidad de ayudar al lector a dar un primer paso dentro del mundo de la interpretación, utilización y aprovechamiento de las ventajas de la comunicación no verbal que la obsesión por mantener una orientación científica a la hora de presentar la información:

1. ¿Cuál es la característica que mejor define el entorno?
2. ¿Cuál es la distancia óptima para la comunicación?
3. ¿Cuál es el tipo de relación existente entre los interlocutores?

  4. ¿Cuál es el posicionamiento del interlocutor en el encuentro?
  5. ¿Cuál es el nivel de interés mostrado?
  6. ¿Cuál es el tipo de entonación empleada?
  7. ¿Cuál es la postura global?
  8. ¿Cuál es la inclinación de la cabeza?
  9. ¿Cuál es la posición de las cejas?
 10. ¿Cuál es el tipo de parpadeo?
 11. ¿Cuál es el tipo de contacto ocular?
 12. ¿Cuál es la posición de la comisura de los labios?
 13. ¿Cuál es la expresión facial predominante?
 14. ¿Cuál es la posición de los hombros?
 15. ¿Cuál es la posición del torso?
 16. ¿Cuál es el tipo de gesticulación de los brazos?
 17. ¿Cuál es la posición y gestos de las manos?
 18. ¿Cuál es la frecuencia de sus movimientos repetitivos?
 19. ¿Cuál es la posición de las piernas?
 20. ¿Cuál es la orientación de los pies?
 21. ¿Cuáles son los comportamientos o rituales que definen al grupo?
 22. ¿Cuál es el comportamiento social esperado en el instante del encuentro?
 23. ¿Cuál es el tipo de cultura temporal?

Uno de los objetivos de este libro es conseguir que el mayor número de interesados en mejorar su comunicación puedan introducir esta sencilla batería de preguntas en sus rutinas personales, sociales y laborales, aprovechando, primero, todas sus ventajas y profundizando, después, en el mundo de la comunicación no verbal al aplicar las dos etapas restantes del modelo GOHE: la retroalimentación y la adaptación.

Capítulo 5
La retroalimentación

La retroalimentación, tercera etapa del modelo GOHE (véase el esquema 39), es el hito comunicativo más importante de todo proceso de intercambio de información, por encima de cualquier estrategia comunicativa o proceso de planificación. La retroalimentación es la técnica que permite obtener con mayor facilidad la consecución de los objetivos en cualquier proceso comunicativo.

Se entiende por retroalimentación: «El proceso mediante el cual se gestiona la información recibida, permitiendo al emisor modificar sus patrones de comportamiento mediante procesos de adaptación». Esta definición permite aplicar la idea de mejora en el desempeño no solo en el receptor de la información, sino también en el emisor de esta. Ambos realizan las acciones de emitir y recibir, y ambos tienen la necesidad de mejorar en su desempeño, aprovechando todos los recursos disponibles.

Esquema 39. Etapas del modelo GOHE.

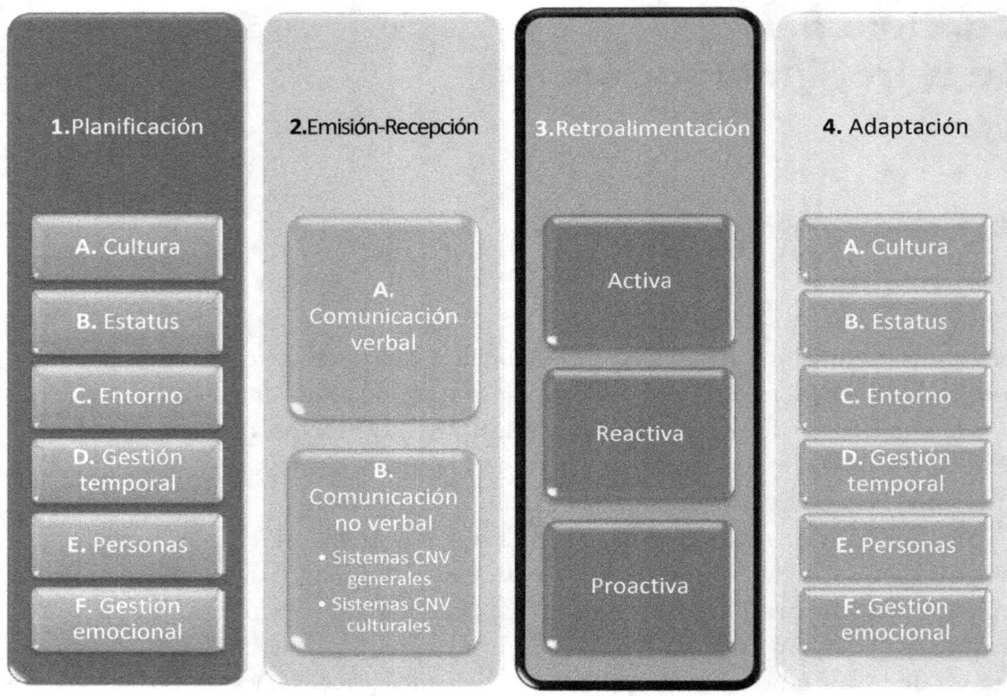

Esquema 40. Modelo GOHE. Etapa de la retroalimentación.

En este capítulo se explicará el valor de la retroalimentación en cualquier proceso de comunicación y se mostrarán una serie de acciones para obtener información, de una forma segura y rápida, sobre cómo el receptor está asimilando el mensaje emitido. Unas acciones que deben permitir:

1. Conocer si el interlocutor está captando nuestro mensaje de forma adecuada.
2. Obtener información sobre el grado de aceptación (emocional y de contenidos) del mensaje.
3. Alertar sobre posibles obstáculos que se estén generando en el intercambio de información.

Para que una acción de retroalimentación sea efectiva, debe proporcionar, como mínimo, los siguientes beneficios:

– Debe ser aplicable de forma ágil y sencilla, sin que ello suponga un lastre para el proceso habitual de intercambio de información.
– Debe proporcionar información que pueda utilizarse para la adaptación del emisor.

– Debe mejorar las acciones del emisor a la hora de conseguir sus objetivos comunicativos.

Algunos comunicadores pueden llegar a creer que es suficiente con establecer su estrategia, planificar su mensaje, elaborar de forma adecuada los contenidos y los aspectos formales de su emisión, y que a partir de aquí es el interlocutor quien debe realizar algún esfuerzo por asimilar su mensaje. Nada más lejos de la realidad: en el modelo GOHE se destaca la necesidad de profundizar en el conocimiento de acciones que posibiliten la retroalimentación para obtener nuestros objetivos comunicativos (véase el esquema 40).

De una forma genérica, cualquier proceso de retroalimentación posee las etapas que aparecen en el esquema 41:

1. *Observar.* Realizar acciones de recopilación de información significativa en relación al objetivo y obtener datos de forma objetiva para facilitar el proceso de interpretación de los resultados.

2. *Interpretar.* Analizar información valorando el contexto en el que esta se ha observado y llegar a conclusiones.

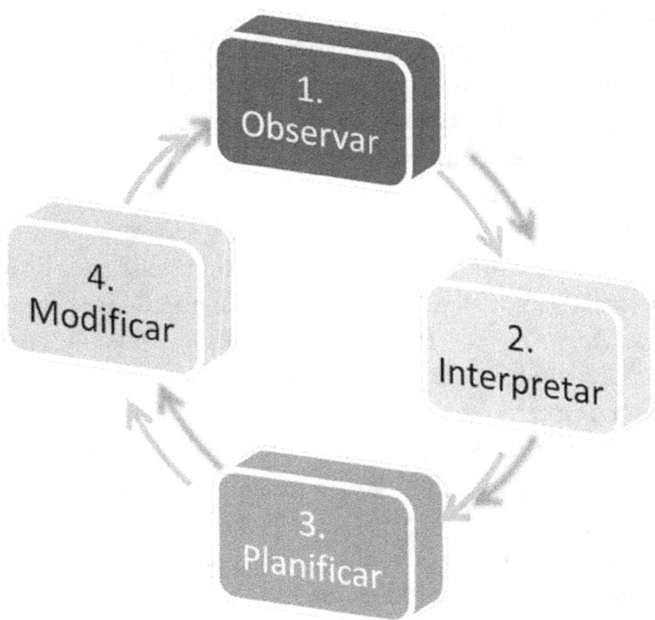

Esquema 41. Etapas del proceso de retroalimentación.

3. *Planificar.* Buscar el mejor momento y forma para implementar los cambios que deben introducirse.

4. *Modificar.* Introducir los cambios requeridos para optimizar las estrategias comunicativas solventando las dificultades.

La utilización correcta de esta técnica exige ponerla en marcha antes de iniciar el proceso de intercambio de información, mantenerla activa durante este y desactivarla un par de minutos después de que termine. Esta actitud permitirá proponer respuestas comunicativas de forma rápida y segura ante los posibles obstáculos que puedan producirse en el diálogo entre las partes. Está claro que los objetivos difícilmente cambiarán durante el intercambio de información, lo que significa que podemos modificar las estrategias utilizadas para conseguirlos cuando se compruebe su escasa utilidad. Este proceso de validación y modificación exige aplicar un proceso sistemático en el que se contemplen progresivamente todas las fases del intercambio de información: el inicio, el desarrollo y la despedida. Cada una de ellas con sus peculiaridades y requisitos funcionales, que deben respetarse para evitar futuros pasos en falso.

La retroalimentación no debe considerarse solo como una serie de mecanismos que pueden aplicarse de forma consciente, sino como un estado mental que debe activarse para lograr su mayor eficiencia antes del inicio de cualquier proceso comunicativo y desconectarse con posterioridad a su finalización. Un estado mental que deberá permanecer activo en todo momento y que permitirá verificar, por ejemplo, cuáles son las reacciones que se generan en el entorno durante los primeros 30 segundos de relación. Unos segundos que resultan en muchas ocasiones decisivos a la hora de encauzar correctamente las emociones y energías de los interlocutores.

Esta actitud mental es el primer cambio que debe realizarse en la forma de abordar los procesos de comunicación, y desde la psiconeurolingüística se propone una acción relativamente sencilla para ir ejercitando esta predisposición: se hace referencia al ejercicio de *los tres puntos de vista de la comunicación.* Estas posiciones perceptivas son las diferentes formas de enfocar cualquier proceso de intercambio de información facilitando una mejor comprensión del proceso en general y de las características de cada uno de los interlocutores en particular. En él se trabajan las tres principales posiciones perceptivas que nos propone la programación neurolingüística:

- Primer punto de vista *(yo).* Analizar la situación bajo la propia perspectiva, siendo conscientes de las propias sensaciones y emociones. En esta posición todo es observado según nuestra sensibilidad y valorado según nuestro mundo subjetivo.

- Segundo punto de vista *(el otro)*. Analizar la situación según la visión de nuestro interlocutor, intentando colocarse en su piel, valorando sus sentimientos y emociones. Esta posición perceptiva facilita la comprensión de las relaciones interpersonales, al valorar las razones que conducen a la acción al interlocutor. Esta posición se consigue gracias a la empatía.

- Tercer punto de vista *(el observador)*. Analizar la situación desde una posición neutra, ajena a la situación tanto emocional como objetivamente. Esta posición ayuda a comprender la evolución del proceso y sus dinámicas.

Este tipo de dinámica exige valorar cualquier acto comunicativo desde tres posiciones diferentes. La mayoría de las personas suele trabajar con la primera e incluso con la segunda posición, la novedad en esta forma de actuar es la necesidad de abordar la tercera posición de cualquier estrategia comunicativa (véase el esquema 42). Si se practica este tipo de análisis durante los procesos comunicativos se obtendrá el triple de información de estos y se conseguirán nuevas fuentes de información para poder resolver los obstáculos que puedan surgir durante el proceso. Sin darse cuenta se estará buscando información sobre los interlocutores desde nuevos puntos de vista.

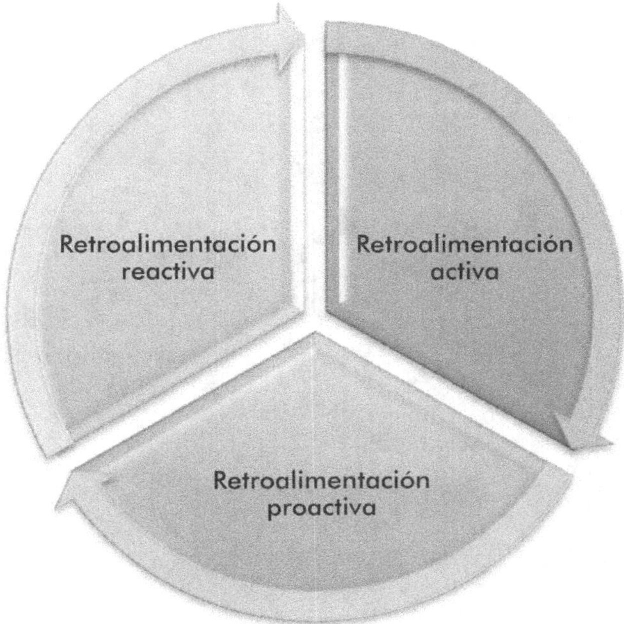

Esquema 42. Tipos de retroalimentación.

La información obtenida mediante la retroalimentación se clasifica en:

- *La retroalimentación activa.* La información generada *motu proprio* por el receptor sobre el contenido del mensaje y que por su obviedad no supone ningún esfuerzo de interpretación por parte del emisor, facilitando la tarea de conocer cuál es el estado de asimilación y aprobación de este.

- *La retroalimentación reactiva.* La información obtenida mediante acciones que realiza el emisor para provocar la interacción del receptor y generar información respecto al proceso.

- *La retroalimentación proactiva.* La información obtenida mediante las acciones que realiza el emisor para inferir información sobre el receptor antes, durante y después del proceso comunicativo.

Estos tipos de retroalimentación solo se diferencian en la forma de generar la información sobre el grado de asimilación del mensaje lanzado. En la retroalimentación activa se genera de forma natural, en la reactiva se provoca y en la proactiva se deduce (véase el esquema 43). La clave de todas ellas y por ende de la retroalimen-

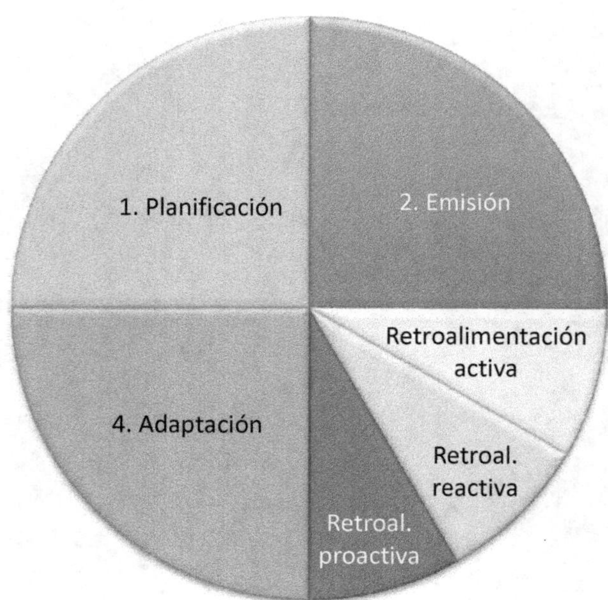

Esquema 43. Etapas del modelo GOHE. Tipos de retroalimentación.

tación es adoptar una actitud mental abierta hacia la observación de su interlocutor, aceptando su figura no como un simple elemento de referencia visual, sino como una fuente de información que debe observarse para poder deducir el grado de comprensión del mensaje emitido.

Hasta la fecha, algunos autores han destacado la importancia de la retroalimentación activa en los procesos comunicativos; otros han mencionado el valor de la retroalimentación reactiva, pero existe poca profundidad científica a la hora de desarrollar y propugnar las acciones relacionadas con la retroalimentación proactiva. En esta línea de trabajo se encuentra el modelo GOHE, que promulga la obligatoriedad de aplicar este tipo de acciones en cualquier proceso de comunicación para conseguir emisores preocupados por el nivel de comprensión y aceptación del mensaje generado. No valorar la forma en la que son percibidos los contenidos y las emociones que se comunican con nuestros mensajes conducirá a confiar en que el interlocutor ya ha captado todo el mensaje, incluidos los matices de nuestras intenciones. Esta percepción es el principal obstáculo para la consecución de nuestros objetivos comunicativos.

Los momentos de la planificación y emisión de la comunicación son importantes para elaborar una buena estrategia comunicativa, pero no menos importante es la confirmación de que el interlocutor está realizando una interpretación adecuada de los mensajes que se transmiten. En la mayoría de los casos, se está tan absorto en seguir hablando que se olvida la necesidad de ir comprobando la interpretación correcta de los mensajes.

La clave de un desempeño correcto de la retroalimentación no está en aceptar de forma genérica su utilidad, sino en concretarla en acciones reales que puedan aplicarse en las rutinas de comunicación diarias. Buscar la información que valide cómo está siendo asimilado el mensaje emitido debe ser el objetivo de cualquier buen comunicador. La práctica de estas rutinas comunicativas es un requisito indispensable para mejorar el desempeño comunicativo.

En cualquier proceso de comunicación en el que se participe, consciente o inconsciente, se están desarrollando estrategias comunicativas para obtener una serie de objetivos. Estos objetivos son el norte magnético que guía nuestra forma de actuar inconscientemente y la retroalimentación es la brújula perfecta para comprobar si la orientación que la estrategia está siguiendo es la correcta o se aleja del objetivo marcado.

Antes de abordar cualquier nueva forma de actuar es conveniente recordar que el entrenamiento es un camino obligatorio para poder incluir estas posibilidades dentro de la cartera de habilidades de una forma provechosa.

Como en cualquier otro proceso relacionado con las habilidades sociales, la adopción de nuevas estrategias de acción viene condicionada por la necesidad de

Retroalimentación activa	Solicitar aclaraciones
	Expresar inquietudes
	Proponer sugerencias

Retroalimentación reactiva	Preguntas de control
	Preguntas de interpretación
	Preguntas inducidas
	Preguntas de generalización

Retroalimentación proactiva	Interpretar señales proxémicas
	Interpretar señales hápticas
	Interpretar señales paralingüísticas
	Interpretar señales quinésicas
	Interpretar señales cronémicas
	Interpretar hábitos de distracción

Tabla 8. Tipos y acciones de retroalimentación.

la persona de mejorar su desempeño personal y profesional, y *nadie puede esperar mejorar su desempeño sin realizar ningún cambio en su forma de afrontar sus relaciones*. Una vez aceptado este punto de partida donde se asume la necesidad de cambio y la disposición a realizar modificaciones en la forma de actuar, hay que conocer la dificultad de modificar las actuales formas de ejecutar las rutinas comunicativas. En muchos casos, estas rutinas se desarrollan de forma automática y forman parte del propio ADN operativo. En consecuencia, no basta con ser consciente de qué se debe mejorar, sino que deberá realizarse un esfuerzo suplementario para desaprender valores que hasta ahora se consideraban incuestionables.

En la tabla 8 se recogen algunas de las acciones o mecanismos que se proponen dentro de los diferentes tipos de retroalimentación para fomentar esta actividad dentro de los procesos comunicativos.

5.1 La retroalimentación activa

La información sobre el nivel de asimilación y aceptación del mensaje que genera el receptor sin ningún tipo de intervención por parte del emisor es la retroalimentación activa. Este tipo de información se genera por decisión propia, e implica un interés en el mensaje. En estas ocasiones, el primer paso para transmitir un mensaje ya está realizado al haber conseguido captar la atención. Las formas más habituales de demostrar este interés por el mensaje son: solicitar aclaraciones, expresar inquietudes o realizar sugerencias:

- **Solicitar aclaraciones (dudas)**

  Cuando el interlocutor no capta correctamente los mensajes o se le generan dudas (véase la figura 54) suelen producirse situaciones en las que solicita algún tipo de aclaración o información adicional. En estos casos, el emisor debe ser capaz de explicar nuevamente el mismo concepto pero con otros términos que faciliten su comprensión, ilustrándolo con ejemplos, etc. Para explicar de forma adecuada las propuestas es importante recordar la necesidad de planificar una exposición de los argumentos desde un punto de vista visual, auditivo y quinestésico según la programación neurolingüística.

- **Expresar inquietudes («peros»)**

  En los seminarios de venta se identifican los «peros» que un cliente puede alegar ante una oferta no como una barrera (véase la figura 55), sino como una invitación a continuar dialogando sobre el producto en cuestión y ser capaz de aportar nueva información que permita rebatir la objeción. En los intercam-

Figura 54. Duda.

Figura 55. Inquietud.

bios de información, las objeciones deben entenderse como un ocasión más en el proceso de transmitir correctamente el mensaje. Un camino que se debe volver a recorrer mediante nueva información o argumentaciones que reiteren los datos concretos bajo una nueva perspectiva.

De la misma manera que el comercial aprende a responder a los «peros» con frases como: «Entiendo que lo interprete así, pero si tenemos en cuenta que…», hay que ser capaz de reformular argumentos e ideas tratando de adaptar el mensaje al sistema de representación predominante en el interlocutor, como propone la programación neurolingüística:

- «Imagínese que la situación se produjese de esta manera…»
- «Como habrá oído decir, la opinión generalizada es que…»
- «Lo que se obtiene si se hace de esta manera es…»

- **Realizar sugerencias**
Una sugerencia debe abordarse con el mismo cuidado que un «pero». Planteada en forma positiva es una demanda de atención que hay que trabajar e incorporar lo antes posible en el mensaje que se desea enviar, siempre que respete los objetivos comunicacionales iniciales.

La introducción en el discurso de las mejoras sugeridas por el interlocutor es un esfuerzo que todo buen comunicador debe realizar. Continuando con el símil comercial, se conoce que el mejor vendedor es el que logra que su cliente compre convencido con sus propios argumentos. Para ello, simplemente recoge las opiniones o sugerencias del comprador y las devuelve transformadas en argumentos de venta.

5.2 La retroalimentación reactiva

Se habla de retroalimentación reactiva cuando la información se obtiene gracias a una serie de acciones que realiza el emisor de forma intencionada para detectar la posición de su interlocutor ante el mensaje lanzado. Este tipo de mecanismos es útil cuando la otra parte no es excesivamente comunicativa y ha optado por una actitud pasiva. Esta pasividad podría indicar que aún no se ha sido capaz de captar su atención o que el interlocutor tiene poco interés y no está del todo presente. Las evidencias dejan claro que hay que hacer un doble esfuerzo: por un lado, aceptando que las estrategias comunicativas propuestas deben explicarse desde un nuevo punto de vista, y, por otro, adoptando una actitud mucho más activa. La actitud pasiva de un interlocutor no es un buen punto de partida, pero resulta más práctico intentar trabajar sobre esta posición de apatía que ignorarla. Es importante introducir cambios de ritmo en la locución, emplear el humor, proponer un receso, hacer todo lo posible para que la persona abandone su postura pasiva

Las acciones que fomentan la retroalimentación reactiva pueden utilizarse en cualquier situación, no solo ante conductas comunicativas pasivas, ya que su potencia para obtener información sobre el grado de asimilación del mensaje que se propone es muy alta. Esta capacidad justifica que muchos oradores utilicen este tipo de acciones de forma constante a lo largo de sus discursos y ponencias, porque les permite en todo momento saber cuál es el estado de su interlocutor en relación con su mensaje y sus objetivos iniciales. A continuación se recogen algunas preguntas que pueden aportar pistas sobre el nivel de asimilación del mensaje por parte del interlocutor:

Figura 56. Interrogación.

- **Las preguntas de control**
  La finalidad de las preguntas control es verificar si el receptor es capaz de recordar los datos aportados durante el mensaje (véase la figura 56). Algunas preguntas control podrían ser:

  - «De las tres propuestas que se han planteado, ¿cuál cree que sería más viable?»
  - «¿En qué no estaría de acuerdo?»
  - «Desde su punto de vista, ¿cuál cree que es la mejor solución?»

- **Las preguntas de interpretación**
  Este tipo de pregunta va dirigida a conocer en qué medida el receptor ha captado el mensaje. Este aspecto puede valorarse mediante una explicación del mensaje. Por ejemplo:

  - «¿Qué le parece lo que le propongo?»
  - «¿Qué opina de la situación y cómo cree que podemos resolverla?»
  - «¿Cómo valora la solución que proponemos?»

- **Las preguntas inducidas o de implicación**
  Preguntas en las que se pretende determinar si el receptor es capaz de utilizar los conceptos del mensaje para dar solución a una situación, es decir, su objetivo no solo es conocer si han interpretado el mensaje, sino también si son capaces de aplicarlos. Por ejemplo:

  - «¿Cómo cree que sería la mejor manera de introducir los cambios?»
  - «¿Cree que eso daría resultado?»
  - «¿Cree que vale la pena intentarlo?»

- **Las preguntas de generalización**
  Preguntas dirigidas a precisar si el receptor es capaz de establecer relaciones generales entre el mensaje recibido y el resto de sus conocimientos. Se valora el grado de implicación y asimilación según su interrelación con estructuras previamente ya existentes en su forma de actuar o pensar. Por ejemplo:

  - «¿Es lo mismo que habría propuesto usted?»
  - «¿Está en línea con lo que usted propondría?»
  - «¿Encaja en su manera de pensar y actuar?»

5.3 La retroalimentación proactiva

Alberti y Emmons[1] confirmaron que el cerebro humano da más veracidad a la información que llega a través del canal visual que a la que llega a través del auditivo. Para ser más exactos, los juicios de valor se realizan según los elementos visuales, no sobre los auditivos. Ante informaciones discordantes a través de ambos canales, se suele utilizar el primero para tomar decisiones. En consecuencia, la información no verbal debe ser congruente con la información verbal que se aporta en cualquier mensaje que se emita (véase la figura 57); en caso contrario, el mensaje perderá efectividad, o peor aún, generará una percepción de incoherencia que podría arruinar las intenciones.

Estos estudios ponen de manifiesto la importancia de la «retroalimentación inconsciente», es decir, la capacidad innata de observación, análisis e interpretación de las señales captadas. Realizar este tipo de acciones de forma correcta es una exigencia para

---

[1] Robert E. Alberti y Michael L. Emmons, *Con todo tu derecho: cómo proclamar nuestros propios derechos sin dejarnos manipular y sin manipular a los demás,* Obelisco, Barcelona, 2006.

Figura 57. Retroalimentación inconsciente.

verificar los significados emocionales que pueden inferirse de la observación. Desde un punto de vista práctico, no hay que olvidar que, comparativamente, las acciones verbales y no verbales que deben ejecutarse para obtener la retroalimentación a través de este segundo canal son menos intrusivas y más ágiles que las propias de la comunicación verbal. A pesar de ello, siguen siendo las más desconocidas y menos practicadas.

Reconocemos que captar e interpretar el lenguaje no verbal es complicado, requiere dedicación y práctica; sin embargo, dado que este tipo de mensajes son uno de los «ingredientes» fundamentales de la comunicación emocional, cualquier esfuerzo que se realice en el aprendizaje de su simbología y contenidos se transformará en beneficio directo para la propia forma de abordar los encuentros sociales y profesionales.

El número de combinaciones entre todos los elementos que aparecen en la comunicación no verbal es infinito; por ello, se propone el análisis de los elementos que por su relevancia y simplicidad de observación permitirán obtener información relevante sobre los mecanismos que se ponen en marcha a la hora de comunicar emociones y sus significados.

Siguiendo la estructura presentada en el capítulo de la emisión y recepción, se expondrá por separado la información que puede obtenerse de los diferentes sistemas de comunicación no verbal, ubicando cada una de ellas en el momento comunicativo en el que más pueden incidir.

El sistema proxémico y el sistema háptico son los más relevantes en la fase de contacto, el sistema paralingüístico y el sistema quinésico, en el desarrollo, y el sistema cronémico, en el cierre (véase el esquema 44).

Esquema 44. Los sistemas de comunicación en la retroalimentación proactiva.

5.3.1   Interpretación de señales proxémicas

La información relacionada con la gestión del espacio que rodea a las personas se conoce como *proxémica*; hay que recordar que la influencia de la cultura propia del individuo afecta sobremanera este tipo de actuación, por lo que se hará hincapié en este tipo de señales para personas con una perspectiva occidental. Aunque puedan parecer menores, los aspectos proxémicos que influyen en la comunicación son muchos y variados (véase el esquema 45).

5.3.1.1   El espacio semifijo

El ser humano es un animal de costumbres fijas, con una gran necesidad de control. De no ser así difícilmente podría explicarse por qué, en las reuniones, el jefe se sienta siempre en la misma posición o por qué cuando se inicia un seminario el segundo día casi todo el mundo se sienta en el mismo sitio que en el primero. Gestionar correctamente los aspectos relacionados con el espacio semifijo influye positivamente en el receptor. Entendiendo el espacio semifijo como aquel en el que puede intervenirse modificándolo, a continuación se presentan algunas de las posibilidades que este ofrece, haciendo hincapié en: la distribución de este espacio y el orden, los colores, el tipo de decoración interior y algunos elementos del mobiliario. Aspectos como un espacio adecuado, la ausencia o presencia de barreras entre los interlocutores o de motivos cargados ideológicamente, el tipo de mesa alrededor de la cual nos sentaremos, la comodidad o incomodidad de las sillas, la temperatura ambiental, el reflejo de la ventana, la posición de la puerta, la colocación de las sillas en relación con la mesa, etc., deben estudiarse para que actúen a favor y no en contra.

5.3.1.1.1 La distribución del mobiliario

La distribución de los elementos semifijos desempeña un papel importante en la sensación de confusión que puede llegar a experimentarse en recintos con pocos espacios libres. La sensación de confort se logra cuando los muebles no ocupan más de un tercio del espacio de la habitación y los otros dos permanecen libres.

La distribución del espacio y el acopio de objetos decorativos pueden provocar que los presentes experimenten sensaciones que pueden ir desde frialdad y soledad (espacios vacíos), cierto agobio (espacios algo cargados), incluso claustrofobia (espacios excesivamente saturados). La saturación de los espacios responde a la necesidad de los seres humanos de apropiarse y hacer suyo el espacio circundante. Esto conduce a proyectar en él la personalidad o el estado de ánimo que predomina habitualmente en la persona.

La información que proporciona el orden o el desorden es complementaria a la distribución del espacio, ya que se puede dar tanto en los poco decorados como en los muy congestionados. El desorden habla de personas con tendencia a la des-

Esquema 45. Sistema proxémico de retroalimentación proactiva.

preocupación, la comodidad y, ocasionalmente, puede anticipar un cierto estado melancólico. El orden, por su parte, refleja preocupación sistemática, y en casos extremos puede reflejar algún rasgo obsesivo.

En términos generales, en referencia al orden, hay que apuntar que:

1. El orden se comprende mejor que el desorden.
2. El orden se distingue mejor que el desorden.
3. El orden reduce las posibilidades de error.

Las mesas

Las mesas son un elemento del mobiliario con gran influencia en la percepción que los participantes tienen de la situación y sus consecuencias. Una mesa genera en sí misma una serie de matices relacionados con el tipo de relación que fomentan y los papeles que se asignan a cada una de sus posiciones. A continuación describimos estos aspectos:

- *La mesa cuadrada:* crea una relación de competencia o una actitud de defensa entre personas con el mismo estatus. Las mesas cuadradas son ideales para conversaciones cortas sobre un tema determinado o para crear la relación superior-subordinado (véase la figura 58).

- *La mesa redonda:* el rey Arturo usaba la mesa redonda para conferir a cada uno de sus caballeros la misma autoridad y posición social. Una mesa redonda es

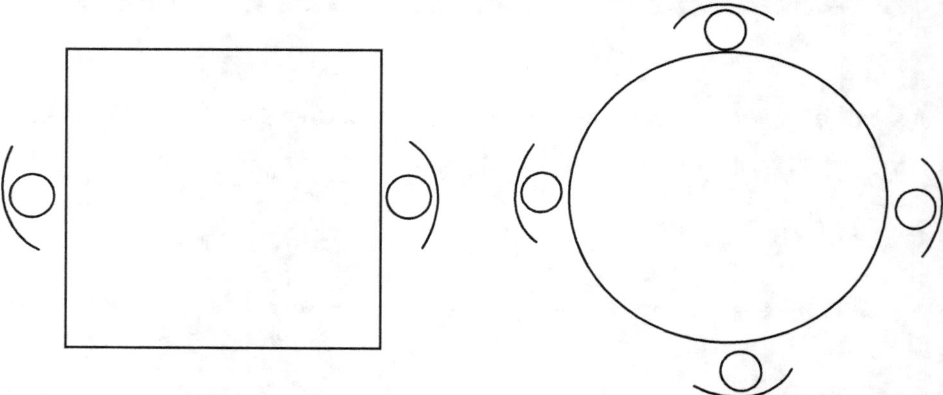

Figura 58. Mesa cuadrada.   Figura 59. Mesa redonda.

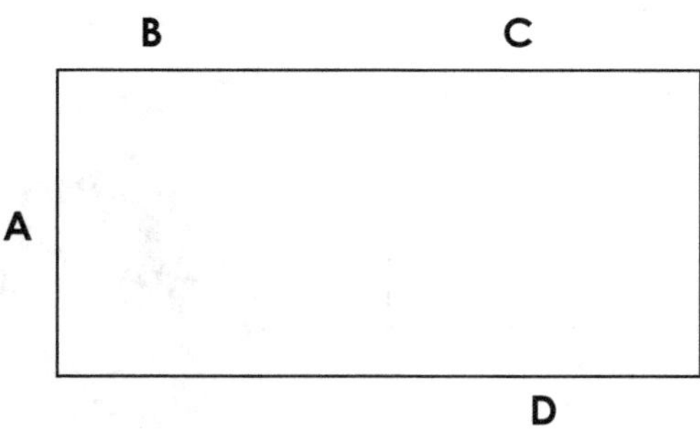

Figura 60. Posiciones de influencia en referencia a «A».

ideal para crear una atmósfera de informalidad y tranquilidad que facilita las conversaciones entre personas, ya que a su alrededor cada persona tiene los mismos derechos y la misma cantidad de territorio (véase la figura 59). Sentarse en círculo, pero sin la presencia de la mesa redonda de por medio, ofrece los mismos resultados. Todo esto deja de ser válido si una de las sillas es diferente de las demás, como, por ejemplo, cuando posee un respaldo más alto.

- *Mesa rectangular:* mención especial merecen las mesas rectangulares, propias de consejos de dirección o salas de juntas, porque en estas situaciones la ubicación que ocupará cada uno de los participantes adquiere un valor de retroalimentación incalculable. La ubicación escogida revelará algunos aspectos de la actitud de cada persona hacia los demás (véase la figura 60). En una mesa rectangular, la posición A es la que ejerce mayor influencia. En una reunión de personas del mismo estatus social, la que se ubica en la posición A es la que ejerce una influencia más fuerte, siempre que no dé la espalda a una puerta, ya que si esto ocurriese, la persona sentada en la posición B, ejercería más influencia que la persona ubicada en la posición A. Si es A quien posee la mayor influencia, le seguirá inmediatamente la posición B, luego la C y después la D.

Posiciones en la mesa

- *La posición de integración* (véase la figura 61) es aquella en la que los participantes se sitúan ocupando las posiciones de uno de los vértices de la mesa. Esta posición facilita el intercambio de información de manera amistosa e informal, un mejor contacto visual y facilita la gesticulación y su observación. Esta postura permite evitar la división territorial que se produce en una situación frente a frente y posibilita el ocultarnos lo suficiente en caso de necesidad

Figura 61. Posición de integración.

de protección. Permite el contacto visual ilimitado y facilita la posibilidad de usar numerosos gestos, a la vez que observarlos. Son las posiciones ideales para relajar un ambiente tenso y aumentar las posibilidades de cerrar acuerdos.

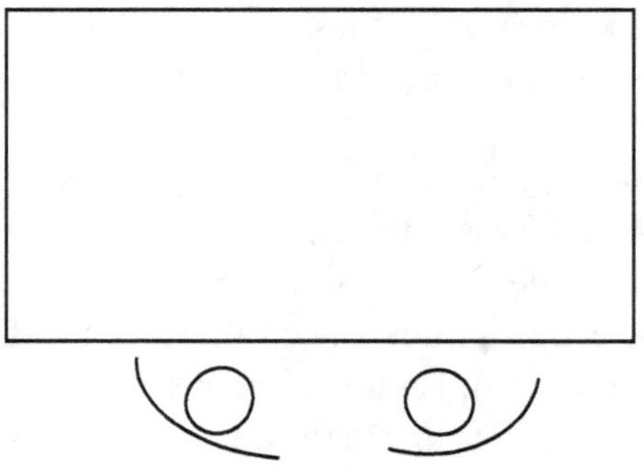

Figura 62. Posición de colaboración.

- *La posición de colaboración* (véase la figura 62) es aquella en la que los participantes se sitúan uno al lado del otro. Esta posición es ideal cuando dos personas se llevan bien, piensan de una forma similar y debaten sobre un tema. La única precaución es el factor de la distancia corporal, para poder evitar invadir el espacio personal. Es una excelente posición para poder introducir una tercera persona y que intervenga en la relación.

- *La posición competitiva* (véase la figura 63) es aquella en la que los participantes se sitúan uno frente al otro. Esta ubicación, con la mesa de por medio, genera un ambiente competitivo y sugiere que se está a la defensiva, lo que puede llevar a cada participante a afianzarse en su punto de vista porque la mesa representa una barrera sólida entre ambos, a la vez que divide el territorio en dos. Lo increíble de esta posición es que por muy tranquilos que estén los ánimos, al adoptar esta posición, la tranquilidad se convierte en defensa, donde cada uno desea proteger su territorio y no permitirá que nadie lo traspase.

Argyle realizó un estudio para una empresa de seguros norteamericana, para confirmar qué elementos podían transmitir más confianza a sus pacientes. Después de innumerables sesiones de observación en las consultas médicas,

Figura 63. Posición competitiva.

llegó a la siguiente conclusión: la existencia de un escritorio entre el doctor y el paciente influía en la sensación de tranquilidad que el paciente percibía o experimentaba. «Solo el 10 % de los pacientes se sentían cómodos cuando el médico estaba situado al otro lado del escritorio. Sin el escritorio, este porcentaje de sensación de comodidad aumentaba hasta el 50 %.»

- *La posición distante* (véase la figura 64) es aquella en la que los participantes buscan la mayor distancia posible evitando la posición frente a frente. Es la postura que adoptan las personas que no quieren interactuar con otras, se producen en bibliotecas o mesas compartidas de comedor. Indican falta de interés. Si alguien altera esta situación y traspasa la barrera territorial, se presiente hostilidad, es por ello que Allan Pease[2] recomendaba evitar esta posición cuando es necesario mantener una conversación franca.

Figura 64. Posición distante.

---

[2] Allan y Bárbara Pease, *El lenguaje del cuerpo. Cómo interpretar a los demás a través de sus gestos,* Amat Editorial, Barcelona, 2006.

Sentarse estratégicamente respecto a los demás es una manera efectiva de obtener su cooperación.

Las sillas

En los debates políticos se pacta todo, ¿quién será el moderador?, ¿cuál será la longitud de la mesa? Y, por supuesto, la altura de las sillas; resultaría impensable que uno de los ponentes estuviera en una posición asimétrica con su rival. Está claro, pues, que el tamaño de las sillas refleja el estatus. Nótese que es típico de las empresas que la silla del jefe sea un sillón muy alto y ancho (véase la figura 65), en tanto que la silla de enfrente, la del empleado o visitante, suele ser pequeña, baja e incómoda (véase la figura 66).

De forma inconsciente, se asocian más cualidades de liderazgo y poder a las personas altas que a las personas bajas. Por extensión, en una mesa de trabajo aquella persona que sobresale del resto suele ser percibida con mejores cualidades que aquellas que se mantienen en la media. En este tipo de situaciones colocar la espalda, torso y cabeza rectos mostrará, además de atención hacia los interlocutores, una imagen de poder y seguridad más potente que si se hace con una espalda y torso contraído. Todo depende de lo que se busque. Pero tal vez habría menos conflicto con los clientes si se les facilita una silla cómoda, alta y ancha, que eleve su estatus, aunque sea en apariencia.

Figura 65. Sillón de jefe.

Figura 66. Silla visitante.

Figura 67. Mesa cerrada.

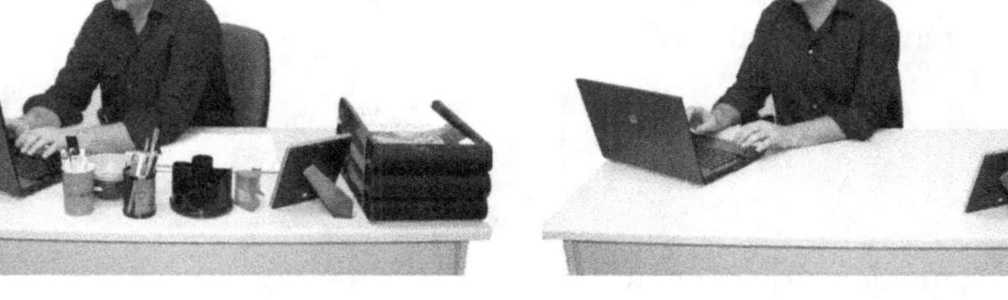

Figura 68. Mesa abierta.

Los objetos

Cuando en un despacho se encuentra alguna planta, fotos o cuadros sobre naturaleza, gente escalando, etc., nos anticipa a alguien muy probablemente abierto, cordial, amante de lo sencillo y persona de trato fácil. Pero si se entra en una habitación con carteles llenos de símbolos radicales, con alusiones idealistas, probablemente se trate de una persona intransigente, consciente de sus derechos, pero no de los derechos de los demás, orgullosa de quién es y su manera de pensar.

Sobre y alrededor de la mesa de trabajo de cualquiera de nosotros suelen encontrarse elementos comunes, un ordenador, un par de archivadores, algunas fotos, algún objeto decorativo, etc., pero cada persona ordena este tipo de elementos de forma diferente. Solo su ubicación y forma de ordenarse ya nos permite determinar si es una mesa defensiva (véase la figura 67) o una mesa abierta (véase la figura 68).

5.3.1.2   Las condiciones ambientales

Básicamente se debe tener en cuenta: la iluminación, los colores, la temperatura y la acústica. Estos elementos condicionan el nivel de tensión y relajación, el tono o incluso las palabras que se escogen en determinados momentos. Son, por tanto, elementos no verbales que hay que tener en consideración a la hora de planificar el lugar en el que se producirá el encuentro.

5.3.1.2.1   La iluminación

El efecto de la iluminación viene dado tanto por la reflexión que esta produce sobre la superficie de los objetos como por los coeficientes de reflexión propios de cada color.

Una mesa confortable y que incite a la colaboración debe evitar materiales brillantes, intentará contar con luz natural, para evitar deslumbrar a los participantes y permitir contemplar el espacio que los rodea.

5.3.1.2.2   Los colores

La influencia emocional que desencadenan los colores en el espíritu humano es bien conocida por la psicología, y a ella debemos el descubrimiento de los efectos que el color tiene en las mentes. En este momento, hay que recordar algo que ya se ha recogido en capítulos anteriores: el cerebro humano está dividido en dos, y una de sus partes, la derecha, está especializada, entre otras habilidades, en la percepción de las imágenes y con ellas del color. También hay que recordar que el cerebro derecho es el relacionado con las respuestas emocionales, por tanto no ha de extrañar que las tonalidades de los objetos coloreen las emociones y maticen los estados de ánimo.

El color y la intensidad del entorno hacen variar las respuestas porque ejercen en la persona una triple acción:

1. Impresiona al que lo percibe en cuanto que el color se ve y llama la atención.
2. Tiene capacidad de expresión, porque cada color al manifestarse expresa un significado y provoca una reacción y una emoción.
3. El color construye ideas y por tanto es capaz de comunicar. Todo color posee un significado propio que adquiere valor de símbolo.

Cada color lleva asociado un conjunto de emociones y asociaciones de ideas que le es propio, y, a pesar de que cada color produce una sensación diferente en cada persona, se presenta una serie de aportaciones bastante contrastadas sobre los efectos de estos:

- Los colores llamados cálidos: amarillo, rojo y sus combinaciones envuelven el encuentro proporcionando alegría, estímulo, calor, incluso excitación. Los colores cálidos son, por tanto, colores estimulantes, alegres y excitantes.

- Los colores fríos: azul y verde son, en sus tonos claros, sedantes, suaves, proporcionando sensaciones de frescor, soledad o relajación, en cambio, en sus tonos oscuros sugieren tristeza y melancolía. Los colores fríos se caracterizan por ser tranquilizantes, sedantes y en algunos casos deprimentes.

En los trabajos monótonos se aconseja utilizar en algunos elementos de la decoración colores estimulantes, si la actividad laboral requiere altas dosis de concentración buscaremos colores neutros. Los colores intensos los utilizaremos para zonas en las que la estancia de los usuarios sea o deseamos que sea corta.

En su libro *Color harmony for the web*,[3] Cailin Boyle presenta algunos de los significados que nosotros recogemos por considerarlos consolidados en la cultura occidental:

- *Rojo:* peligro, excitación, llamar la atención y cierta connotación sexual.
- *Púrpura:* riqueza, realeza, sofisticación, inteligencia.
- *Azul:* serenidad, tranquilidad, verdad, dignidad, constancia, fiabilidad, poder, frialdad.
- *Negro:* sofisticación, elegancia, poder, rebelión, sensación de aumento de temperatura, presión y disminución del volumen.
- *Blanco:* pureza, limpieza, luminosidad, vacío, estimulante y alegre, aclara los ambientes.
- *Amarillo:* calidez, alegría si está poco saturado, brillo, el sol para muchas culturas.
- *Verde:* naturaleza, frescor, vegetación, calma, sosiego, salud, los verdes azules son los favoritos de la gente.

En un último apunte sobre el color hay que destacar que las emociones asociadas presentadas corresponden a la cultura occidental, lo que significa que en otras culturas esos mismos colores pueden expresar sentimientos totalmente opuestos.

5.3.1.2.3 La temperatura

Obtener un ambiente térmico idóneo también potencia la percepción de confortabilidad de una estancia. Ergonómicamente se han concretado las siguientes variables para determinar un espacio térmicamente adecuado (véase la tabla 9).

	Verano	Invierno
Temperatura	20-24	19-21
Humedad relativa	40-60	40-60

Tabla 9. Temperaturas de confort.

---

[3] Cailin Boyle, *Color harmony for the web: A guide for creating great color schemes on-line*, edición ilustrada, Rockport Publishers, Minneapolis, 2001.

Cuando las condiciones térmicas son extremas, ya sea por excesivo frío o calor, se alteran las constantes fisiológicas provocando incomodidad y preocupación y, como consecuencia, una falta de concentración. Igual que sucede con el color, cada persona tiene una percepción distinta, lo que quiere decir que es posible encontrarse personas calurosas o frioleras, y su comportamiento, a la misma temperatura, será distinto. Saberlo de antemano posibilitará aproximarse a su temperatura de confort para procurarle un ambiente agradable o para crearle incomodidad y tensión, si es que esa fuese la intención.

5.3.1.2.4   Los estímulos acústicos

Los estímulos acústicos son uno de los elementos con mayor capacidad para crear gran variedad de sensaciones. Los niveles acústicos a partir de los cuales se generan situaciones de incomodidad son los 65 decibelios. Un mismo estímulo pero con diferente intensidad puede generar diferentes sensaciones; así, por ejemplo, la música puede excitar, relajar e incluso ayudar a dormir.

El ambiente acústico lo proporcionan los sonidos que envuelven el encuentro, y pueden ir desde los sonidos más agradables, aquellos capaces de crear melodías, a los más desagradables, aquellos que pueden ser nocivos cuando el sonido se transforma en ruido por encima de los 80 decibelios.

Una ambientación musical acertada creará una atmósfera agradable, relajante, de apertura, incluso de mimetismo y empatía si se comparten las preferencias musica-

Esquema 46. Sistema háptico de retroalimentación proactiva.

les. En estos casos, aproximará catalizando simpatía y haciendo brotar afinidades. Errar en la elección incomodará, disgustará y alejará, haciendo aflorar las diferencias existentes entre uno y otro.

Los sonidos desagradables, también llamados ruido ambiental, interfieren en las relaciones de dos maneras distintas:

- Dificultando físicamente la comunicación, por la imposibilidad de percibir las palabras del otro.
- Alterando la predisposición psicológica, porque genera malestar y provoca irritación.

Escoger un ambiente ruidoso o tranquilo, dependerá de los objetivos e intenciones en referencia al interlocutor.

5.3.2 *Interpretar las señales hápticas*

Uno de los momentos donde todos aceptan que se produzca un contacto físico (véase el esquema 46) es durante las presentaciones sociales, debido a la globalización de los negocios y el predominio de modelo occidental de protocolo en este tipo de gestiones. Incluso en culturas orientales con rituales de presentación muy diferentes a los nuestros, han aceptado darse la mano de forma habitual para iniciar las sesiones de trabajo.

Dada la importancia de este ritual, se ofrece una sencilla descripción de cómo hay que dar correctamente la mano:

1. El saludo se debe realizar siempre con la mano derecha.

2. Establecer contacto visual con nuestro interlocutor y esbozar un gesto agradable.

3. El apretón debe durar entre tres y cinco segundos de una forma firme y decidida.

4. Es importante establecer, dentro de las posibilidades de cada uno, una posición corporal simétrica con la del interlocutor.

Este primer contacto ayuda a construir la imagen que se transmite al entorno, por ello resulta conveniente cuidar al máximo todos los detalles relacionados con

Figura 69. Saludo.

este ritual: ¿cuándo es conveniente dar la mano?, ¿cómo dar la mano?, ¿cuándo es conveniente besar?, ¿cómo despedirnos?, etc.

A través de la forma en que se da la mano (véase la figura 69), las personas muestran una faceta central de los estados de ánimo, intenciones y rasgos de personalidad, y se hace mediante la posición de la mano, la fuerza que se imprime al apretón o la orientación del cuerpo al efectuar el saludo:

- Si, al tender la mano, el interlocutor la presenta con la palma claramente hacia abajo (véase la figura 70), señal dominante, se tratará de alguien que se siente superior a nosotros, ya sea por estatus, jerarquía o seguridad en sí mismo. Mediante esta orientación de la mano expresa su deseo de ejercer su poder y de mostrar que su posición y rol son más importantes. Esta apreciación se reforzará si se complementa con un brazo rígido o un apretón que se valora como excesivo o con contactos adicionales realizados con la otra mano, en cuyo caso la zona tocada marcará la magnitud de su sentimiento de superioridad, mayor cuanto más cerca de la cabeza, siendo su máximo exponente cuando propina unas palmaditas «cariñosas» en la cara.

- Si, al tender la mano, el interlocutor lo hace con la palma claramente hacia arriba (véase la figura 71), señal de sumisión, se tratará de alguien a quien, en ese instante, le embarga un sentimiento de inferioridad respecto al interlocutor o el asunto que se va a tratar. Se trata de una persona tímida o insegura que con este gesto cede el control y la guía. Quien ofrece la mano de esta manera suele ser una persona que se dejará guiar rápidamente y aceptará, en principio, opiniones y argumentos. Esto se verá confirmado si se acompaña con una mano débil o un brazo laxo.

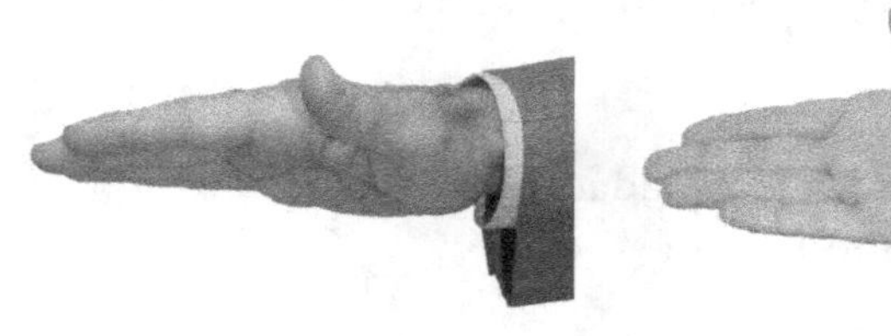

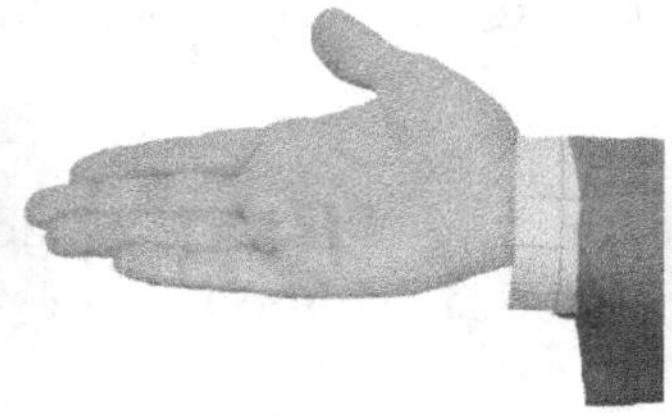

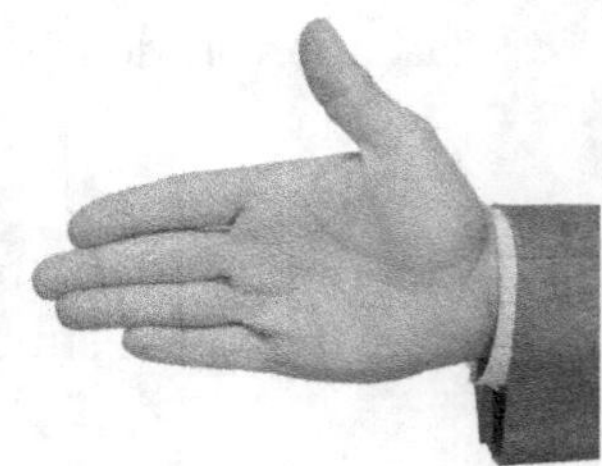

Figura 70. Mano dominante.   Figura 71. Mano sumisa.   Figura 72. Mano asertiva.

- La mano asertiva (véase la figura 72) consiste en una mano vertical que ofrece un apretón firme pero no excesivo. En este caso se trata de alguien que nos considera su igual y así nos lo hace saber. La mano ofrecida en forma perpendicular proyecta una personalidad segura de sí misma, que reconoce al otro con respeto.

- Cuando el interlocutor coge la mano entre las suyas, saludo guante, está tratando de trasmitir simpatía, proximidad y cierta confianza que confiere el conocimiento mutuo. Si este mínimo de conocimiento mutuo no existe, podría tratarse de un gesto «cara a la galería», para dar la sensación de que sí existe tal intimidad.

La retroalimentación que ofrece la orientación del cuerpo al saludar se relaciona con la manera de dar la mano:

- Si la disposición del cuerpo respecto al interlocutor, en el momento de ofrecer su mano, es frontal, confirma una posición asertiva.

- Si la cabeza se orienta frontalmente, pero el cuerpo se halla de perfil al interlocutor, se está mostrando una actitud de «huida», de poco interés.

- Una posición de la cabeza y el cuerpo claramente lateral informa de que no existe interés en la interacción. Cuando el saludo es, además, corto e inmediatamente interactúa con algún objeto o se dirige a otra persona, puede llegar a significar menosprecio.

Del mismo modo que la posición del cuerpo proporciona información adicional, también lo hace la intensidad de la presión que aplica el interlocutor:

- Una presión intensa suele identificarse con posiciones dominantes, sobre todo si el entorno habitual de las partes son los centros urbanos. Hay que tener en cuenta que en entornos rurales dar la mano con fuerza es más una obligación cultural que una necesidad de transmitir poder.

- Por el contrario, si la intensidad es baja, el interlocutor muestra su escasa confianza, poco interés o simplemente se trata de un rasgo de timidez.

Si el ritual de saludo implica un comportamiento distinto hay que interpretarlo como un signo cultural o de pertenencia a un determinado colectivo. Del mismo modo, la distancia mantenida durante el saludo indicará si pertenece a una cultura de contacto o no contacto, lo que condicionará las apreciaciones sobre contactos posteriores.

En la mayoría de las culturas occidentales, el establecimiento de un ligero contacto físico con el interlocutor genera una sensación de intimidad que puede facilitar la comunicación de información sensible:

Figura 73. Señal háptica.

- Si en una situación social y durante el intercambio uno de los interlocutores toca al otro (véase la figura 73), le hará experimentar algún tipo de sensación. Este no dispone de otra manera de interpretar ese contacto que ser consciente de dicha sensación y valorar el sentimiento que le ha producido: agradable o de rechazo. Los matices hay que establecerlos en función de parámetros como: el nivel de confianza o intimidad existente, la pertenencia a una cultura de contacto o el contexto en el que se produce.

5.3.3 Interpretación de signos paralingüísticos

El control de las habilidades paralingüísticas resulta de gran utilidad a la hora de mejorar la forma de transmitir la información, y es un elemento clave al realizar buenas presentaciones en público o si se quiere ser más convincentes en el proceso de venta de cualquier producto. Los detalles paralingüísticos abarcan las palabras utilizadas para ilustrar el discurso, cómo las conjugamos y la entonación con las que las pronunciamos (véase el esquema 47).

Del mismo modo que Paul Ekman descubrió la existencia de los micromovimientos faciales, dándoles valor como filtraciones que permitían valorar el verdadero estado emocional del interlocutor, Lillian Grass[4] propone la existencia de las filtraciones verbales, un mecanismo que, mediante las palabras, la forma de expresión y la entonación de una persona, permite determinar el estado emocional. Las personas que siempre quieren llevar razón en sus conversaciones son altamente competitivas, en muchas ocasiones inseguras y necesitadas de constante reafirmación social. Las

---

[4] Lillian Glass, *Sé lo que estás pensando*, Paidós. Barcelona, 2002.

Esquema 47. Sistema paralingüístico de retroalimentación proactiva.

personas maleducadas detrás de su constante utilización de «palabras malsonantes» ocultan gran cantidad de miedos e inseguridades, y en ocasiones su utilización puede ser una prueba para ver cómo se reacciona ante una posición poco agradable.

Los elementos clave que ayudarán a concretar las filtraciones verbales son la entonación, el volumen y la velocidad con la que se pronuncian las palabras para transmitir oralmente los mensajes. Según algunos estudios, el tono de voz se agudiza cuando el interlocutor está enfadado o disgustado. La percepción de este tipo de situación es sencilla y confirma la teoría de que las personas con voces graves transmiten confianza, mientras que aquellas con voces agudas son más propensas a generar malestar en los interlocutores:

- Si el interlocutor eleva el volumen de su voz, está tratando de captar nuestra atención.

- Si el volumen de sus intervenciones es bajo o claramente ha ido descendiendo, se está ante una clara señal de falta de implicación o interés en el mensaje que está escuchando.

- Si, de repente, acelera la dicción sobrepasando lo que podría considerarse su velocidad normal, el interlocutor se halla embargado por la necesidad de explicar algo muy importante y urgente. No debe confundirse cuando se trata de un rasgo de personalidad ansiosa, en cuyo caso siempre hablará algo acelerado.

Volumen	Tono	Velocidad	Inflexión	Estado afectivo
Alto	Agudo	Rápida	Hacia arriba	Alegría
Bajo	Grave	Lenta	Hacia abajo	Tristeza
Normal	Algo agudo	Ligeramente rápido	Ligeramente hacia arriba	Impaciencia
Bajo	Grave	Lento	Firme y hacia arriba	Afecto
Ligeramente bajo	Algo grave	Algo lento	Monótono	Aburrimiento
Normal	Normal	Normal	Algo hacia arriba	Satisfacción
Alto	Agudo	Rápida	Irregular	Ira

Tabla 10. Factores paralingüísticos y estados afectivos.

- Si sucede lo contrario, y muy probablemente acompañado de frases hechas o muletillas, hay que pensar que el interlocutor o la situación están provocando aburrimiento o indiferencia. Esta forma de actuar no debe confundirse con una personalidad arrogante y egoísta, que suele acompañar sus respuestas con un ritmo lento y expresiones faciales muy significativas.

El valor del sistema paralingüístico como fuente de retroalimentación puede parecer sobredimensionado, pero seguro que el lector es consciente de que en muchas ocasiones, ante los mismos contenidos verbales, las sensaciones recibidas son totalmente diferentes. Es bien conocido que las «buenas tardes» de los compañeros de trabajo de los lunes no tienen la misma sonoridad que las «buenas tardes» del viernes.

Como se ha podido apreciar en los ejemplos anteriores sobre el volumen y la velocidad al hablar, la posibilidad de obtener retroalimentación paralingüística solo es posible, exceptuando los silencios, si el interlocutor participa e interviene en el intercambio. En la tabla 10 se presentan los estados afectivos que propone Vicente Caballero (1983)[5] y que reflejan algunas de las combinaciones que los factores paralingüísticos mencionados pueden mostrar:

- Si, durante la conversación, no se producen pausas, sino silencios (véase la figura 74), hay que tener presente que estos no tienen un significado univer-

---

[5] Vicente E. Caballero, *Manual de evaluación y entrenamiento de las habilidades sociales,* Siglo XXI, Madrid, 1997.

sal, y hay que inferir su significado dependiendo de la cultura del interlocutor. En la cultura occidental, la ausencia de sonido se asocia generalmente con una sensación de intranquilidad y desasosiego, y resulta difícil encontrar reuniones donde se produzcan pausas de más de cinco segundos. Del mismo modo, en las conversaciones telefónicas, si se está durante más de tres segundos sin oír nada, nos apresuramos a confirmar si nuestro interlocutor continúa al otro extremo de la línea. Este tipo de actitud condiciona la forma de entender los silencios condenándolos a estados desagradables que infunden

Figura 74. Silencio.

cierto temor, o son entendidos como señal de poca colaboración o implicación, cuando lo habitual es estar en silencio para poder pensar o reflexionar sobre cualquier aspecto.

- Si el interlocutor procede de una cultura asiática, hay que considerar que para ellos el silencio tiene una connotación positiva. Una persona que observa los silencios de forma adecuada tiene una buena percepción social. Entre los asiáticos, las personas de pocas palabras generan más confianza que las personas locuaces. Su desconfianza hacia las palabras es muy similar a la que sentimos los occidentales por el silencio. Algunos autores han llegado a afirmar que el silencio es una de las mayores diferencias entre Oriente y Occidente. La única excepción a esta forma de percibir los silencios se encuentra en los países nórdicos.

5.3.4 *Interpretación de las señales quinésicas*

La observación y el análisis de las señales quinésicas es sin duda el sistema de comunicación no verbal más analizado. Para facilitar su uso y correcta interpretación se propone concentrarse en los siguientes elementos: la postura general, la cabeza, el tronco superior, los brazos y manos, y los pies (véase el esquema 48).

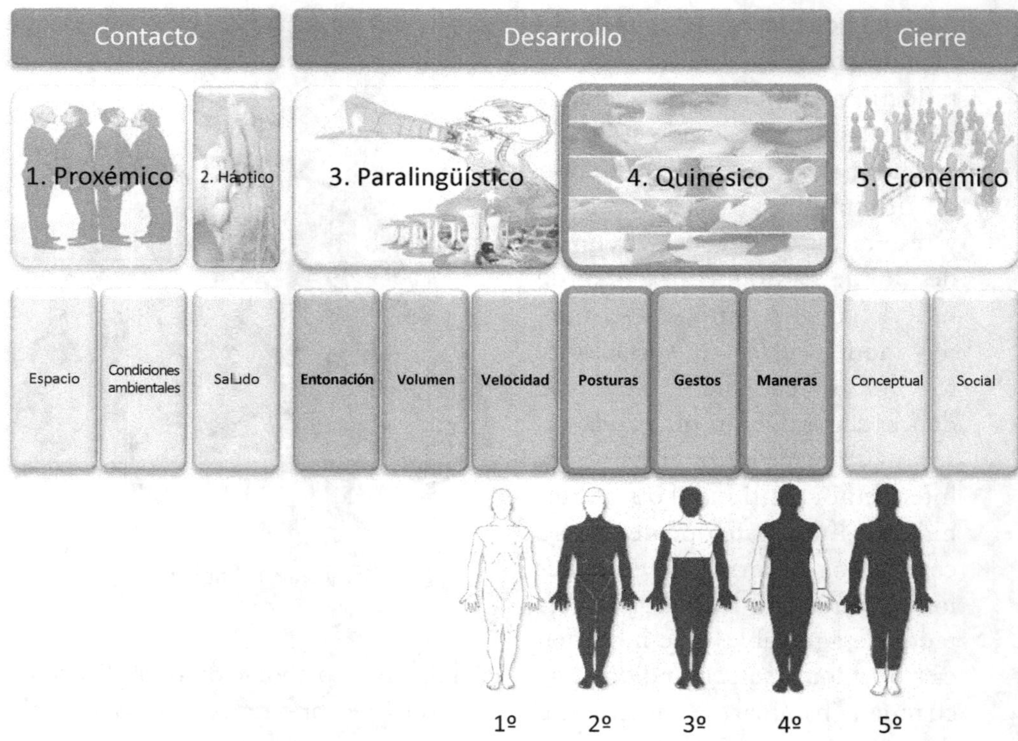

Esquema 48. Sistema quinésico de retroalimentación proactiva.

5.3.4.1   La postura general

Como se ha explicado en el capítulo 4, las posturas corporales abiertas o receptivas se caracterizan por mostrar el pecho y las palmas de las manos, con los brazos ligeramente abiertos y los pies bien posicionados, facilitando la transmisión de confianza, atención y capacidad de adaptación. Mientras que las posturas corporales cerradas o defensivas están caracterizadas por unas piernas y brazos cruzados y suelen generar sensaciones de rechazo, antipatía, reserva y poca colaboración. El primer aspecto que hay que valorar sobre el interlocutor será si su postura es receptiva o defensiva hacia el mensaje que se está emitiendo (véase la figura 75).

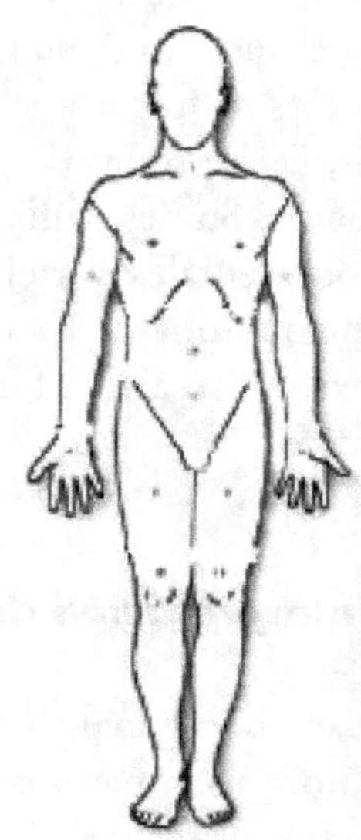

Figura 75. Postura general.

Figura 76. Posturas abiertas.

La postura general que adopte también hablará sobre el nivel de seguridad que el interlocutor está experimentando durante el intercambio:

* Una postura relajada, abierta, del cuerpo en general, la cabeza, el tronco y las extremidades (véase la figura 76), comportamiento que se va renovando durante la conversación, expresa la seguridad y confianza que siente de sí mismo.

Figura 77. Posturas cerradas.

- Si, por el contrario, la postura se mantiene cerrada (véase la figura 77) durante la conversación, será síntoma de incomodidad.

Otro valor que hay que tener en cuenta es la orientación de la postura general del interlocutor en relación con la nuestra. En función de la orientación que esta persona adopte, se podrá obtener información acerca de su percepción del encuentro:

- Si adopta una postura frontal, cuerpo contra cuerpo, la situación será de posible conflicto.

- Si la colocación del cuerpo es totalmente paralela, se tratará de una posición de indiferencia y de poca valoración hacia nuestra posición.

La colocación ideal para realizar intercambio de información de una forma agradable y positiva es adoptar una orientación de 45 grados en los hombres y en la relación hombres-mujeres; entre las mujeres occidentales, la relación frente a frente no tiene tantas implicaciones de confrontación como en el ámbito masculino. Este tipo de orientación también es válido cuando se está sentado:

- Si se está en una reunión de trabajo y alguno de los interlocutores adopta una postura cerrada y se inclina hacia atrás, se tratará de una postura de desacuerdo o desinterés (véase la figura 78).

Figura 78. Posturas de desinterés.

Figura 79. Posturas de interés.

- Si esta misma posición se acompaña de un movimiento del torso hacia delante, la emoción que se transmite es de hostilidad.

- Cuando estos tipos de inclinación del torso se producen con posturas corporales abiertas, los significados son bien diferentes; en el caso de la inclinación hacia adelante se tratará de una posición de interés o aceptación de nuestro mensaje (véase la figura 79), mientras que la inclinación hacia atrás estará reflejando un momento de reflexión o valoración.

- Si se observa que el interlocutor adopta posturas corporales semejantes a las propias, puede deducirse que inconscientemente trata de mimetizarse con nosotros.

Entre las posturas abiertas y cerradas que se han comentado, es posible encontrarse con una serie de posiciones intermedias que aportan matices relevantes sobre la situación del interlocutor:

- Si se está ante una persona con una clara posición corporal abierta tanto de hombros como de piernas, pero sus manos se sitúan detrás, de forma entrelazada, la posición será de atención condicionada (véase la figura 80). Las manos entrelazadas a la espalda del interlocutor indican que el sujeto se muestra receptivo y está asimilando el discurso, pero habrá que ser capaz de detectar su postura sobre las ideas abordadas, porque sean las que sean se mantienen intactas.

Figura 80. Atención condicionada.

Figura 81. Reserva y frontal de oposición.

- Si el interlocutor conserva estas posiciones mixtas e introduce o mantiene las manos en los bolsillos, el sujeto está manteniendo cierta atención sobre nuestro discurso pero presenta algún tipo de reservas o dudas sobre este; alguna parte del mensaje no acaba de ser aceptada (véase la figura 81).

- Si las piernas y los hombros mantienen unas posiciones abiertas, pero los brazos se apoyan sobre las caderas, «en jarras», es una clara señal de territorialidad: «Señores, aquí estoy yo». En los hombres es un gesto relacionado con la autoafirmación, y con él se pretende expresar determinación. Las mujeres emplean este gesto con la finalidad de mostrar su feminidad o afirmar su personalidad mostrando su deseo de ser tenida en consideración y no ser menospreciada.

  Este tipo de actitud no es necesariamente negativa, simplemente dice que cuando trabajemos con estas personas hay que otorgarles la importancia que creen tener. El carácter fuerte es una característica de estas personas, y podremos aprovechar su disposición a colaborar y participar siempre que se respete su forma de entender las situaciones. En este sentido, no se trata de mostrar posturas de sumisión sino de respeto comunicativo, buscando similitudes entre el propio discurso y el de este tipo de personas; hay que ser capaz de buscar referentes comunes, elaborar discursos de igual a igual, permitiendo que sea el interlocutor quien determine qué aspectos valorar de nuestro discurso. Por esta razón, es bueno ser capaz de estructurar lógicamente las propuestas en la fase de planificación, o en el instante en que esta exigencia es requerida.

En cualquier caso, y como recomendación, las personas que adoptan posturas abiertas durante los intercambios de información con el entorno son percibidas como más agradables y persuasivas que las que de forma habitual mantienen posiciones cerradas.

5.3.4.2   Los gestos

5.3.4.2.1   La cabeza

La segunda fuente de retroalimentación proactiva es la cabeza. Solo observando los movimientos genéricos de la cabeza (véase la figura 83) pueden obtenerse señales informativas durante la comunicación.

Cuando la cabeza se desplaza hacia delante se muestra atención y algún tipo de emoción personal:

- Si este movimiento es lento, el interlocutor presentará una situación de sumisión, tristeza o búsqueda de alternativas.

- Si el movimiento es rápido, se expresa una emoción cercana al miedo y la inseguridad.

Cuando el desplazamiento de la cabeza se produce hacia atrás, se está ante una percepción de escepticismo o de espera ante nuevos acontecimientos:

- Un movimiento pausado transmite una sensación de duda sobre el contenido del mensaje.

- Un desplazamiento rápido es una señal no verbal clara de resistencia a la propuesta.

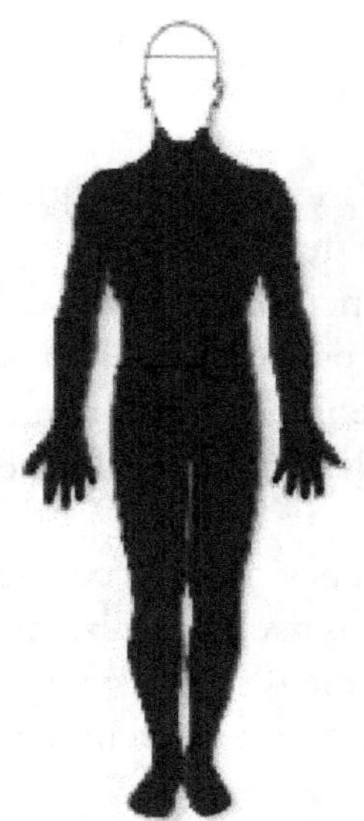

Figura 82. La cabeza.

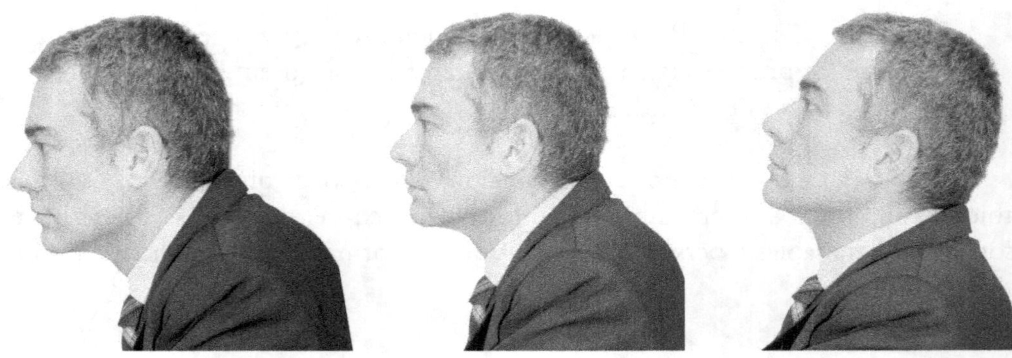

Figura 83. Desplazamientos de la cabeza.

Uno de los gestos más habituales de la cabeza es el asentimiento; esta acción clave de la escucha activa es un gesto que provoca la interacción de los demás. Si el interlocutor asiente de forma reiterada, puede deducirse que está interesado en el mensaje, que se va por el buen camino y que no tiene inconveniente alguno en prolongar el encuentro.

Si bien la cabeza, en su conjunto, se constituye como una rica fuente de retroalimentación, no por ello deben olvidarse sus elementos. El modelo GOHE propone tener en cuenta la información no verbal obtenida de las cejas, los ojos y los labios.

Las cejas

Percibir la información que transmiten las cejas del interlocutor es relativamente sencillo. Las cejas, de forma ágil y fiable, permiten validar la información obtenida a través de otros canales no verbales (véase la figura 84):

- Si la persona que conversa con nosotros realiza un alzamiento rápido de ambas cejas, estará indicando su interés o reconocimiento.

- Si las cejas están ligeramente levantadas, la actitud es de sorpresa, el

Figura 84. Las cejas.

interlocutor ha captado el mensaje, aunque no se puede estar seguro de que lo haya aceptado.

- Si las cejas están completamente levantadas y permanecen unos instantes en esa posición, la percepción será de incredulidad, el mensaje le ha producido asombro, o bien, para él, no tiene ningún crédito.

- Si las cejas están medio fruncidas puede considerarse que el interlocutor está confuso, y si están totalmente fruncidas la situación es de enfado.

Los ojos

La evolución cultural del ser humano ha conducido hacia una sociedad en la que la vista, como sentido, ha adquirido una relevancia especial (véase la figura 85). El ser humano es eminentemente visual, y la inmensa mayoría de la información la transmite y recibe empleando como soporte las imágenes. Paralelamente a este fenómeno, el papel de la mirada en los momentos de interacción interpersonal ha evolucionado, llegando a convertirse en una necesidad.

Sin embargo, su frecuencia y nivel de intensidad dependen de las culturas en las que se produzca la interacción. Está demostrado que, en general, en el mundo occidental las personas que mantienen un contacto ocular alto son mejor percibidas que las que mantienen un contacto ocular bajo.

Centraremos el análisis de la información no verbal que pueden aportar los ojos en cuatro aspectos concretos del contacto ocular: la duración y la dirección de la mirada, el parpadeo y el foco de atención de la mirada.

La duración de la mirada

A principios del siglo XX, Wendy Levinson confirmó que utilizar un tono de voz conciliador y mantener un contacto ocular adecuado entre médico y paciente eran dos elementos básicos para reducir el número de denuncias

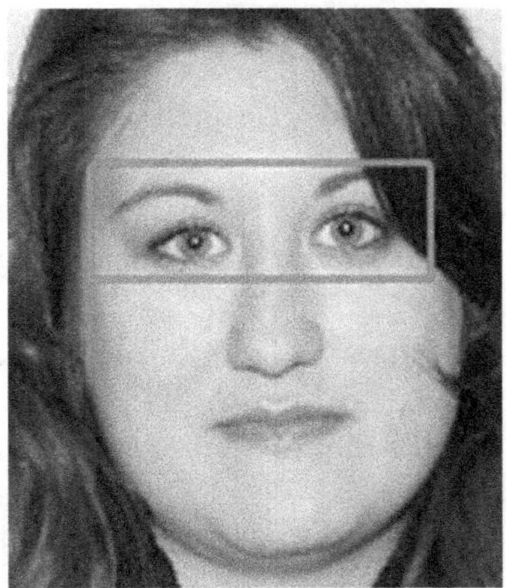

Figura 85. Los ojos.

Figura 86. Mirada.

posteriores de los pacientes; por ello, en muchos centros médicos se aconseja a los profesionales de la salud que intenten establecer de forma frecuente contacto ocular con sus pacientes, con la intención de potenciar la imagen de educación, honestidad y profesionalidad del centro.

Centrar la atención en cómo utiliza el interlocutor su mirada en relación con la nuestra permitirá captar detalles sobre su interés y el tipo de relación que desea mantener con nosotros (véase la figura 86):

- Si mientras se habla el interlocutor mantiene continuamente una mirada fija en nosotros, estará mostrando un gran interés en el mensaje recibido o por nuestra persona (véase la figura 87). En ocasiones, esta mirada persistente tiene una connotación negativa de oposición o contrariedad, matiz que se obtendrá a partir de la expresión facial que la acompaña.

- Si el contacto no es intenso pero se mantiene durante una parte importante del tiempo es un indicativo de que nos está prestando atención y hay sinceridad en ello.

Dirección de la mirada

Si la duración del contacto es importante, también lo es hacia dónde se dirige:

- Si, mientras se habla, la mirada del interlocutor se dirige principalmente hacia el suelo, podría tratarse de una señal de desinterés o inseguridad.

- Si, por otro lado, la mirada se dirige hacia arriba, lejos del contacto ocular directo del emisor, la persona estará transmitiendo una sensación de intranquilidad ante la situación que está viviendo.

- Finalmente, si la mirada se pierde en el vacío de forma habitual durante la conversación, el receptor está en otro asunto y no está prestando atención (véase la figura 88).

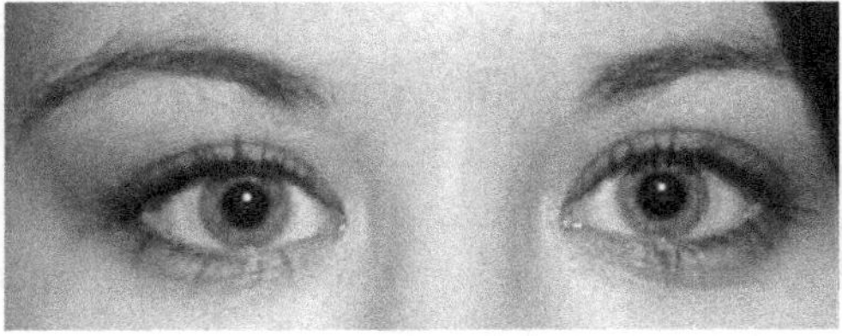

Figura 87. Mirada fija.

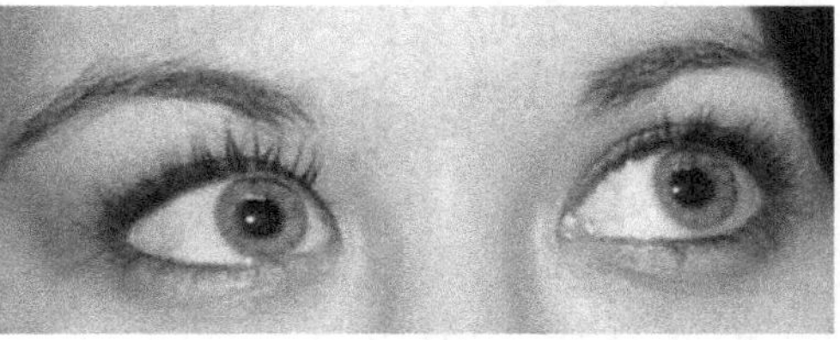

Figura 88. Mirada perdida.

Algunas personas pueden tener cierta dificultad para mantener un contacto ocular. La solución es relativamente sencilla. Siempre que las distancias entre ambos sean superiores al metro y medio, se puede recurrir al truco de mirar al entrecejo del interlocutor: podrá observar todo su frontal ocular y, a la vez, sin tener que soportar su mirada directa, hacerle tener la sensación de que le está mirando directamente a los ojos.

Dilatación pupilar

Si tenemos la oportunidad de poder observar las reacciones de las pupilas del interlocutor ante las intervenciones realizadas, podrá obtenerse información acerca de los estados de ánimo que provocamos en este. Las pupilas reaccionan dilatándose o contrayéndose en función de la emoción predominante:

- Si se percibe que la pupila del interlocutor se dilata, es una señal positiva; sin duda, los sentimientos o las emociones que se están experimentando en este instante son agradables y le hacen sentir bien.

- Si las pupilas del interlocutor se contraen, el escenario no es tan prometedor, no está experimentando buenas sensaciones.

Las pupilas dilatadas (véase la figura 89) hacen que la persona sea percibida de manera positiva; esto es muy utilizado en el cine, donde se sobredilatan las pupilas de las actrices para hacerlas parecer más atractivas. Por otro lado, con la creciente popularización del póquer en espacios televisivos, el gran público se está familiarizando con que los

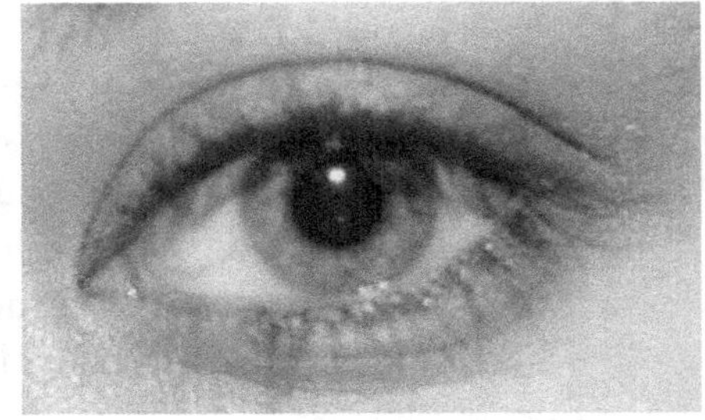

Figura 89. Pupilas.

jugadores utilicen gafas de sol. No se trata de un problema relacionado con la irritabilidad de los ojos ante la potencia de los focos o de timidez social; la causa que explica su uso es reducir la información que sus oponentes pueden tener de su juego. Los jugadores saben que las pupilas se dilatan ante estímulos positivos. Un truco empleado para jugar con ventaja, leyendo los ojos, es situar al oponente frente a la luz y no a contraluz, lo que es vital si se se quiere ver y no ser visto.

El parpadeo

Para iniciar la valoración del parpadeo (véase la figura 90) hay que establecer previamente el patrón de repetición en el interlocutor. Cada persona tiene una frecuencia propia condicionada por varios factores, entre los que se encuentran su necesidad de lubricación ocular y su estado de excitación general.

La clave de este tipo de observación no reside tanto en el análisis de la frecuencia de parpadeo del interlocutor, sino en valorar los cambios de estas frecuencias, es decir, si una persona habitualmente no parpadea y de pronto se observa que se pone a hacerlo, se estará ante un mensaje no verbal. Será entonces cuando haya que valorar el tipo de cambio de frecuencia que se ha producido y el elemento que lo ha provocado:

- Si el parpadeo de la persona se vuelve más lento de lo habitual, se puede estar ante una situación de cansancio, adormecimiento, aturdimiento o simplemente de dificultad para enfocar claramente la visión.

- Si el parpadeo se incrementa es signo de la aparición de una emoción. Una emoción intensa desencadena un parpadeo repetitivo como un temblor. La más evidente responde a un estado de perplejidad o confusión.

- La ausencia de parpadeo, descartada cualquier afectación física, puede significar que existe un gran interés en lo que se dice o simplemente que se está en una actitud de escucha pasiva, en la que nada de lo que se está oyendo está siendo grabado en memoria.

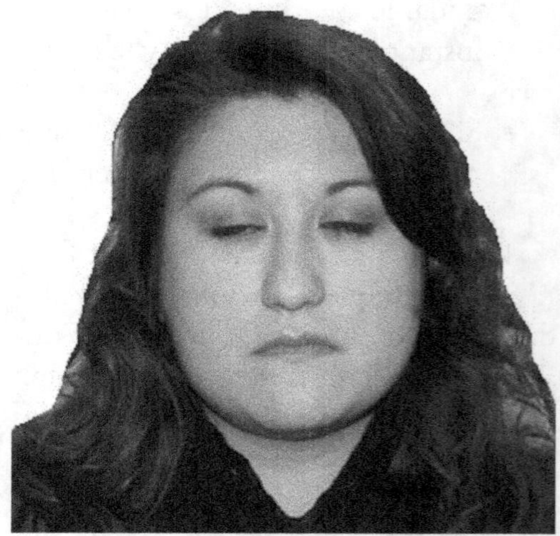

Figura 90. Parpadeo.

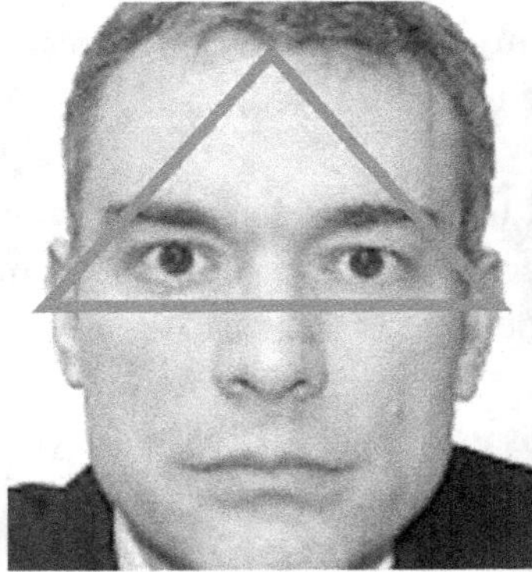
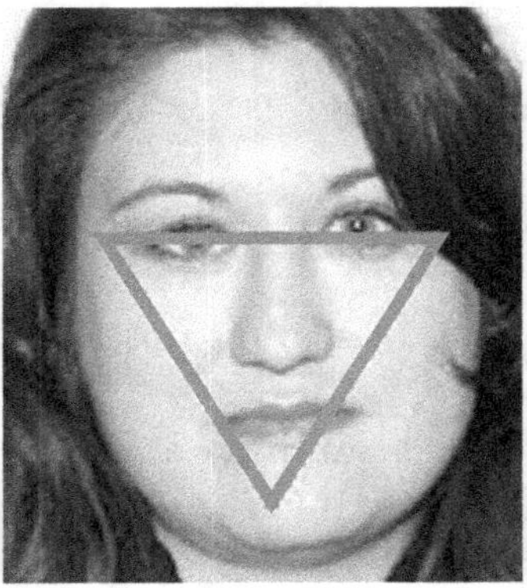
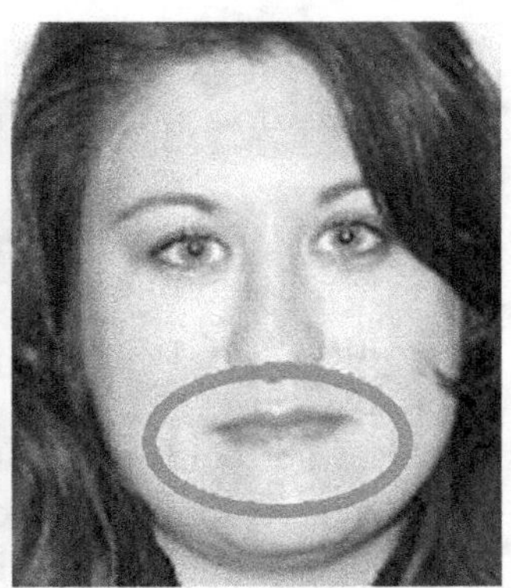

Figura 91. Mirada profesional.

Figura 92. Mirada social.

Figura 93. Mirada de seducción.

El foco de atención de la mirada

Para redondear las posibilidades de obtener la mayor cantidad posible de información que nos proporcionan los ojos de los interlocutores se prestará atención a un cuarto elemento: el foco de atención de la mirada, que indicará cómo se plantea el interlocutor la interacción (véanse las figuras 91 a 93):

- Si la mirada se dirige principalmente de forma directa a los ojos o se orienta hacia la mitad superior de la cara, es decir, ojos y frente, se está ante un planteamiento serio, sincero y profesional.

- Si la mirada se alterna con contactos directos y posteriores incursiones por el triángulo que incluye la nariz y la boca, se está ante un planteamiento de acercamiento social y personal.

- Si predomina notablemente la focalización en la boca y alrededores, puede existir una intención de galanteo y seducción.

Los labios

Si bien la interpretación de los mensajes remitidos por los labios (véase la figura 94) son sencillos de analizar y la fiabilidad de la información facilitada, muy alta, previamente a la interpretación debe descartarse cualquier influencia de posibles condicionantes morfológicos o estructurales:

- Si las líneas de los labios están relajadas, se está ante una persona que presta atención a nuestro mensaje y que está comprendiendo su contenido.

- Si los labios dibujan una sonrisa de forma natural (ojos que se cierran ligeramente acompañando el gesto), se está ante una aceptación del mensaje. En caso contrario, se estará ante una incomprensión del mensaje enviado.

- Si uno de los extremos de la comisura de los labios está hacia arriba y el otro hacia abajo, se trata de una actitud de desprecio del receptor hacia el mensaje o hacia nuestra propia persona.

- Cuando el interlocutor se muerde el labio inferior de forma frontal y mira hacia delante, la posición es de nerviosismo, propia de las personas que mienten o han recibido nueva información y están pensando cómo «sacarle jugo», anticipándose a los demás.

- Si el labio que se muerde es el labio superior la nueva señal es de rabia o impotencia ante una situación o información con la que no se está nada de acuerdo.

En el departamento de Intelligent Sensory Information System, de la Universidad de Ámsterdam, convencidos de la universalidad de las expresiones faciales verdaderas, estudiaron los diferentes elementos móviles de la cara centrándose en los músculos que intervienen en dichas expresiones faciales. Agruparon los distintos músculos en conjuntos en función de cómo intervenían en cada una de las expresiones en la que participaban, y crearon un modelo virtual basado en la apariencia (máscara superpuesta sobre la cara de la persona). Para lograrlo, después de analizar toda la musculatura de la cara, las diferentes expresiones faciales y el tipo de emociones representado por esas expresiones (enfado, tristeza, miedo, disgusto, felicidad, sorpresa, etc.), seleccionaron los 12 pares de músculos empleados para realizar los movimientos más predominantes y los agruparon

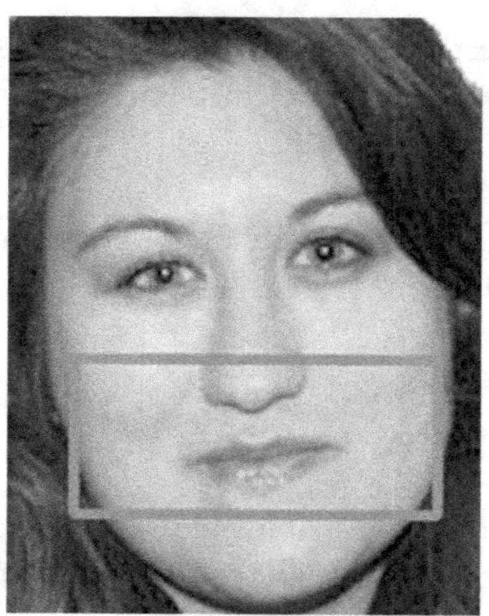

Figura 94. Los labios.

tomando como criterio las cuatro fuentes principales de información: la boca, las mejillas, las cejas y la parte superior de la cara o la frente. Este modelo les permitió detectar y representar las expresiones faciales reales y con ello el tipo de emoción que el sujeto experimentaba en ese instante. A modo de resumen, las figuras 95 a 101 de la tabla 11 recogen las aportaciones presentadas por los investigadores de la Universidad de Ámsterdam.

Expresiones faciales	Modos de expresión
Figura 95. Felicidad-seguridad	- Comisura de los labios hacia atrás y arriba - La boca puede estar o no abierta, con o sin exposición de los dientes - Las mejillas levantadas - Cejas hacia arriba - Se reduce el espacio entre las cejas y los párpados - Mirada no fija - Nariz y ojos un poco cerrados - Aparecen arrugas debajo del párpado inferior
Figura 96. Miedo	- Cejas levantadas y contraídas al mismo tiempo - Las arrugas de la frente se sitúan en el centro y no extendidas por la frente - Ojos más abiertos de lo normal, el párpado superior levantado y el párpado inferior en tensión y alzado - Nariz hinchada inspirando aire, por si es necesario huir - Boca abierta y labios tensos y ligeramente contraídos hacia atrás o bien apretados y contraídos hacia atrás
Figura 97. Aburrimiento	- Comisuras de los labios caídas - Ojos tristes - Soplar - Inflar los carrillos, ambos a la vez o alternándolos

Continúa

Continuación

Figura 98. Sorpresa

- Cejas levantadas, curvas y elevadas
- Piel estirada debajo de las cejas
- Arrugas horizontales en la frente
- Párpados abiertos, párpado superior levantado y párpado inferior bajado, el blanco del ojo suele verse por encima del iris
- Mandíbula que cae abierta, de modo que los labios y los dientes quedan separados, pero no hay tensión ni estiramiento de la boca

Figura 99. Disgusto

- Labio superior levantado
- Labio inferior también levantado y empujando hacia arriba el labio superior, o bien tirando hacia abajo y ligeramente hacia delante
- Nariz arrugada
- Mejillas levantadas
- Aparecen líneas debajo del párpado inferior
- Cejas bajas, empujando hacia abajo el párpado superior

Figura 100. Cólera

- Cejas bajas y contraídas al mismo tiempo
- Líneas verticales entre las cejas
- Párpado inferior tenso y puede levantarse
- Párpado superior tenso
- Mirada dura en los ojos, que pueden parecer prominentes
- Labios en una de estas dos posiciones: continuamente apretados con las comisuras rectas o bajas, o abiertos, tensos y en forma cuadrangular, como si gritaran

Figura 101. Tristeza

- Los ángulos interiores de los ojos hacia arriba
- La piel de las cejas forma un triángulo
- El ángulo inferior del párpado superior aparece levantado
- Las comisuras de los labios se inclinan hacia abajo y los dientes tiemblan

Tabla 11. Las expresiones faciales y sus modos de expresión.

5.3.4.2.2   Tronco superior

Como fuentes de retroalimentación del tronco superior, se focalizará la atención en los hombros, el torso, los brazos y las manos.

Los hombros y el torso

Para aprovechar los hombros (véase la figura 102) como fuente de retroalimentación, hay que realizar un análisis dual teniendo en cuenta ambos hombros a la vez. No significará lo mismo levantar un solo hombro que levantar los dos simultáneamente:

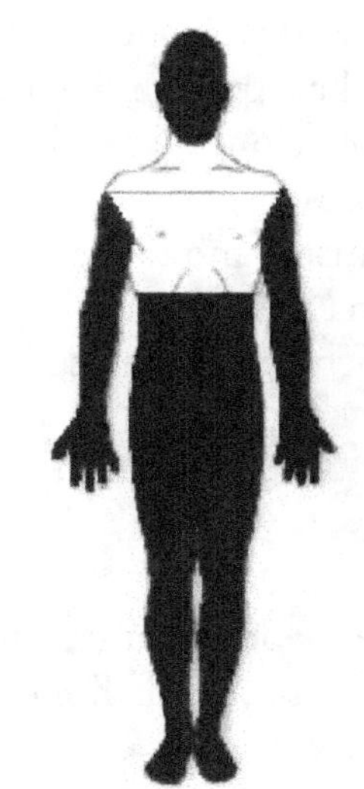

Figura 102. Hombros y torso.

- Cuando el interlocutor presenta una posición donde los hombros adoptan una postura recta, alineada y relajada, la postura es asertiva, se muestra atención hacia el mensaje y genera confianza.

La tabla 12 facilitará la interpretación de las respuestas del interlocutor según emplee uno o los dos hombros.

Como elemento de ratificación de la información recibida de los hombros puede emplearse la posición corporal del torso. Su análisis e interpretación se basa en las posturas que puede adoptar: hacia adelante y atrás:

Posición hombros	Levantados	Caídos	Adelantados	Atrasados
Dos hombros	Nervios, vergüenza o miedo por la situación	Apatía, decepción o desilusión	Solicitud de ayuda, aún no acaba de entender el mensaje	Imposición de mi postura
Un hombro	Ganas de intervenir en la conversación	Escepticismo y duda	Desafío o defensa	Preparación para un ataque o una huida

Tabla 12. Significado de la posición de los hombros del interlocutor.

- Un torso inclinado hacia atrás con una posición abierta más que una posición de rechazo proporciona una posición de contemplación.
- Las posiciones de rechazo se ven confirmadas cuando una reclinación hacia atrás del torso se ve acompañada de una posición cerrada, de manos o piernas.
- Del mismo modo, cuando la inclinación del torso se acompaña de una postura cerrada más que de atención, se tratará de una posición de hostilidad sobre la que deberá trabajarse.

Los brazos

En esta fuente de información se hará hincapié en la valoración de dos aspectos: la extensión del brazo a la hora de gesticular y el tipo de amplitud del gesto utilizado por el receptor.

La extensión de los brazos

La extensión o el ángulo que forma el brazo y el antebrazo al gesticular hablará del nivel de tensión-relajación que está experimentando el interlocutor:

- Unos brazos extendidos indican la existencia de cierta tensión o estrés.

- Unos brazos que se hallan flexionados indican relajación y confianza.

La amplitud de los gestos con los brazos

Anatómicamente, la disposición de los brazos respecto al cuerpo podría sugerir que los movimientos más naturales tendrían que ser aquellos que pueden realizarse de forma distendida y relajada entre el cuello y la cintura, y así es, cuando la persona se siente segura y tranquila. Cuando las manos sobrepasan estos límites se evidencia una alteración en ese estado de equilibro emocional:

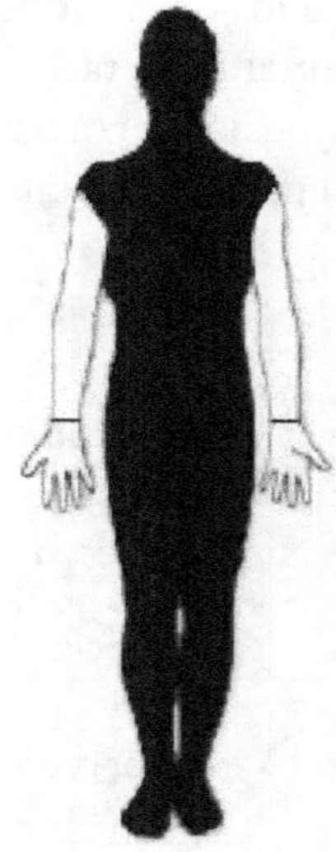

Figura 103. Brazos.

- Si el interlocutor mantiene los brazos extendidos a lo largo del cuerpo y con las manos visiblemente abiertas, se trata de una persona extravertida, sociable, abierta a las relaciones interpersonales, o que se siente muy segura de sí misma.

- Si, por el contrario, pega los brazos al cuerpo, cierra las manos y trata de esconderlas en un vano intento de impedir que digan algo inconveniente sobre sí mismo, se tratará de una persona más bien introvertida.

  Este comportamiento podría, por otro lado, significar simplemente que trata de ocultar algo que no desea que sea conocido por los demás o al menos por la persona con quien interactúa.

Si este tipo de gestualidad se produce de forma simultánea en ambas manos, se acrecienta la intensidad de las emociones transmitidas así como su veracidad.

Las manos

Los gestos realizados con las manos tienen su origen en la necesidad de gestionar las emociones a las que se está sometido. Antes de pasar a analizar gestos más concretos, se aconseja realizar una valoración sobre cuál es la posición de las manos en relación con el cuerpo:

- Si se observa a una persona con las manos abiertas y orientadas hacia su cuerpo, puede dar por seguro que estamos ante una posición de seguridad y autoafirmación (véase la figura 104).

- Por el contrario, si la posición de las manos se orienta hacia el exterior del cuerpo, el interlocutor muestra franqueza pero, sobre todo, búsqueda de contacto y de confirmación del mensaje (véase la figura 105).

Valorar la posición de las manos durante el diálogo es un mecanismo sencillo de aprender y, además, un buen indicador del nivel de comprensión y aceptación que tiene el interlocutor sobre las ideas planteadas:

- Esconder las manos detrás de la espalda, no en posición de descanso (véase la figura 106), podría mostrar un momento de retraimiento (véase la figura 107).

- Las manos sobre el estómago en los hombres es una manifestación de satisfacción y triunfalismo, sobre todo si además se procede a masajearla o golpearla

Figura 104. Autoafirmación.

Figura 105. Franqueza.

suavemente. En las mujeres, muy al contrario, suele ser un gesto de cierto malestar físico.

- Apretar el puño con fuerza. Puede indicar un momento de frustración y el modo en que el interlocutor trata de canalizarlo: por una parte, puede ocultar el pulgar entre los dedos y la palma de la mano expresando una tensión contenida (véase la figura 108), y por otra, expresar su rabia cerrando la mano pero dejando visible el pulgar (véase la figura 109).

Figura 106. Posición de descanso.

Figura 107. Momento de cierre.

Figura 108. Tensión contenida.

Figura 109. Rabia.

- Si mantiene el brazo extendido y el puño bajo, se está ante un momento de gran satisfacción, sobre todo si posiciona el puño a cierta altura (pecho, cuello, mentón).

- Si el interlocutor levanta ligeramente el índice (véase la figura 110), se está ante varias alternativas interpretativas que hay que concretar en función del contexto, pude estar tratando de:

  – Afirmarse ante los presentes.
  – Intervenir. Con este gesto se dice «quisiera intervenir y decir algo».
  – Si se sitúa entre su cara y la nuestra, indica que sería más prudente para nosotros que fuésemos más comedidos, que rebajemos nuestras insinuaciones o, incluso, pedirnos expresamente un cese inmediato de nuestro ataque.

El contacto de las manos con el cuerpo también responde a la necesidad primaria de liberar tensión: rascarse, enredarse el pelo con el dedo índice o sujetarse con fuerza cualquier parte del cuerpo son algunos ejemplos que hay que tener en cuenta por su significado no verbal.

Como se puede comprobar, la versatilidad de gestos y combinaciones es muy amplia, y por ello los agruparemos según la parte del cuerpo con la que interactúan: cara, brazos, manos, pies y otros objetos.

Figura 110. Afirmación.

La mano sobre la cara y la cabeza

Los gestos presentados en la tabla 13 son indicadores que expresan el estado de ánimo que predomina, en ese instante concreto, en nuestro interlocutor cuando realiza gestos en los que sus manos interactúan con su cara o cualquier otra estructura de su cabeza:

- Si la persona que escucha se acaricia la nariz, el contorno de la boca, los ojos o la oreja (véase la figura 111), estará diciendo que tiene dudas sobre lo que se dice, se siente contrariada e incluso puede estar pensando que no se es sincero con ella. Si estos mismos gestos se realizan mientras se habla, se está transmitiendo que no se está muy convencido de lo que se dice, que se es consciente de que lo dicho no procedía, de que se sabe que daña la propia imagen, de que se ha extralimitado en el comentario o de no estar ajustándose a la realidad o la verdad.

- Si su mano masajea o agarra su garganta se asumirá como un signo de malestar. Es un gesto que sigue a una manifestación o comportamiento, interpretado como una posible amenaza, y muestra una cierta ansiedad y preocupación. Cuando aparece la ansiedad, el cuello se siente oprimido y se produce una incontrolable necesidad de liberarlo, frotándolo con las manos y los dedos, mientras se mueve la cabeza levemente de izquierda a derecha o se trata de separar el cuello de la camisa con el dedo para liberar la opresión psicológica que se siente. Si sustituye el masaje por rascarse el cuello, la ansiedad se está traduciendo en malestar o irritación, y la mayor o menor intensidad dependerá del nivel de irritación percibido.

- Este último gesto no debe confundirse con el acto de pellizcarse o masajearse la piel del cuello con la punta del pulgar y el índice, y en ocasiones también con

	Agarrar	Frotar	Rascar	Acariciar
Mano-barbilla	Pensativo	Inseguridad	Dudas	Presunción
Mano-nariz	Concentración	Dudas	Nerviosismo	Dudas
Mano-orejas	Inseguridad	Perplejidad	Nerviosismo	Dudas
Mano-cabello	Distracción	Concentración	Sorpresa	Dudas
Mano-boca	Pensativo	Dudas	Dudas	Dudas

Tabla 13. Interacciones de las manos con la cabeza, acciones que las acompañan y situación mental que las provoca.

Figura 111. Duda, contrariedad, desconfianza, incomodidad.

la participación del dedo corazón, con este se está transmitiendo un momento de satisfacción y seguridad, incluso hay investigadores que afirman que se está mostrando su convencimiento de que sus argumentos son más contundentes y fundados que los nuestros y se halla invadido por un sentimiento de superioridad.

- Si el interlocutor apoya la mano sobre la mejilla con el índice extendido, puede pensarse que existe concentración o interés y se está prestando atención. Si toca la sien significará concentración.

- Si desde la sien o la mejilla la mano del interlocutor empieza a desplazarse hacia la boca o la barbilla evidencia una progresiva pérdida de interés, que puede finalizar con la mano o alguno de los dedos, por lo general el índice, en posición más o menos horizontal tapando la boca, en cuyo caso se estará ante un cierto malestar o desacuerdo, sujetando la barbilla, síntoma de reflexión crítica, o sujetando la cabeza, signo inequívoco de falta de interés o incluso aburrimiento (véase la figura 112). Si se tapa la boca con más de un dedo o toda la mano, manifestará una necesidad de contención mayor.

- Si el interlocutor se lleva la mano a la barbilla, el gesto es de valoración y reflexión (véanse las figuras 113 y 114), está concentrado y muy probablemente

Figura 112. Desacuerdo.

abierto a ofrecer una respuesta. En la barbilla se concentra gran parte de la expresión de las dudas y se recurre a ella cuando estas nos asaltan.

La mano sobre el brazo

Las interacciones de una mano sobre el otro brazo suelen estar relacionadas con sentimientos de incomodidad o bienestar. Estar ante una situación u otra dependerá del tipo de interacción que la mano ejerza sobre el brazo:

Figura 113. Valoración.   Figura 114. Reflexión crítica.

- Si se coge la muñeca o el antebrazo por su parte exterior, existe evidencia de contrariedad, de cierto nerviosismo, incluso de angustia. No son posiciones cómodas, y con su realización busca canalizar el estrés psicológico que le provoca una situación incómoda. La posición de su cabeza y la expresión de su cara acabará de corroborar está apreciación.

Figura 115. Bienestar, interés.

- Si se acaricia el antebrazo con la mano opuesta, la vivencia es bien distinta: es un signo de bienestar y de interés por las intervenciones (véase la figura 115). Podría concluirse que con este gesto se manifiesta simpatía hacia la propia persona. En su expresión más íntima podría muy bien estar indicando un deseo, una necesidad de acariciarse y ser acariciado.

La mano sobre la otra mano

Los gestos en los que ambas manos interactúan, interpretativamente, son especialmente complicados, ligeros matices en su realización conducirán a interpretaciones muy diferentes. Por ejemplo, un gesto muy visible y significativo es el de frotarse las

Figura 116. Duda.

manos. Si la persona que tenemos ante nosotros se frota las manos lentamente estará indicando que anticipa un beneficio «para él», pero si las frota rápida y vivamente, anticipa un beneficio mutuo.

Otro ejemplo de esta dualidad lo encontramos cuando ambas se unen entrelazando sus dedos o formando una ojiva:

Figura 117. Seguridad y confianza en uno mismo.

- Si los dedos de las manos se entrelazan, pueden aparentar un estado de cierto bienestar; sin embargo, su profundización constata un estado de duda (véase la figura 116). Este gesto posee tres posiciones principales: frente al rostro, sobre el escritorio, posición baja estando de pie. Existe coincidencia en concluir que hay una cierta relación entre la altura del cruce de dedos y la intensidad del sentimiento de duda.

- Si al formar la ojiva los dedos se confrontan, se trata de una persona que ya ha tomado una postura sobre el contenido del mensaje que se le está transmitiendo (véase la figura 117). Con toda probabilidad, será opuesta a la presentada. En cualquier caso, se trata de una posición de seguridad y confianza en uno mismo.

  El nivel de seguridad en la postura adoptada, y por tanto la intensidad con que esta se opone a la propia, se observará según la altura a la que se presenta la ojiva.

- Si durante nuestras intervenciones, el interlocutor se coge una mano con la otra por la espalda a la altura del coxis (posición de descanso), se interpretará que está relajado y tranquilo, se siente seguro de sí mismo o cree que se halla en una posición de poder. Es un gesto habitual de las personas de control y de las fuerzas de seguridad.

Las manos sobre las piernas

Cuando una persona sentada está con las manos sobre las piernas se trata de un receptor que tiene intención de generar un cambio de ritmo en la interacción, bien sea para dar por terminada la interacción, o bien para expresar un interés o deseo:

Figura 118. Intención de finalizar.

- Si la persona inclina el tronco hacia delante y apoya las manos sobre las rodillas o los brazos de la silla, no hay duda de que tiene una clara intención de dar por finalizada la interacción (véase la figura 118). Considera que esta ya no le aporta nada.

La mayor o menor inclinación del cuerpo hacia delante marcará la determinación en la intención por finalizar. Más clara es la intención si en vez de apoyar las manos sobre las rodillas, lo hace sobre los laterales de la silla.

Figura 119. Comodidad.

Si se observa un leve y continuado masaje sobre los muslos, a veces con la mano apoyada y solo con la punta de los dedos, a veces con toda la palma de la mano, su cerebro emocional trata de expresarnos un interés o deseo hacia el otro. No debe confundirse con gestos de comodidad (véase la figura 119).

La interacción de las manos con gafas y bolígrafos

La característica más destacable de estos gestos, y de ahí su gran valor como fuente de información, es la generalización de su interpretación (véase la figura 120). Se hará hincapié en las posibles interpretaciones de la interacción de las manos con gafas y bolígrafos.
Cuando las manos interactúan con unas gafas:

- Si la persona se coloca las gafas lentamente en su posición normal, está mostrando una actitud de concentración y atención hacia el mensaje.

- Si este movimiento se realiza de una forma rápida, es una señal que refleja inquietud, sensación de pérdida de tiempo o un deseo de volver al trabajo. Si estamos en una reunión y nuestro interlocutor realiza esta acción, ese es el momento límite para abordar el tema principal que motivó el encuentro.

- Si la acción que observamos es la retirada de las gafas de su posición habitual de una forma lenta, el mensaje que están lanzando es que desea dar por terminada la conversación.

Figura 120. Manos-objetos.

- Si se mete las gafas en la boca, está diciendo que se está tomando tiempo para reflexionar lo que va a decir. No quiere precipitarse.

- Si mientras se le habla se toca con las gafas levemente la boca, el lateral de la nariz, las sienes, la oreja o el cuello, tiene serias dudas sobre la fiabilidad de lo que está escuchando o le están surgiendo dudas sobre la sinceridad y la honestidad (véase la figura 121) de quien le habla. Las gafas actúan como una prolongación de sus dedos.

Figura 121. Dudas, valoración.

- Cuando las manos interactúan con un bolígrafo, los principales sentimientos o estado que refleja es la búsqueda de autoprotección y nerviosismo.

- Si realiza cualquier gesto interactivo del lápiz con la boca, el lateral de la nariz, las sienes, la oreja o el cuello, al igual que con las gafas, le embargan serias dudas sobre la rigurosidad de lo que escucha (véase la figura 122).

Figura 122. Dudas, reflexión crítica.

- Si está hablando, tendrá serias dudas sobre la fiabilidad de lo que está diciendo.

Una curiosidad propia de los gestos en los que las manos interactúan con otros elementos es la coherencia gestual, dado que este tipo de gestos se produce aun cuando se está solo. Si realmente se quiere aprender a interpretar estos gestos, debería estarse atento a esos momentos íntimos en los que se está a solas, reflexionando sobre cosas que se han oído o dicho, y si inconscientemente se realiza uno de estos gestos, controlar los pensamientos y reflexionar sobre lo que se estaba pensando justo antes de realizar el gesto, podrá entenderse el motivo y ser consciente de cuál fue la reacción automática. Este ejercicio ayudará a leer estos gestos e interpretarlos cuando los realicen otras personas.

5.3.4.2.3   Los pies

Siguiendo el orden corporal descendente en el que se trata la información que podrá obtenerse a través de la retroalimentación preactiva se llega a los pies, un elemento del cuerpo estrechamente ligado al cerebro límbico o reptil de las personas, especializado en dar respuestas automáticas ante estímulos exteriores. Este tipo de actividad automática dificulta la labor de control a la hora de gestionar los gestos. Por esta razón, hay muchos autores que defienden que los gestos que se realizan con los pies son los más auténticos.

Los pies hablan fundamentalmente a través de su postura plantar y su orientación.

Postura plantar

En una conversación, ya sea de pie o sentado, la postura plantar ayuda a conocer la actitud del interlocutor hacia el mensaje:

- Si las puntas de los pies forman un ángulo, se trata de una postura plantar cerrada, es decir, una hipotética barrera en el proceso de comunicación (véase la figura 124).

Figura 123. Los pies.

Figura 124. Pies en ángulo cerrado.   Figura 125. Pies en ángulo abierto.

Suele adoptarse cuando el sujeto trata de protegerse ante una situación incómoda.

- Si los pies abren el ángulo formado por los talones, se trata de una postura plantar abierta; con ella la persona muestra una actitud muy segura, con un claro convencimiento del mensaje emitido y la situación que vive (véase la figura 125).

Una de las situaciones más habituales que pueden producirse a nivel social es estar hablando con una persona y que se incorpore una tercera; si se desea saber de forma rápida y segura si esta persona es bien recibida en la conversación por nuestro interlocutor, solo debe mirarse cómo modifica la postura de sus pies:

- Si esta se mantiene estable y solo se produce un movimiento del torso y la cabeza para mostrar atención, la visita o la interrupción no es deseada.

- Si, por el contrario, modifica la postura plantar y la orienta hacia el nuevo interlocutor, se estará ante una interrupción deseada (véase la figura126).

- Si coloca alguno de los pies en puntillas, o levanta de forma exagerada el talón, una sensación de impaciencia embarga la persona.

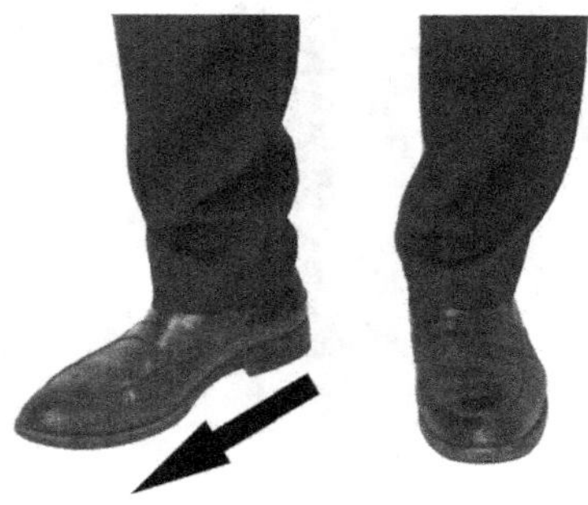

Figura 126. Foco de atención.

Tipo de orientación

- Si los pies están bien anclados al suelo, paralelos y apuntando al interlocutor, la persona está mostrando su atención y predisposición a la recepción del mensaje (véase la figura 127). Es un buen escenario comunicativo, donde se escucha con atención y los mensajes están siendo bien recibidos.

- Si uno de sus pies, y en algunos casos ambos, cambia su orientación hacia otro punto, es indicativo de pérdida de interés (véase la figura 128).

  Hay que tener en cuenta que cuando una mujer realiza este gesto de desplazamiento, será la orientación de su tobillo el que marque el foco de interés y no la punta de su pie.

Cuando los pies del interlocutor se cruzan a la altura de los tobillos es una clara señal de que tiene alguna inquietud, pero hay barreras que están evitando que sea totalmente sincero, tiene ganas de comunicar o preguntar algo, pero la situación, la imagen que se proyecta o el entorno limitan su sinceridad (véase la figura 129).

5.3.4.3 Las maneras

Las maneras, tal como se ha reflejado en el capítulo 4, hacen referencia a comportamientos y rituales y no a gestos; por ello, facilitarán información general sobre las personas con las que se interactúa (véase la figura 130). En general, la información obtenida mediante la retroalimentación no verbal hará referencia a la identificación y pertenencia de la persona a cierto grupo o colectivo, desde el punto de vista social, cultural, económico o lúdico-deportivo.

Figura 127. Atención.

Figura 128. Cambio de
foco de interés.

Figura 129. Inquietud.

Figura 130. Espera protocolaria.

En estos casos, será el conocimiento sobre los comportamientos generalizados de los posibles colectivos con los que pueda identificarse la persona lo que permita extraer conclusiones para una adecuada asignación sobre:

- Su estilo de vida.
- Su identificación psicológica (cultura adoptada).
- Su proyección personal o profesional.
- Sus gustos y preferencias.

A diferencia de la mayoría de los gestos, que permanecen inalterables dado su carácter inconsciente, las maneras, especialmente las grupales, evolucionan constantemente en sintonía con la propia evolución cultural o social de cada uno. En la actualidad, la irrupción y la generalización de este tipo de gestos se ha acelerado exponencialmente gracias a las nuevas tecnologías, así como por los fines económicos de algunas marcas comerciales que compiten por crear fantasías de identificación, proyección y pertenencia a minorías exclusivas.

Ante un gesto o ritual desconocido, serán la apariencia, es decir, los rasgos étnicos, el modo de vestir o la edad, principalmente, lo que permita una aproximación a una interpretación que, en ningún caso, se aceptará como válida, sí como un indicador de prudencia y respeto, hasta estar en disposición de poder llevar a cabo una inferencia basada en datos fundamentados. Ante un comportamiento conocido, simplemente se asumirá su significado y se valorará su adecuación en cuanto al momento y la situación.

5.3.5 Interpretar las señales cronémicas

Finalmente, en este recorrido por los sistemas de comunicación no verbal nos centraremos en detectar correctamente cómo el interlocutor actúa en relación con el tiempo (véase el esquema 49); para ello, hay que tener en cuenta aspectos como: ¿por qué se impacienta fácilmente sin motivo aparente?, ¿por qué parece no darle importancia a ciertos compromisos?, o ¿por qué mantiene una actitud más bien pasiva en los momentos en los que se debe actuar?

Si bien la valoración y la interpretación de la totalidad de gestos que aparecen en esta obra se fundamentan en datos comprobados científicamente, en el análisis cronémico hay que ser consciente de que la valoración sobre la percepción temporal de los interlocutores se realiza en comparación con la manera de entender y vivir el tiempo que se posee. La perspectiva temporal occidental predominante es lineal; por eso, cuando el interlocutor parece no darle la misma importancia al tiempo y actúa como si este no existiera o sencillamente parece no tener prisa por zanjar temas tratados, se tiende a confundirlo con una persona indecisa o sin capacidad para tomar decisiones, sin tener en cuenta que podría tratarse de una persona con una visión circular del tiempo (véase la figura 131).

Estar preparado mentalmente para enfrentarse a una situación en la que muy probablemente habrá que aparcar o renunciar a la propia manera de entender el tempo y los compases con los que se marcaría el ritmo del inicio, intercambio y final del encuentro, ayudará a evitar, por un lado, manifestar abiertamente contrariedad,

Esquema 49. Sistema cronémico de retroalimentación proactiva.

y por otro, y más grave, exhibir ausencia de sincronización con la otra persona al avanzar con el paso cambiado.

Cada día se encuentra más información acerca de los aspectos relacionados con la comunicación no verbal. Este constante crecimiento de las aportaciones sobre la materia permite mejorar los conocimientos de determinadas situaciones y optimizar las formas de actuar ante ellas.

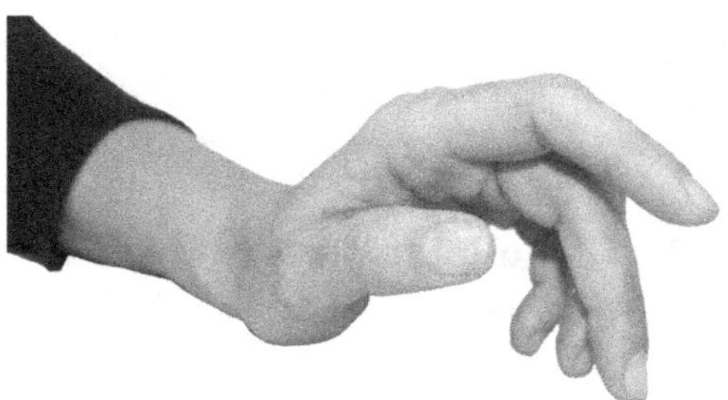

Figura 131. Nerviosismo.

La función de la retroalimentación es ayudar a conseguir los objetivos comunicativos; es decir, poder llegar a acuerdos con los interlocutores cuando esto sea posible. En esta línea de trabajo, la comunicación no verbal es un apoyo de la comunicación verbal, y hay que utilizarla de forma complementaria a la comunicación de contenidos, sin entender la comunicación no verbal de forma autónoma y con significado en sí misma, sino como un elemento paralelo a la verbal.

Está claro que por muy buen lector de la comunicación no verbal o por muy buen analista de la comunicación no verbal que se sea, si no se dominan los contenidos abordados, los resultados comunicacionales no mejorarán. No hay que olvidar que comprender el significado de los contenidos es la parte más importante de la comunicación.

Gambrill y Richey[6] concluyeron que existían dos aspectos que había que mejorar en el empleo de la retroalimentación: el primero, la retroalimentación negativa o crítica, y el segundo, la ausencia de retroalimentación en la mayoría de los procesos comunicativos. Las conclusiones de este estudio de hace 25 años pusieron de manifiesto que el problema de la mayoría de los procesos de comunicación actuales están relacionados con la ausencia de retroalimentación. En algunas ocasiones, esta ausencia será voluntaria, pero en muchas otras ocasiones es por desconocimiento de las distintas formas de obtener este tipo de información.

Una buena acción de retroalimentación será aquella que sea capaz de detectar los obstáculos que la estrategia comunicativa pueda encontrar y, además, proporcione la posibilidad de corregir las desviaciones sufridas por el mensaje inicial.

La batería de preguntas presentada en el modelo GOHE así como todos los contenidos relacionados con la comunicación no verbal presentados en este capítulo

---

[6] E. D. Gambrill y C. A. Richey, «An assertion inventory for use in assessment and research», *Behavior Therapy*, 6, 550-561, 1975.

son herramientas de las que ahora se dispone para analizar el estado de percepción del mensaje por parte del interlocutor.

5.4 Cómo evitar inferencias erróneas a través de la comunicación no verbal

La comunicación no verbal es una fuente de información valiosa acerca de las emociones e intenciones de los interlocutores. Para utilizar correctamente la información que se obtiene de ella no hay que apresurarse en obtener conclusiones. Un impulso comprensible después de haber recibido toda la información aportada sobre los significados de las posiciones corporales es lanzarse a extraer consecuencias de cualquier situación comunicativa basándose en un solo elemento o señal no verbal. Este tipo de actitud suele favorecer los errores de interpretación.

Se recomienda para todas aquellas personas que se inician en la interpretación de la comunicación no verbal que, antes de ponerse a analizar la información no verbal, se concentren en interiorizar las siguientes cuatro normas de interpretación para evitar inferencias erróneas.

1. **Conocer cuál es *la cultura* de un interlocutor**

   La comunicación no verbal no es infalible, ni perfecta y mucho menos universal; por desgracia, la información no verbal es algo variable y propia de cada cultura. Bien es cierto que A. Meharabian confirmó la importancia de la comunicación no verbal en la comunicación entre las personas, otorgándole un 93 % de importancia en la transmisión de emociones, pero ante un interlocutor que no habla el idioma, por muy experto que se sea en el conocimiento de la comunicación no verbal, no podrá haber entendimiento; por esta razón, en primer lugar, habrá que ser capaz de darle el valor adecuado.

   Con esta advertencia en mente, es importante tener en cuenta la necesidad de conocer el origen cultural del interlocutor, si se desea profundizar en la interpretación de las señales no verbales. No hacerlo condicionará todas las conclusiones futuras sobre su lenguaje corporal y podrá conducir a interpretaciones desafortunadas sobre su significado real, ya que se estarán aplicando los filtros de análisis del lenguaje del cuerpo según la cultura propia, cuando debería aplicarse los propios de la suya.

   Este tipo de análisis se hace más necesario cuando el interlocutor se encuentra en un momento estresante, puesto que, en este tipo de situaciones, las dificultades de control emocional hacen actuar de forma más natural y siguiendo las costumbres ancestrales. Entender la cultura del interlocutor implica tener conciencia de sus gustos sociales, preferencias vitales e incluso los lugares de origen o de referencia personales (aficiones, intereses, etc.); de esta forma, podrán establecerse valoraciones coherentes sobre su forma de ser y pensar.

2. Conocer cuál es *el contexto* que rodea a un interlocutor y la situación

Todos los profesionales de la comunicación no verbal están de acuerdo en que el lenguaje corporal no puede interpretarse de forma aislada, sino que debe valorarse dentro de un contexto. El contexto aporta la información necesaria para poder comprender de forma correcta las razones de la actividad corporal. Por tanto, no deben extraerse conclusiones del significado de las señales no verbales observadas sin valorar su relación con el contexto donde se producen.

Un individuo con traje y corbata azul oscuro, camisa blanca, zapatos italianos y con un maletín en la mano, que no para de moverse hacia la derecha o hacia la izquierda. Este tipo de información es una primera señal sobre el estado de tensión del interlocutor. Una tensión razonable si se lo coloca en un andén de tren y se explica que su transporte habitual lleva 45 minutos de retraso, *pero todo cambia si este comportamiento se produce durante una entrevista de selección de personal.*

La vida real aporta multitud de situaciones que permiten afirmar que el contexto, en el sentido más amplio de la palabra, complementa de modo significativo la gestualidad de las personas y llega hasta el extremo de poder cambiar completamente el significado.

3. Conocer cuáles son *los hábitos,* posiciones o lenguaje corporal habitual del interlocutor

En la interpretación de los mensajes no verbales también resulta muy necesario conocer cuál es el desempeño corporal habitual de los interlocutores, para poder extraer conclusiones eficaces sobre su gestualidad. Por esta razón, es conveniente dedicar siempre que sea posible un tiempo a analizar cuál es el lenguaje corporal habitual de los colaboradores, y será el conocimiento de sus pautas y frecuencias de base lo que nos permitirá valorar correctamente el significado de las señales no verbales generadas por esa persona.

4. La coherencia de las señales no verbales

Cuando el cuerpo trasmite una sensación de euforia, ira o decepción, lo hace generando múltiples señales no verbales desde los diferentes sistemas de comunicación. En circunstancias normales, esta transmisión múltiple se realiza siempre de una forma coherente y en la misma dirección. Por esta razón, la mejor manera de dar validez a la información que puede obtenerse de la comunicación no verbal es confirmarla mediante señales obtenidas a través de otros canales de comunicación no verbal.

La mejor forma de aumentar la eficacia a la hora de interpretar los mensajes no verbales del interlocutor es identificar grupos de gestos más que acciones individuales. Esta regla suele concretarse sugiriendo que para poder tener en cuenta una sensación o emoción percibidas a través de señales no verbales deben darse como mínimo las siguientes condiciones:

- Que se observen como mínimo tres señales no verbales en una misma dirección.
- Que la información se reitere en dos o más sistemas de comunicación no verbal diferentes (quinésico, paralingüístico, proxémico, etc.).

Bien es cierto que siempre hay un primer indicio que nos permite poner en marcha los sistemas de detección, pero no es menos cierto que el ser humano es un ser de contrastes, y en determinadas ocasiones, por error en la observación o interpretación de las señales no verbales, y en otros momentos en los que el sujeto emisor está modificando su percepción o simplemente está aportando una información incorrecta, podrá observarse que hay discordancia entre las señales detectadas. La actitud en ese momento debe ser sencillamente evitar establecer prejuicios sobre la propuesta o mensaje del interlocutor y seguir valorando sus aportaciones según el contenido verbal explicitado.

Como conclusión a estas cuatro normas, no puede olvidarse que la principal utilidad de la comunicación no verbal es permitir, mediante un canal paralelo, validar la veracidad y la fiabilidad del mensaje que se transmite. Por esta razón, se continúa recomendando que la información que se obtiene mediante la interpretación de este tipo de mensajes sea siempre confirmada y corroborada con la que llega de forma explícita a través de los contenidos orales.

Un ejemplo que permite visualizar lo expuesto en los párrafos anteriores puede ser el de un profesor impartiendo alguna clase y percatándose de que uno de sus alumnos tiene la espalda reclinada hacia atrás en su asiento. El profesor podría deducir inicialmente que ese alumno está desconectado de su clase. En esta situación es conveniente valorar la expresión facial del alumno para denotar la dirección de su mirada, la ubicación de su cabeza en relación con el cuerpo y cualquier otro posible gesto significativo. En muchas ocasiones, la primera postura no es solo indicación de que se está ante un alumno que no le interesa el mensaje, sino que puede tratarse simplemente de una posición corporal cómoda.

Solo cuando en un diálogo o presentación pública se identifique en el interlocutor un mínimo de tres señales no verbales en diferentes ámbitos corporales y en una misma dirección, podrá darse validez a su información no verbal.

Capítulo 6
La adaptación

Una de las diferencias más notables que existen entre el hombre y el resto de especies que configuran el reino animal es su capacidad de adaptación, proceso por el cual ha desarrollado las habilidades necesarias para dominar ciertos fenómenos de la naturaleza y sus encuentros con otros seres vivos. Lo curioso del caso es que, disponiendo de este increíble potencial, apenas lo emplee para lograr sus objetivos personales y profesionales fortaleciendo las vías de cooperación y colaboración. En su lugar, suele enzarzarse en conflictos sin ningún tipo de beneficio.

Cuando en el modelo GOHE se habla de adaptación, se está haciendo referencia a la modificación de la conducta en función de la respuesta que aporta el interlocutor (véanse los esquemas 50 y 51). En este sentido, los cambios adaptativos introducidos en la manera de interactuar permitirán realizar:

Esquema 50. Etapas del modelo GOHE.

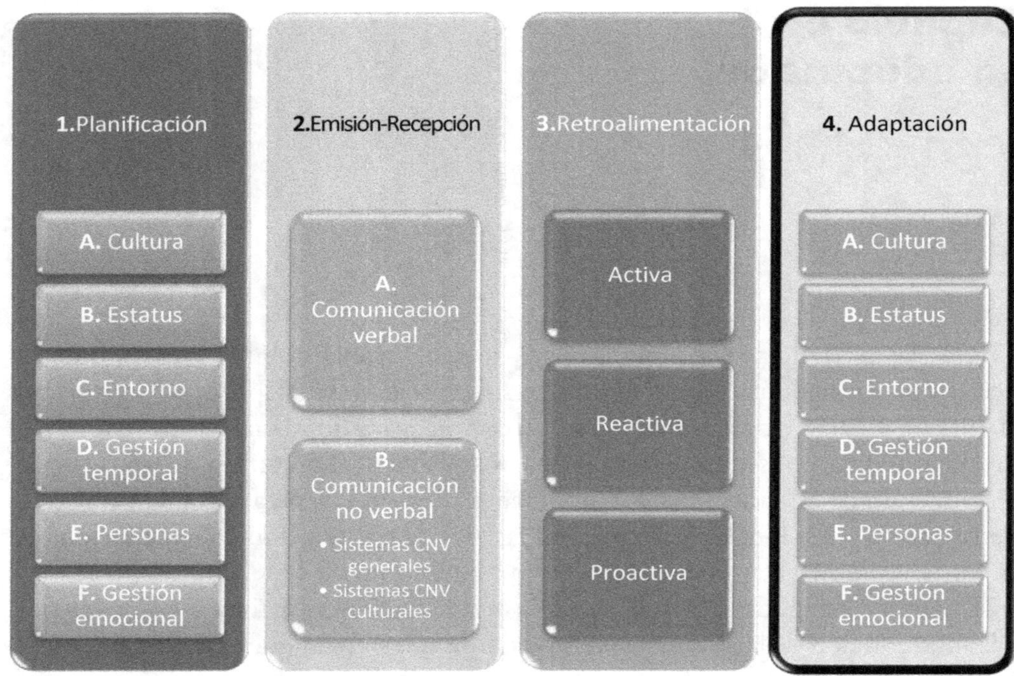

Esquema 51. Modelo GOHE: etapa de la adaptación.

– Cambios que pueden realizarse en la planificación comunicativa de futuros encuentros sociales o profesionales: actualizar los conocimientos sobre la cultura de los interlocutores, sustituir o modificar el entorno, eliminar complementos personales innecesarios, controlar los prejuicios cognitivos y dominar la influencia de los estereotipos.
– Cambios que se introducirán a medida que va transcurriendo el encuentro, como son: controlar adecuadamente los tiempos, las propias emociones y las que se provocan en el otro, gestionar convenientemente la regulación de las intervenciones, reorientar el discurso, etc.

El objetivo principal de esta etapa es adecuar las formas de comunicar las propuestas para facilitar la consecución de nuestros objetivos comunicativos.

6.1 Adaptación a la cultura

La cultura puede definirse como el compendio de pequeños hábitos personales que acaban configurando un conjunto de actitudes sociales compartidas por una comunidad.

Conseguir dominar la totalidad de estos hábitos resulta un deseo bien intencionado pero difícil de obtener; por ello, proponemos que, sin dejar de investigar y profundizar en su conocimiento, se mantenga, sobre todo en los primeros instantes de los contactos sociales, una postura abierta y perceptiva en la que no se dé nada por sentado.

En la cultura occidental, por ejemplo, en la primera toma de contacto profesional suele producirse un intercambio de tarjetas; sin embargo, la atención que se presta a este objeto de presentación personal es mínimo, ya que de forma inmediata y con la mayor naturalidad se guarda, bien sea en la cartera, bien en el bolsillo de la chaqueta. Ahora bien, si este intercambio de tarjetas se produce con una persona de origen oriental, esta misma actitud será interpretada por el interlocutor como una falta de educación muy grave. Sus intercambios de tarjetas se caracterizan por tres tiempos muy claramente delimitados:

1. Intercambio de tarjetas, entregándolas y recogiéndolas con las dos manos.
2. Dedicar unos segundos a la valoración del aspecto de las mismas.
3. Reconocimiento de su calidad y contenido, guardándola con sumo cuidado.

Cualquier incumplimiento de este sencillo ritual social será interpretado como una falta de respeto hacia el interlocutor.

La adaptación a la cultura del interlocutor, sobre todo en la fase inicial del encuentro, debe centrarse en lograr que la propia imagen no produzca un impacto negativo debido a:

- La manera de vestir.
- Los complementos personales.
- La distancia que se mantenga respecto al interlocutor.
- La amplitud de los gestos.

Los esfuerzos deben orientarse hacia la recopilación de información sobre la cultura, los comportamientos y los gestos del interlocutor, lo que nos facilitará sintonizar con él a través de la reproducción de esos comportamientos y gestos. En términos de supervivencia animal, igual que lo hacen el resto de los seres vivos, hay que conseguir mimetizarse a sus ojos, de manera que, por un lado, su percepción sea de iguales, y, por otro, no observen nada que les pueda sorprender negativamente (véase la figura 132).

Los pasos que hay que seguir serían:

- Aproximarnos con postura abierta o comedida, según el caso.
- Sonreír (es percibido positivamente en todas las culturas).

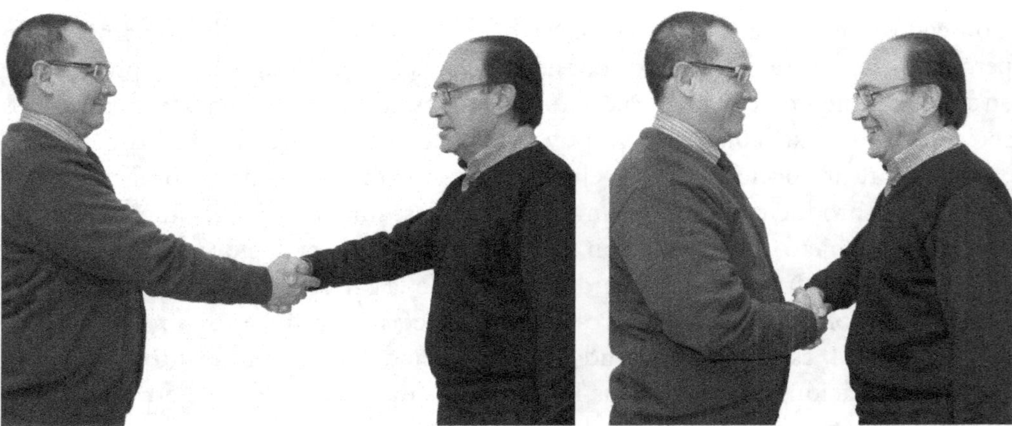

Figura 132. Respeto a la distancia personal.

– Observar y mantener la distancia a la que se detiene frente a nosotros y respetarla. No hay que violar su distancia íntima en ningún momento de la conversación (próxima si la cultura es de contacto, prudente si es de no contacto).
– Realizar el ritual de saludo apropiado al momento; en caso de desconocerlo, dar la mano es un saludo aceptado internacionalmente.
– Por defecto, no hay que tocar al interlocutor salvo que él lo haga. Despedirse reproduciendo el ritual empleado en el saludo.

Figura 133. Muestra de simpatía.

En cualquier caso, la naturalidad, junto a la empatía, son claves que hay que respetar y aplicar siempre que se pueda (véase la figura 133). El saludo, las formas de iniciar los contactos sociales o la lengua utilizada habitualmente por nuestros interlocutores son detalles que permiten mostrar una postura positiva en los primeros instantes de cualquier relación.

Durante la conversación, si el interlocutor posee una lengua materna distinta a la propia, más que un problema puede resultar un factor de aproximación. Realizar un esfuerzo mostrando respeto y tratando de emplear algunas de sus expresiones o simplemente solicitar la expresión o pronunciación adecuada, provocará un retorno a nivel emocional. Nuestra predisposición para acercarnos al interlocutor, siempre que esto se realice de forma natural, fomentará la creación de un estado de confort en la relación, que siempre será positivo para la consecución de los objetivos comunicativos.

6.2 Adaptación al estatus

Para abordar de forma adecuada este factor, debe tenerse en cuenta cómo anticipará el interlocutor el tipo de relación: como complementaria o en un plano de igualdad.

Un ejemplo muy claro se encuentra en la cultura japonesa, en la que, como ya indicábamos anteriormente, desde el saludo inicial existe la obligación de adaptación al estatus del interlocutor. La forma habitual de saludarse es una inclinación del torso y cabeza, en el mismo plano, con las manos a los lados en el caso de los hombres y con las manos unidas en el caso de las mujeres, con un grado máximo de 45 grados. El grado de inclinación esperado por ambas partes es el que se correspondería con la posición de cada uno respecto al otro. Quien ocupa la posición inferior debe realizar una mayor inclinación. Ante una persona de cultura japonesa, el grado de inclinación deberá ser superior al realizado por el interlocutor, mostrando de esta manera respeto, pero siempre dentro de unos límites. Cuando una inclinación supere los 45 grados, se tratará de una disculpa pública o un ritual religioso.

Ante la perspectiva de un encuentro en el que el interlocutor utilizará una posición complementaria, porque se sienta superior, en posición de dominancia, o se sienta inferior, en posición de sumisión, como se verá, el comportamiento no verbal, en un caso, estará orientado a hacer sentir al interlocutor que el resultado final se ha alcanzado bajo las bases por él planteadas o en propuestas beneficiosas para él y, en el otro, simplemente perseverar en los propios objetivos, empleando la escucha activa, la empatía y la propuesta de soluciones beneficiosas para ambas partes:

- Si se anticipa que el interlocutor planteará el encuentro desde una perspectiva de dominancia, se iniciará el contacto con mensajes de aceptación de su prevalencia y de manera progresiva se reorientará el contenido de la conversación a través de mensajes verbales cargados de matices de sugestión. Es decir, mensajes que le hagan creer que lo que hace o dice lo hace guiado por sus razones y no por las del otro. Para ello se deberá estar dispuesto a:

  1. Prestar atención con una actitud de escucha activa.
  2. Provocar la aparición de determinados deseos en el interlocutor (motivos, hábitos, intereses).

3. Conectar esos deseos con los objetivos propios.
4. Incitar a adquirir un compromiso de actuación.

Para ello emplearemos técnicas como:

– Aceptar momentáneamente la situación tal como la percibe nuestro interlocutor.
– Emitir los primeros mensajes con la mayor naturalidad posible.
– Hablarle positivamente de él.
– Hacerle preguntas cuya respuesta sabemos será «sí».
– Solicitar su opinión con la fórmula «qué le parece a usted».
– Centrar la interacción en los contenidos si existe la percepción de que se está en un plano inferior (véanse las figuras 134 y 135). Se emplearán argumentos objetivos y demostrables, acompañándolos con una postura global y gestos de confianza y seguridad, pero no de prepotencia. Es importante mostrarse seguro al manifestar las propias opiniones.
– Hacerle ver qué es lo que harían otros que son para él referentes a seguir.
– Hacer concesiones que obligan a corresponder también con concesiones.
– En la medida de lo posible, proporcionarle dos alternativas donde elegir, am-

Figura 134. Autoafirmación.

Figura 135. Superioridad.

bas buenas para los propios intereses, y una de ellas poco más que inaceptable para los suyos.

— Utilizar las sinergias posturales y verbales, copiando sus gestos y empleando sus vocablos.

— Despedirse anticipándose en el saludo y presentándole una mano vertical (asertiva).

Como se verá, en primer lugar, la aceptación de su superioridad se refuerza con mensajes no verbales de aceptación de la misma, para posteriormente, pasar a gestos de imitación y manifestaciones de confianza y seguridad en uno mismo. Se evitarán los gestos violentos, rápidos, de evidente agresividad o que puedan percibirse como un cuestionamiento abierto de su posición; sobre todo, se evitarán gestos de desprecio, como pueden ser expresiones de sorpresa, rechazo o muecas significativas.

«El impulso más profundo de la naturaleza humana es el deseo de ser importante.» (John Dewey)

- Si, por el contrario, se cree que el interlocutor se presentará con una actitud de inferioridad, habrá que estar preparados para transmitir mensajes que infundan tranquilidad, confianza y seguridad, como pueden ser:

  — El saludo debe ser una clara manifestación de igualdad y respeto, sin tomarse ninguna libertad como pueda ser tocarle con la otra mano.
  — Adoptar una postura global distendida, relajada y abierta.
  — Sustituir los gestos enérgicos por otros más suaves y lentos.
  — No levantar la voz en ningún momento.
  — No monopolizar la conversación, empleando gestos reguladores que permitan incitarle a intervenir y potenciar su participación, por ejemplo: haciéndole preguntas que le sean fáciles de contestar o realizando pausas en el discurso para facilitar su intervención.

«El principio más profundo del carácter humano es el anhelo de ser apreciado.» (Williams James)

6.3   Adaptación al entorno

El proceso de interacción interpersonal arranca cuando dos personas empiezan a compartir un espacio y entran en contacto, bien a través de contacto ocular, o bien al percibirse mutuamente por algún otro sentido. Ante esta situación, el cerebro emocional nos hace reaccionar como primates que observan a otro miembro del grupo. Lo primero que nos preocupa es descubrir cómo nos hace sentir su presencia: ¿nos alegra o disgusta?, ¿nos hace sentir seguros o percibimos un peligro? En segundo lugar, descubrir sus intenciones: ¿representa o no una amenaza? Lo tercero es descubrir cómo es: ¿es dominante o inseguro?, ¿tiene confianza en sí mismo o parece nervioso?, ¿es valiente o miedoso?

El entorno y los primeros mensajes no verbales emitidos son los más importantes, condicionarán la aceptación o el rechazo entre interlocutores y, con ello, la predisposición a colaborar para lograr un intercambio cordial y satisfactorio. Los gestos que se producirán una vez sobrepasado este primer instante pierden fuerza e influencia en esa aceptación o rechazo, ya que la misma continuidad del contacto implica una cierta aceptación. Lo que no quiere decir que se esté cómodo y abierto a la relación.

La prioridad en este caso es tratar de hacerse una composición sobre la situación que enmarcará la relación. La propia imagen, los complementos personales y los comportamientos que se desplegarán deberán seleccionarse en función de la razón de ser del encuentro. De la misma manera que se entiende que no será igual prepararse para asistir a una boda que a un funeral.

El análisis del entorno debe proporcionar una idea, lo más clara posible, de la situación que envolverá el encuentro. Hay que recordar que en este apartado se incluye el espacio físico y todos aquellos elementos que pueden percibirse. La adaptación al entorno se plantea desde dos perspectivas distintas:

- Aquella en la que es necesario adaptar el entorno al huésped, si se es quien ejerce de anfitrión y el encuentro tiene lugar en el propio territorio.
- Aquellas en las que hay que adaptarse a la situación y el lugar escogido por el interlocutor y en las que se ejerce el papel de invitado.

Adaptación del entorno

Estar mentalizado de los pormenores sobre la situación y el motivo del encuentro será lo que determine cómo se utilizarán los elementos que forman parte del entorno y, con ello, su versatilidad, adaptando, en la medida de lo posible, todos los elementos con posibilidad de ser modificados. El objetivo: adecuarlo a la situación y el motivo del encuentro para que nuestro interlocutor se sienta acogido, aceptado y tenido en cuenta, evitando impresiones como: frialdad o incomodidad.

Hay que centrar nuestras reflexiones al respecto en los siguientes puntos:

- Analizar la situación o marco en el que se producirá el encuentro.
- Descongestionar el espacio si está excesivamente cargado.
- Determinar qué elementos del entorno es posible modificar y jugar con ellos: tipo de mesa, orientación de las sillas, ubicación de las personas, etc.
- Establecer cuál será la imagen personal más adecuada: vestimenta, complementos, etc.
- Escoger el ambiente musical (si procede).
- Acondicionar la climatización para alcanzar el apropiado nivel de confort.
- Eliminar cualquier elemento decorativo susceptible de transmitir ideologías o valores opuestos a los de nuestro invitado.

Adaptación al entorno escogido por nuestro interlocutor

De nuevo hay que anticipar información, obviando, en la medida de lo posible, las especulaciones gratuitas sobre la situación y el entorno en el que tendrá lugar el encuentro:

- Adecuar la vestimenta a las condiciones ambientales: al aire libre, en interior, frío, calor, etc. (véase la figura 136).
- No tratar de impresionar. Recuerde la importancia de la primera impresión y que la primera de sus reglas es, como mínimo, que no sea negativa.
- Evitar estilos y complementos personales rompedores.
- Mantener una postura abierta y receptiva incluso en momentos tristes. En estos casos, imitar los gestos del interlocutor solo contribuirá a reafirmar e incrementar su pesar.
- Tratar de colocarse en una posición de colaboración.

En cualquier caso, sean cuales sean las circunstancias del encuentro, hay que procurar experimentar sensaciones agradables. Con ello, se predispondrá el ánimo para que el cuerpo se relaje, abra y muestre receptivo, condicionando y

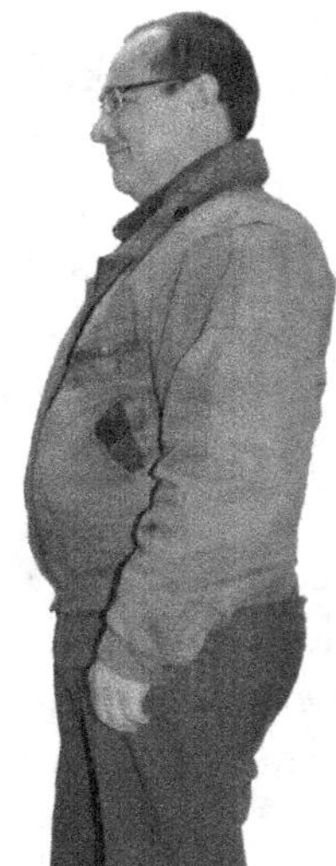

Figura 136. Vestimenta.

modificando la actitud con la que se acude al encuentro y, con ello, podrá, en unas circunstancias, disfrutar de unos momentos agradables y, en otras, contribuir a mejorar el bienestar de aquellos cuyo estado de ánimo requiera ser reconfortado.

6.4   Adaptación temporal

Toda interacción, por muy cordial y satisfactoria que resulte, está claramente marcada por un «tempo» que la delimita y estructura. El proceso de adaptación cronémica se inicia en el mismo instante en el que se acuerda mantener el encuentro. Existirán situaciones en las que el encuentro sea un acto programado y otras en que este se producirá de manera fortuita, la diferencia entre uno y otro, las mayores posibilidades de planificar adecuadamente el mismo.

El ejemplo del Sr. García y el Sr. Schmidt, relatado en el capítulo 4, es claramente significativo respecto a las consecuencias que pueden llegar a tener una falta de adaptación a los ritmos y distribución del tiempo de los interlocutores. Del mismo modo, el ejemplo pone de manifiesto que dicha adaptación adquiere mayor relevancia si los encuentros se enmarcan en un contexto profesional.

El corto espacio de tiempo que dura la toma de contacto nos debe permitir recoger información sobre: la «distancia de confort relacional» (cultura de procedencia), el tipo de persona que se tiene delante (dominante, sumisa o asertiva) y el modo en que concibe y vive el tiempo. Finalizada esta valoración, se entra en una fase que se caracteriza fundamentalmente por profundizar en los contenidos y los sentimientos iniciales, bien sea confirmándolos o reformulándolos.

Si el encuentro es profesional, en primer lugar se habrá de contemplar en qué medida ese tipo de encuentro está sujeto a una planificación temporal, sea explícita o implícitamente. En el caso de disponer de una temporalización, se ha de acudir predispuesto a respetarla. Serán los objetivos o el anfitrión los que determinarán si esta será alterada o no.

La adaptación al *tempo* del interlocutor supondrá, en algunos casos, un esfuerzo importante. Para lograr el objetivo propuesto se habrá de:

- Establecer la cultura temporal del interlocutor: tendencia lineal o circular.
- Ser puntual. Aunque tengamos la certeza más absoluta de que nuestro anfitrión pertenece a una cultura temporal de tipo circular. No puede cometerse el error de presuponer que los otros nunca cambian sus hábitos.
- Mantener el ritmo de dicción expositiva dentro de los límites de comprensión, aproximándose al límite inferior si su concepto del tiempo es circular, o al superior si es lineal.

- Acelerar o ralentizar las propias intervenciones en función del ritmo del interlocutor, deteniéndose solamente en los aspectos que se consideran esenciales (véase la figura 137).
- Valorar el coste-beneficio de una adaptación excesiva a su manera de entender el tiempo, y bien incrementar el ritmo y centrar la conversación, o bien ralentizar el ritmo y relajar la situación introduciendo aspectos colaterales que restan seriedad al encuentro, según convenga.
- Valorar cuándo es el momento para introducir y enfrentarse al verdadero motivo que justifica el encuentro.
- Tomar conciencia de cuándo debe iniciarse y cuándo darse por finalizada cada fase del encuentro.

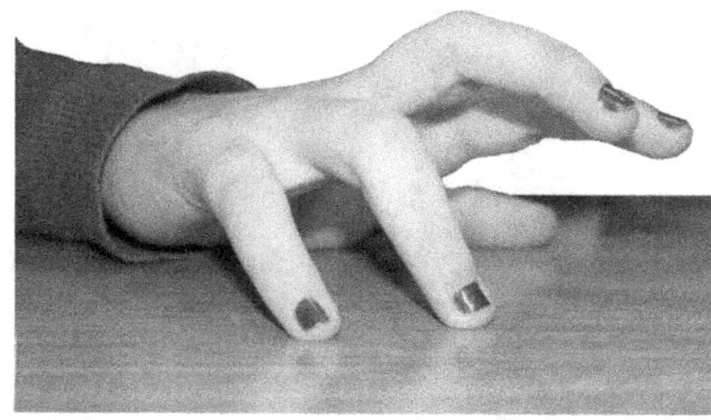

Figura 137. Nerviosismo.

Del mismo modo que hemos explicado la posibilidad de establecer sinergias posturales y verbales, imitando los movimientos corporales o utilizando algunos términos lingüísticos propios de nuestro interlocutor, para fomentar una mejor relación entre las partes y posibilitar la consecución de los objetivos comunicacionales propuestos, en la adaptación temporal hay que poner en marcha las sinergias temporales, adaptando la propia forma de entender la gestión del tiempo, particular e intransferible, a la del interlocutor:

- Si el interlocutor evidencia claramente que el tiempo es importante para él: se mueve, habla rápido, se impacienta o da muestras de nerviosismo cuando se le habla, hay que evitar las divagaciones y los temas colaterales y centrarse exclusivamente en los motivos que justifican la conversación.

- Si se trata de un encuentro social, será el concepto temporal del interlocutor el que determinará el ritmo de las intervenciones; así, si se trata de alguien con una visión lineal del tiempo, se actuará como en un encuentro profesional, es decir, saludo protocolario e intercambio centrado en los motivos.

- Si, en ese mismo encuentro social, la persona tiene un concepto circular del tiempo, se considerará que en ellas predomina sentirse bien y disfrutar de la relación, todo lo demás pasará a un segundo plano, por lo que habrá que asumir una fase de intercambio prolongada y una fase de despedida no previsible.

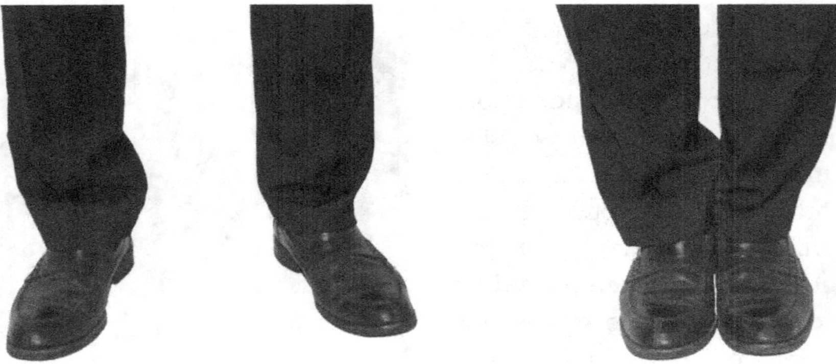

Figura 138. Postura plantar.

Valorar la postura plantar del interlocutor es otra manera de conocer si encuentra adecuado el ritmo del encuentro (véase la figura 138). Cuando presenta una postura plantar abierta, ángulo formado por los talones de los pies muy abiertos, será indicativo de que se halla relajado y cómodo, mientras que una postura plantar cerrada, ausencia de ángulo o invertida, anunciará que algo no se está produciendo como a él le gustaría.

Sea cual sea la duración del intercambio, se llegará a un punto en el que se deberá proceder a su conclusión. La sensación de que ya es hora de ir despidiéndose no suele percibirse a la vez por los participantes, y siempre hay un interlocutor que siente, antes que el otro u otros, la necesidad de ir cerrando el encuentro al entender que este ya no le está aportando nada nuevo o interesante.

El proceso que sigue la toma de conciencia, de que se debe finalizar, se inicia con una repentina desconcentración o descenso en la atención que presta el interlocutor:

- La mirada se pierde, centrándose más en sus propios pensamientos y en aquellos otros asuntos que le preocupan (véase la figura 139).

- Sus pies se giran mostrando la dirección de la puerta o sus manos se apoyan sobre las piernas o los brazos de la silla, en señal de falta de interés y la aparición de una intención de dar por terminado el encuentro (véase la figura 140).

Figura 139. Mirada. perdida

Llegados a este punto, deberá cerrarse de la mejor manera posible la reunión de trabajo sin precipitaciones ni muestras de nerviosismo. Haya sucedido lo que haya sucedido, se agradecerá la atención que ha dispensado el interlocutor o se verbalizará la satisfacción que se ha sentido al encontrarse con él y se procederá a despedirse poniendo en marcha el ritual que corresponda en función del saludo que dio inicio a la relación.

Probablemente, alguien no estará de acuerdo con estas afirmaciones; sin embargo, creemos que, independientemente del resultado de la interacción, siempre hay que procurar despedirse con un mínimo de contacto físico. Ante la duda, se recomienda ofrecer la mano a modo de despedida, manteniendo una distancia próxima a la de una cultura de no contacto, y que sea el interlocutor quien se defina en su respuesta al ofrecimiento.

Figura 140. Punto de interés.

6.5 Adaptación a las personas

El planteamiento de partida ante cualquier encuentro no puede ser otro que poner en práctica uno de los valores más fundamentales de la condición humana: el respeto hacia la singularidad y las diferencias del otro. Cualquier enfoque que no se base en la aceptación del otro difícilmente logrará ser aceptado por él.

Este factor nos debe hacer reflexionar, al menos un momento, sobre los prejuicios, de tal manera que pueda disponerse de una oportunidad para gestionarlos. El objetivo es estar preparado para evitar las consecuencias negativas que tendrán las generalizaciones basadas en estereotipos y prejuicios cognitivos si no se es capaz de controlar los propios pensamientos.

Adaptación al sistema de representación/estilo de comunicación

Difícilmente se sabrá de antemano cuál es el sistema de representación y el estilo comunicativo del futuro interlocutor. En este caso, probablemente más que en cualquier otro, es necesario haber tenido un mínimo de intercambios para establecerlo.

Esta adaptación dependerá de la habilidad para observar y escuchar las palabras que emplea:

- Si se interactúa con una persona visual, deberán tenerse en cuenta algunas de las características de su sistema representativo y emplear los recursos más apropiados:

  - Emplear términos relacionados con el sentido de la vista: imágenes, colores, formas o movimiento.
  - Hacerle visualizar (imaginar) aquello de lo que estamos hablando.
  - Hablar con una velocidad alta, cercana a las 190 palabras por minuto.
  - Gesticular visiblemente.
  - Buscar áreas bien iluminadas.
  - Mirarle a los ojos (contacto ocular por encima del 60 % del tiempo).
  - Hablarle en término de futuro. Este modo de pensar predomina sobre el pasado.
  - Evitar recurrir al pasado.

- Si se trata de una persona auditiva, de igual modo habrá que considerar las principales características que las definen, y en consecuencia:

  - Emplear términos relacionados con el sentido del oído.
  - Hablar con una velocidad baja, próxima a las 125 palabras por minuto.
  - Emplear conceptos y términos precisos y concretos.
  - Limitar el contacto ocular a la media. Sobre todo no excederse.
  - Tratar los temas desde cualquier perspectiva temporal, pasado, presente o futuro, ya que en estas personas no existe una predominancia.
  - Hablar rítmicamente y con entonación.
  - Evitar la monotonía en la expresión.

- Finalmente, no puede olvidarse que es posible encontrarse con personas cinestésicas; en estos casos, es importante:

  - Considerar que, además de cinestésicos, pueden ser visuales o auditivos.
  - Tratar de hacerle experimentar sensaciones.
  - Emplear un lenguaje cargado de emotividad.
  - Hacerle acariciar, tocar objetos.
  - Emplear vocabulario relacionado con texturas, densidades, pesos, sensaciones térmicas, olores, etc.

Adaptación al tipo de relación

El tipo de relación que se establece con otras personas dependerá de dos factores muy importantes relacionados con nuestra estructura cerebral dividida en dos hemisferios: el nivel de satisfacción que se extrae de la relación y el nivel de acuerdo en los contenidos. Como puede observarse, cada uno de estos factores está íntimamente vinculado con uno de los hemisferios, y ambos luchan por tratar de lograr la mayor aportación posible para lograr su cometido, uno tratando de alcanzar el mayor equilibrio emocional posible, y el otro la mayor consistencia argumental. La relación ideal será aquella en la que uno percibe que esta es satisfactoria, y el otro, que es estable, es decir, que se está de acuerdo en los contenidos y además existe una aceptación incondicional del otro. Sin embargo, esto no siempre es posible, y dependerá de la voluntad de las dos o una de las partes tratar de, si no se alcanza esta situación ideal, por lo menos hacer todo lo posible para establecer una relación, como mínimo madura, lo que en la práctica significa una relación insatisfactoria pero estable, o lo que es lo mismo, no se está de acuerdo en los contenidos pero sí existe un respeto y una aceptación del otro como persona, con los mismos derechos que uno mismo.

Del mismo modo que en toda comunicación se realiza un intercambio de información dual, que incluye los contenidos y las emociones, en las relaciones personales se produce esta misma dualidad a nivel de contenidos y de tipo de relación.

La aproximación a nuestro interlocutor para iniciar el saludo, a excepción de situaciones trágicas, siempre debe realizarse mostrando una postura global abierta en la que el tronco se hallará ligeramente inclinado hacia delante, los brazos sueltos y algo separados del cuerpo y las manos abiertas (véase la figura 142). Esta apertura indicará que hay una aceptación del encuentro que podrá reforzarse si la acompañamos con una sonrisa sincera que muestre además nuestra intención de interactuar:

- Si durante la aproximación recibimos una retroalimentación de contrariedad, salvo que tengamos muy claros los antecedentes, no

Figura 141. Pantalla.

Figura 142. Sinceridad.

nos será posible establecer si es un rechazo hacia nuestra persona o hacia lo que pueda surgir del encuentro. En ambos casos nos enfrentamos a dos alternativas:

– Decidir no complicar más la situación, para lo cual sin desarmar la postura global abierta se mostrarán las manos y se ofrecerá una excusa para argumentar la imposibilidad de poder dedicarle unos minutos.
– Decidir que el encuentro debe tener lugar puesto que se tienen unos objetivos claros que se quieren alcanzar. En este segundo caso se presentará la misma postura abierta, pero indicando al interlocutor que no es nuestra intención crearle una situación incómoda, con una expresión del tipo: «Espero que no sea un mal momento para usted/ti para que podamos charlar unos instantes».

• Si su respuesta es sincera, en aquellos casos en los que su preocupación se dirija hacia nuestra persona, los gestos predominantes serán de expresión seria y postura global, cerrada. En los que se dirija hacia los contenidos del encuentro, las palabras serán acompañadas de gestos como una expresión facial triste, unos movimientos laterales de la cabeza lentos o unas manos abiertas.

Ante ambos, habrá que responder con manifestaciones de comprensión por nuestra parte y proponer un futuro encuentro en el que las circunstancias sean más favorables. Solo se seguirá insistiendo en el caso de que sea absolutamente necesario alcanzar algún tipo de compromiso.

• Si la respuesta no verbal que acompaña su excusa no es del todo sincera, es decir, no hay coherencia entre lo que dice verbalmente y lo que expresa su cuerpo, estaremos confirmando la primera impresión de que existe un rechazo a los motivos del encuentro o hacia la propia persona. En este caso, igual que en el anterior, solo se tratará de dar continuidad al encuentro, si es prioritario llegar a un entendimiento.

La regla básica que se debe seguir en este tipo de situaciones es averiguar y desbloquear primero el posible rechazo hacia la propia persona, ya que solo podrá resolverse de manera adulta un conflicto de intereses cuando este se enfoque desde la aceptación y el respeto hacia otro. Cualquier otra manera de enfocarlo conducirá a un cierre en falso, que tarde o temprano afectará a los intereses mutuos. Puesto que se ha decidido continuar, sin caer en la decepción, habrá que rebajar la tensión inicial relajando la postura y los brazos, y sin invadir su espacio personal aproximarse a él, y abiertamente, con tono suave, preguntar: «¿Hay algo que debamos tratar antes de hablar de... (motivo del encuentro si este es evidente para ambos o motivo que justifique la necesidad de continuar)?».

Su respuesta indicará si hay que proceder a cerrar el encuentro o si existe alguna posibilidad para continuar intentándolo. Ante esta sincera manifestación de cuál es la voluntad, solo en el caso de que exista una auténtica animadversión, el interlocutor accederá a mantener un intercambio en toda regla.

Una vez obtenido el consentimiento del interlocutor para continuar, como se ha dicho anteriormente, hay que dilucidar cuáles son sus sentimientos hacia nosotros. De nada servirá entrar en los contenidos del encuentro si previamente no se ha logrado una aceptación mutua, salvo que existan razones poderosas para llegar a un entendimiento, a pesar de la falta de sintonía personal. En este momento habrá quedado muy claro que el encuentro debe enfocarse desde la perspectiva de una relación del tipo: insatisfactoria e inestable que debe transformarse en primera instancia en insatisfactoria pero estable.

Manteniendo en todo momento una postura relajada, de tranquilidad y seguridad, acompañada con gestos suaves y más bien algo lentos, que marcarán el ritmo, el tono y el volumen de las expresiones verbales, se dará a entender que no hay intención de entrar en polémicas estériles, sino todo lo contrario, de aclarar el tipo de relación existente entre ambos a fin de transformarla, primero en una relación estable y, posteriormente, si ello es posible, en satisfactoria.

La actuación y el despliegue no verbal, en estos casos, debe orientarse a:

- En todos los casos:

  - Recopilar todos los antecedentes posibles.
  - Valorar dichos antecedentes desde el punto de vista del interlocutor.
  - Hacer un ejercicio de constricción que lleve a enfocar el encuentro desprovistos de vanidades y egocentrismos.

- En caso de desacuerdo en los contenidos (relación insatisfactoria):

  - Asumir que la postura corporal no verbal más adecuada es, sin duda, la abierta y receptiva.

- Permitir al interlocutor exponer su posición y argumentos asumiendo una actitud de escucha activa.
- Analizar la relación entre los antecedentes y las conclusiones a las que ha llegado.
- Determinar si su estructura de pensamiento sigue un patrón racional o emocional.
- Objetivizar las conclusiones ayudará a plantearse la línea argumental que ha de seguir.
- Escoger la línea argumental para rebatir y hacer cambiar de opinión al interlocutor: la basada en hechos demostrables y verificables (si es racional) o, por el contrario, basada en la sugestión y los recursos que esta pone a nuestro alcance (si es emocional).
- Hablar con tono más bien bajo, ritmo medio y entonación segura.
- Acompañar la exposición con una comunicación no verbal desinhibida dejando hacer a nuestro cuerpo, pero limitando la amplitud de los gestos.

- En caso de desacuerdo en la relación (relación inestable):

- Asumir que la postura corporal no verbal más adecuada también es la abierta y receptiva.
- Expresar la incomodidad por tener la impresión de que no existe sintonía entre ambos (si se tiene claro que se debe a algo que se ha hecho o dicho

Figura 143. Desacuerdo en los contenidos.

Figura 144. Desacuerdo en la relación.

con anterioridad, se pedirán disculpas y se hará saber al interlocutor que en ningún caso ha sido nuestra intención molestarle u ofenderle).

- Preguntarle abiertamente si se ha hecho o dicho algo que haya podido molestarle u ofenderle.
- Permitirle exponer sus puntos de vista, posición personal, y si es posible sus sentimientos, escuchando activamente su respuesta, asintiendo con la cabeza, no interrumpiendo y emitiendo mensajes verbales de comprensión y aceptación del tipo: «ya veo», «um...», «entiendo», «comprendo» o «es lógico».
- No contradecirle ni rebatir sus opiniones hasta que haya terminado.
- Exponer la propia versión u opinión con una locución serena, lenguaje moderado y respetuoso, sin contradecir, sin restar importancia a sus sentimientos y apreciaciones y, sobre todo, sin descalificaciones ni agresiones verbales.
- Evitar movimientos bruscos y amplios.
- No asumir posturas de barrera, bloqueo o cierre.
- Acompañar las palabras tratando de mostrar continuamente las manos.
- Enseñar las palmas de las manos cada vez que se realice una afirmación.
- Mantener constantemente una postura global abierta.
- No sonreír hasta que se haya constatado que ha habido un cambio de actitud.

6.6 Adaptación emocional

La adaptación a las personas implica necesariamente gestionar sus diferentes estados emocionales, que suelen estar condicionados por su manera de ser, por su carga vivencial y sus posibles reacciones ante lo que, en cada momento de la interacción, pueda intervenir afectándole.

Asumiendo que se acude al encuentro con la intención de establecer una relación fructífera personal y profesional, debería plantearse una cuestión previa: ¿nos encontramos nosotros mismos en las mejores condiciones emocionales posibles, o siendo conscientes de que no es así, estamos dispuestos a hacer un esfuerzo para gestionar adecuadamente nuestro propio estado emocional? Asumir este compromiso con nosotros mismos obliga a:

- Llevar a cabo un proceso de introspección que debe permitir, por un lado, tomar conciencia de los sentimientos y las emociones con los que se acude al encuentro y, por otro, anticipar una valoración de los que podrían surgir, antes y durante la relación, tanto en la propia persona como en el interlocutor.

- Tomar plena conciencia de que el estado de ánimo propio y las alteraciones emocionales que pudiesen experimentarse durante el intercambio, si no se controlan, pueden producir interferencias en cualquier momento del encuentro.
- Reflexionar sobre los motivos por los que se experimentan dichos sentimientos.
- Valorar la proporcionalidad entre la causa (motivo/s) y la respuesta emocional (magnitud del sentimiento).

Figura 145. Reflexión crítica.

- Evaluar si la posible recompensa que se obtendrá tras un encuentro fructuoso se justifica en cuanto a coste-beneficio.
- Asumir un planteamiento basado en una estrategia de ganar-ganar.

El resultado de esta autorreflexión ha de conducir a actuar del siguiente modo:

- Plantearse el objetivo de minimizar el impacto de los propios sentimientos y emociones, para lo cual deberá hacerlos aflorar a la propia consciencia (véase la figura 145).
- Asumir que nuestro estado emocional influirá y condicionará al interlocutor y que, probablemente, este le haga actuar de un modo determinado y no se sabrá si se debe a motivos propios o influido por nosotros.

El principal beneficio obtenido al identificar los sentimientos se experimentará como una motivación que proporciona una mayor seguridad en uno mismo y predispone positivamente a enfocar los intercambios desde una perspectiva más empática y asertiva.

Esta perspectiva empática y asertiva se concreta en una:

- Postura global abierta.
- Sonrisa sincera.
- Saludar ofreciendo la mano con una orientación vertical o asertiva.
- Mantener una postura abierta, desplegar la gestualidad considerando el rango de amplitud más adecuado, es decir, comedido si las circunstancias son tristes

o trágicas, amplio y distendido si se trata de un encuentro más bien de celebración y festivo. En el resto de las situaciones se tratará de mantenerse entre estos dos extremos, valorando qué debe predominar más.

- Controlar los impulsos de autorreafirmación y tratar de mostrarse tal como se es. En los momentos iniciales, el objetivo es ser aceptado. Si se logra, se tendrá tiempo de sorprender al interlocutor con las propias excelencias.
- Reflexionar sobre la oportunidad o inoportunidad de tocar ciertos temas o el planteamiento de cuestiones delicadas, como pueden ser las relacionadas con las ideologías, creencias, preferencias, pretensiones o tendencias personales, más aún si se observa algún elemento que confirme las suposiciones iniciales.
- Mostrar flexibilidad y evitar opiniones o argumentos expresados como taxativos o irrefutables.
- Evitar comportamientos o gestos que le hagan sentir ignorado, menospreciado o directamente rechazado.
- Mantener la orientación hacia los motivos del encuentro.
- Tratar de ver a la persona y no dejarse llevar por lo superfluo.
- Evitar dejarse llevar por los pensamientos automáticos (desencadenados inconscientemente a partir de cualquier estímulo positivo o negativo percibido) procedentes del entorno; ha de ser la actitud mental con la que hemos de acudir al intercambio.

Como último apunte a la adaptación emocional, hay que tener presente aquellas situaciones en las que, de entrada, no se es aceptado o considerado como la persona más adecuada para emitir un determinado mensaje; en estos casos, y si los objetivos así lo requieren, se estudiará la posibilidad de que dicho mensaje sea transmitido a través de un tercero y, si es posible, que este tenga algún tipo de ascendiente sobre el interlocutor. Un recurso final, ante la posibilidad de no disponer de este tercero que hable por uno mismo, es poner en boca de otros las propias palabras, aunque para que esto pueda suceder, primero, hay que lograr que el otro acepte un mínimo intercambio.

Sin duda, se habrá advertido que la estrategia propuesta para gestionar y controlar los impulsos emocionales no es otra que sacar el máximo partido posible a las capacidades del hemisferio cerebral izquierdo y su potencial racional para enfrentarse a situaciones, en la que predomina lo inconsciente y emocional.

Con lo desarrollado en capítulos anteriores y lo expuesto aquí, se tiene una base suficiente para enfrentarse a cualquier encuentro con un alto porcentaje de posibilidades de lograr los objetivos propuestos.

El modelo GOHE es un modelo circular permanentemente activo y efectivo en la medida en que se sea capaz de aplicar correctamente los elementos que durante la etapa de la adaptación se han concretado. Esta etapa es la puerta para modificar todas aquellas conductas comunicativas que no aportan valor al objetivo comunicacional. La circularidad del modelo viene determinada por la segunda ley básica de Watzlawick, la necesidad de confirmar el nivel de asimilación del mensaje por parte del interlocutor. La observación de esta ley de la comunicación supone que este proceso de verificación no debe realizarse una única vez a lo largo del intercambio de información, sino que debe producirse de forma continuada aplicando técnicas de retroalimentación para obtener información a través de los diferentes canales indicados con anterioridad en esta obra y poder planificar la adaptación.

La valoración, durante el proceso, del nivel de comprensión del mensaje facilitará la consecución del primer objetivo comunicacional, que la otra parte comprenda aquello que le queremos transmitir. Logrado este primer objetivo, en una segunda fase, podrá intentarse que acepte y adopte como suya las propias propuestas. En cualquier caso, será la necesidad de retroalimentación la que condicione este modelo y obligue a aplicarlo de forma circular.

El modelo GOHE nace con la intención de complementar los modelos comunicacionales centrados en los aspectos verbales, presentando de forma pragmática los canales de comunicación no verbales más evidentes. La utilización y aprovechamiento de la información que se trasmite a través de ellos es vital para entender por qué muchos procesos de comunicación no resultan satisfactorios o beneficiosos.

Capítulo 7
Epílogo

La capacidad de comunicar es un proceso compartido por todos los seres vivos. Para que la vida se cree y se conserve es necesario un intercambio con el medio del cual se obtienen los elementos vitales requeridos. La necesidad de supervivencia desencadenó el proceso evolutivo y, con ello, la aparición del sistema de comunicación orgánico más perfecto que existe: el sistema nervioso.

El sistema nervioso supuso un salto evolutivo que solo desde la perspectiva actual es posible valorar. Por un lado, suponía que el ser vivo podía obtener información interior y, con ello, la posibilidad de optimizar la regulación de sus funciones vitales y, por otro lado, información exterior que desencadenaba procesos automáticos de adaptación a las modificaciones que se producían en el medio donde residía. Estos procesos de intercambio de información interna y externa no dejaron de evolucionar hasta dar forma a lo que hoy denominamos *sistema nervioso central*, y que rige los comportamientos de los seres humanos.

Hoy por hoy, paradójicamente, las personas nos enfrentamos cada vez menos a retos comunicativos relacionados con la captación de información exterior necesaria para la conservación de la vida. Disponemos de extraordinarios avances tecnológicos para combatir aquello que puede ser nocivo. Sin embargo, cada vez más nos enfrentamos a mayores retos personales de los que depende nuestra supervivencia, no como seres vivos, sino como personas sanas, equilibradas y satisfechas socialmente. En esta confrontación diaria la comunicación no verbal influye significativamente, por ejemplo:

- La constante adopción de posturas estáticas mantenidas a lo largo del tiempo no solo comunica externamente expresando una actitud de apertura o cierre, sino que también lo hace internamente comunicando mediante sensaciones de tensión o dolor.
- La existencia de algún problema de salud o que este pueda producirse de no actuar en consecuencia.
- Cuando una persona que durante las reuniones de trabajo gesticula de forma rápida y continuada durante sus intervenciones no genera el mismo tipo de

sensaciones que una persona que cuando interviene lo hace de una forma pasiva y sin gesticulación.

Los intercambios comunicativos externos son vividos y percibidos simultáneamente desde, como mínimo, tres perspectivas: la del emisor, la del receptor y la del observador. Nosotros hemos propuesto incorporar una cuarta, la del participante activo que utiliza las tres perspectivas anteriores para adaptarse y alcanzar sus objetivos empleando, para ello, el modelo GOHE. Un modelo que presenta una manera de prepararse, entrenarse y enfrentarse a los cada día más trascendentes retos personales y profesionales que se nos plantean, y cuyo conocimiento supondrá, para los interesados, el primer paso, la apertura de una puerta tras la cual encontrar referencias y sugerencias para ser más conscientes de lo que sucede a su alrededor durante los intercambios de información y sortearlos adecuadamente.

Del mismo modo que nadie aceptaría volar con un piloto cuya experiencia se reduce a haberse leído un libro que ponía a su alcance todos los conocimientos necesarios para pilotar un avión, haber llegado a este epílogo no nos convierte en expertos en comunicación no verbal. Embarcarse en ello es una empresa de largo recorrido que se inicia con su introducción progresiva en nuestras rutinas diarias. El conocimiento y aplicación del modelo GOHE será útil en la medida en que:

- Seamos verdaderamente conscientes de las ventajas, pero también de las importantes limitaciones que supone enfrentarse a la interpretación de los comportamientos, las señales y los gestos que pueden aparecer en el transcurso de un encuentro.

- Nos iniciemos en su aplicación práctica llevando a cabo pequeñas incursiones, primero entrenando nuestra capacidad de observación y, segundo, nuestra objetividad en la interpretación de las señales percibidas, sin olvidar las normas que hemos propuesto para evitar obtener inferencias erróneas de la comunicación no verbal.

- No tomemos decisiones adaptativas hasta haber logrado un mínimo nivel de fiabilidad en nuestras conclusiones interpretativas.

Importante detalle, si hemos tomado la decisión de aplicar el modelo GOHE, o cualquier otro, es no obsesionarse con la comunicación no verbal. Cuando iniciamos nuestra andadura y estamos en el estadio de «aficionado», uno de los primeros temores que aparecen es «si nuestro interlocutor estará, a su vez, leyendo nuestros gestos», hecho que notaremos inmediatamente porque perdemos la concentración y nuestros gestos se vuelven torpes e inseguros. Otro hecho significativo es cuando, tratando de captar sus señales no estamos escuchando y perdemos el hilo de la conversación. Ante estas dos posibles situaciones, olvidémonos inmediatamente de la comunicación no verbal, centrémonos en lo que escuchamos y decimos y practiquemos en situaciones intrascendentes.

A pesar de haber tratado de ofrecer una visión lo más completa posible, a medida que cerrábamos cada capítulo éramos más conscientes de que habíamos abierto una caja que no acabábamos de cerrar completamente. Tal vez nuestro inconsciente, aplicando una de las reglas de la automotivación que reza que «esta existe mientras se hace camino y permanece activa hasta que se alcanza la meta», ha trabajado para hacernos ver que la meta que originalmente nos propusimos no la podríamos alcanzar con la finalización de esta obra, que esta era solo una etapa en el camino. No podemos negar la evidencia y ya estamos trabajando en la planificación de la siguiente etapa, una etapa que complementará todo aquello que no hemos podido recoger aquí y que supondrá una aplicación práctica del modelo GOHE a varias actividades profesionales:

- Los profesionales de la formación deben saber que si una parte de nuestro auditorio nos sonríe y adopta posturas abiertas durante nuestro discurso les dedicaremos más atención a ellos que al resto de los asistentes, incluso aunque estos estén más concentrados en nuestra propuesta. Inconscientemente, los alumnos con sus manifestaciones no verbales positivas pueden condicionar los resultados del grupo.

- En las relaciones comerciales, el mejor elemento para obtener una venta es demostrar respeto por la otra parte, los buenos comerciales no son los que más hablan, sino los que se centran en conseguir que su cliente note de forma real y efectiva que nos estamos preocupando por él. Una vez conseguido este objetivo imprescindible, el proceso de la venta irá cuesta abajo.

- En el mundo de la sanidad han entendido la importancia de transmitir confianza a sus pacientes para mejorar sus índices de satisfacción hospitalaria. Cada vez hay más literatura dedicada a destacar los aspectos que un buen profesional de la salud debe cumplir para mejorar la imagen transmitida, incluso antes de decir una sola palabra.

- En los centros de atención de telefonía, solo con observar la postura del tronco del teleoperador podemos ser conscientes del nivel de implicación en su labor profesional. Una persona con los hombros adelantados transmitirá más fácilmente una imagen positiva de nuestra organización al cliente. Si el operador está con el tronco hacia atrás, la sensación generada en su interlocutor no será la misma.

Estos son solo algunos ejemplos de las aplicaciones prácticas que estamos preparando y que en un futuro, aún incierto, haremos todo lo posible por compartir con ustedes. Para enfrentarnos a este nuevo reto y siendo rigurosos en la aplicación del modelo presentado, nos gustaría solicitar su apoyo a todos aquellos que lo deseen, simplemente proporcionándonos «retroalimentación» mediante: una valoración sobre los contenidos de esta obra, si han podido aplicarlos y los resultados obtenidos, tanto los éxitos como los fracasos. Ponemos a su disposición la dirección de correo electrónico: lacomunicacionsinpalabras@gmail.com, a través de la cual podrán hacernos llegar sus aportaciones.

Anexo I

¿Cuál es su canal preferente de recogida de información?

Autora: Rosa López Rodríguez[1]

1. Cuando pienso en el agua, lo primero que me viene a la mente es...

   a) Una imagen.
   b) Un sonido.
   c) Una sensación.

2. Cuando pienso en mi mejor amigo/a, lo primero que me viene a la mente es...

   a) Su voz.
   b) Su imagen.
   c) Un recuerdo común.

3. Cuando pienso en mi comida preferida, lo primero que me viene a la mente es...

   a) Un plato de aquello que me gusta.
   b) El gusto que tiene.
   c) Las exclamaciones que hago al comerlo.

4. Cuando pienso en un momento en el que no he disfrutado...

   a) Recuerdo lo que me decían.
   b) Visualizo dónde era.
   c) Pienso cómo me sentía emocionalmente.

---

[1] Rosa López Rodríguez, *La PNL y su aplicación a los entornos educativos*, disponible en: www.xtec.es/sgfp/llicencies/200405/memories/927m.pdf.

5. Si pienso en lo que hice ayer, lo primero que me viene a la mente es...

   a) Una imagen.
   b) Un sonido.
   c) Un recuerdo.

6. La mejor manera de pasar el tiempo es...

   a) Viendo una película.
   b) Escuchando música.
   c) Andando por la playa.

7. Cuando pienso en un recuerdo de mi niñez, lo primero que me viene a la mente es...

   a) Una imagen.
   b) Las voces de las personas queridas.
   c) Un sentimiento.

8. Cuando pienso en algo que me resulta gratificante, lo primero que me viene a la mente es...

   a) La imagen que asocio a lo que me resultó gratificante.
   b) Un sentimiento agradable.
   c) Una música.

9. Me gustaría más hacer este test...

   a) Por escrito.
   b) Oralmente.
   c) Haciendo tareas.

10. Para complacerme me tenéis que haber regalado algo....

    a) Bonito.
    b) Sonoro.
    c) Útil.

11. De los demás recuerdo con más facilidad:

    a) La cara.
    b) El nombre.
    c) Las actitudes.

12. Aprendo más fácilmente:

    a) Leyendo.
    b) Escuchando.
    c) Haciendo.

13. Las actividades que más me gustan están relacionadas con...

    a) La música.
    b) El deporte.
    c) La fotografía.

14. La mayoría de las veces prefiero...

    a) Observar.
    b) Escuchar.
    c) Hacer.

15. Cuando recuerdo momentos de felicidad, me vienen a la cabeza...

    a) Escenas.
    b) Sueños.
    c) Sensaciones.

16. En las personas valoro sobre todo...

    a) Lo que hacen.
    b) La apariencia.
    c) Lo que dicen.

17. Pienso que le gusto a alguien cuando...

    a) Me hace un regalo.
    b) Me dice cosas agradables.
    c) Tiene una actitud positiva hacia mi persona.

18. De estas tres acciones, la que prefiero es...

    a) Enfocar.
    b) Sintonizar.
    c) Animar.

19. Mi coche preferido es...

    a) Silencioso.
    b) Vistoso.
    c) Confortable.

20. Cuando me interesa una cosa procuro...

    a) Abrir bien los ojos.
    b) Escuchar atentamente.
    c) Participar.

21. Para decidir algo me fío de...

   a) Lo que siento.
   b) Lo que escucho.
   c) Lo que observo.

22. Lo que más me molesta es...

   a) El picor en el cuerpo.
   b) Una luz fuerte.
   c) Un ruido estridente.

23. Lo que más me gusta de una cosa es...

   a) Que tenga un sonido armonioso.
   b) Que tenga un color bonito.
   c) Que tenga un buen gusto.

24. Lo que más me gusta hacer es...

   a) Ir a un concierto.
   b) Ir a un parque de atracciones.
   c) Visitar una exposición.

Marcar las respuestas y valorar cuál es el canal predominante.

	a	b	c		a	b	c
1	v	a	q	13	a	q	v
2	a	v	q	14	v	a	q
3	v	q	a	15	v	a	q
4	a	v	q	16	q	v	a
5	v	a	q	17	v	a	q
6	v	a	q	18	v	a	q
7	v	a	q	19	a	v	q
8	v	q	a	20	v	a	q
9	v	a	q	21	q	a	v
10	v	a	q	22	q	v	a
11	v	a	q	23	a	v	q
12	v	a	q	24	a	q	v
Totales	V =		A =		Q =		

Bibliografía

L. Abu-Lughod, «Shifting politics in Bedouin love poetry», en C. A. Lutz y L. Abu-Lughod, editores, *Language and the politics of emotion*, Cambridge University Press, Cambridge, 1990, p. 24-45.

M. Ainsworth, *Infancy in Uganda*, Johns Hopkins, Baltimore, 1967.

Yolanda Aixelá Cabré, *Mujeres en Marruecos. Un análisis desde el parentesco y el género*, Ediciones Bellaterra, Barcelona, 2000.

Robert E. Alberti y Michael L. Emmons, *Con todo tu derecho: cómo proclamar nuestros propios derechos sin dejarnos manipular y sin manipular a los demás,* Obelisco, Barcelona, 2006.

M. Argyle y A. Qendon, «The experimental analysis of the social performance», en L. Berqowitz, editor. *Advances in experimental* social *psychology,* Vol. III, Academic Press, Nueva York, 1967, p. 55-98.

M. Argyle, *Psicología del comportamiento interpersonal,* Alianza Editorial, Madrid, 1994.

M. Argyle, *Bodily communication,* 2.ª ed, Methuen & Co, Londres, 1988.

J. L. Austin, *Cómo hacer cosas con palabras: palabras y acciones,* Paidós, Barcelona, 2009.

Marta Baralo, «El desarrollo de la expresión oral en el aula de E/LE», en *Carabela 47, El desarrollo de la expresión oral en el aula de E/LE,* SGEL, Madrid, 2000.

L. F. Bachman, «Habilidad lingüística comunicativa», en M. Llobera y otros, *Competencia comunicativa,* Edelsa, Madrid, 1990.

R. Bauman y J. Sherzer, editores. *Explorations in the ethnography of speaqing,* Cambridge University Press, Londres, 1974.

Milton Bennett, «Intercultural communication: a current perspective», en M. Bennet, editor, *Basic concepts of intercultural communication,* Intercultural Press, Yarmouth, 1998, p. 25.

R. Birdwhistell, *Qinesic and context,* University of Pennsylvania Press, Filadelfia, 1970.

P. Y. Brown, y S. Levinson, *Politeness: some universals in language usage,* Cambridge University Press, Cambridge, 1987.

M. Byram, *Cultural studies in foreign language teaching,* Multilingual Matters, Clevedon, 1989.

V. E. Caballo, *Manual de evaluación y entrenamiento de las habilidades sociales,* Siglo XXI, Madrid, 1997.

S. Carrion, *PNL para principiantes,* Océano, Barcelona, 2002.

Cailin Boyle, *Color harmony for the web: a guide for creating great color schemes online rocqport publisher; illustrated edition,* febrero de 2001.

C. E. Shannon, «A mathematical theory of communication», *Bell System Technical Journal*, 27, 1948, p. 379-423 y 623-656.

A. M. Cestero Mancera, *Repertorio básico de signos no verbales en español*, Arco Libros, Madrid, 1999.

M. Clyne, *Intercultural communication at work. Cultural values in discourse*, Cambridge University Press, Cambridge, 1994.

Colectivo AMANI, *Educación Intercultural. Análisis y resolución de conflictos*, Editorial Popular, Madrid, 1994.

J. Coll y otros, *Diccionario de gestos con sus giros más habituales*, Edelsa, Madrid, 1990.

S. Corder, *Error analysis and interlanguage*, Oxford University Press, Oxford, 1981.

María Luisa Coronado, «Conflictos culturales en la enseñanza de E/LE», *Frecuencia-L*, 2, 1996.

F. J. Corros Mazón, «Malentendidos culturales en estudiantes norteamericanos de E/LE», en María Rodrígez Rodríguez, coordinadora, *Forma.* n.º 4, *Interculturalidad*, SGEL, Madrid, 2002.

E. Coseriu, *Introducción a la lingüística*, Gredos, Madrid, 1986.

Flora Davis, *La comunicación no verbal*, Alianza Editorial, Madrid, 1995.

Rodney Davies, *El lenguaje de los rostros,* Ediciones Apóstrofe, Madrid, 1991.

Charles Darwin, *La expresión de las emociones en los animales y en el hombre,* Ed. Alianza, Madrid, 1984.

B. M. Depaulo, S. E. Qirqendol, J. Tang y T, P. O'Brien, «The motivational impairment effect in the communication of deception», *Journal of Nonverbal Behavior,* 12, n.º 3, 1988, 177-202.

B. Depaulo, «Nonverbal behavior and self-presentation», *Psychological Bulletin,* 111, 1992, 203-243.

Marc-Alain Descamps, *El lenguaje del cuerpo y la comunicación corporal,* Deusto, Bilbao, 1993.

D. Efron, *Gesto, raza y cultura*, Nueva Visión, Buenos Aires, 1970.

P. Ekman y W. V. Friesen, «The repertoire of nonverbal behavior: categories, origins, usage, and coding», en *Semiótica*, 1, 1969, p. 49-97.

P. Ekman, *¿Cómo detectar mentiras? Una guía para utilizar en el trabajo, la política y la pareja,* Paidós, Barcelona, 2005.

Julius Fast, *El sublenguaje del cuerpo,* Paidós, Barcelona, 1994.

E. D. Gambrill, y C. A. Richey, «An assertion inventory for use in assessment and research», en *Behavior Therapy,* 6, 1975, 550-561.

D. B. Givens, *Body speak: what are you saying? Successful Meetings,* 51, 2000.

Lillian Glass, *Sé lo que estás pensando,* Paidós, Barcelona, 2002.

Edward T. Hall, *El lenguaje silencioso*, Alianza, Madrid, 1989.

Edward T. Hall, *La dimensión oculta*, Siglo XXI, Madrid, 1994.

Edward T. Hall «A system for the notation of proxemic behavior», en *American Anthropologist,* 65, 5, 1963 p. 1003-1026, *Applied Linguistics,* 13, 3, p. 259-281.

L. S. Harms, *International communication*, Harper and Row, Nueva York, 1973.

Carlos Hernández Sacristán, *Culturas y acción comunicativa. Introducción a la pragmática intercultural*, Octaedro, Barcelona, 1999.

Carlos Hernández Sacristán, «Interculturalidad, transculturalidad y valores de la acción comunicativa», en Grupo CRIT, *Claves para la comunicación intercultural. Análisis de interacciones comunicativas con inmigrantes*, Universitat Jaume I, Castelló de la Plana, 2003, p. 37-87.

R. Harrison, *Beyond words*, Prentice-Hall, Englewood Cliffs, Nueva Jersey, 1967.

G. Hervás, *Cómo dominar la comunicación verbal y no verbal*, Playor, Madrid, 1998.

R. Heslin, *Steps toward a taxomony of touching. Paper presented to the annual meeting of the Midwestern Psychological Association*, Chicago, IL, mayo de 1974.

Daniel Sean Hurley, «Issues in teaching Pragmatics, Prosody, and Non-Verbal Communication», en *Applied Linguistics*, 13, n.º 3, 1992.

Instituto Cervantes (1994): *La enseñanza del español como lengua extranjera. Plan curricular del Instituto Cervantes*, Instituto Cervantes, Alcalá de Henares.

M. L. Qnapp, *La comunicación no verbal. El cuerpo y el entorno*, Barcelona, Paidós, 1995.

I. Ladrón de Guevara, «Pase Ud. primero, Sr. maestro». Ponencia presentada en el II Congreso Internacional Virtual de Educación, CIVE 2002, abril de 2002.

Rosa López Rodríguez, *La PNL y su aplicación a los entornos educativos*, disponible en: www.xtec.es/sgfp/llicencies/200405/memories/927m.pdf.

Roger Masters, *The nature of politics*, Yale University Press, New Haven, 1989.

A. Mehrabian, *Nonverbal communication*, Aldine-Atherton, 1972.

Andrew Meltzoff y Wolfgang Prinz, editores, *The imitative mind: development, evolution and brain bases*, Cambridge University Press, Cambridge, 2002.

Q. Oberg, *Culture shock and the problems of adjustment to new cultural environments*, Foreign Service Institute, Washington, 1958.

Q. Oberg, «Culture shock: adjustment to new cultural environments», *Practical Anthropology*, 7, n.º 4, 1960.

J. O'Connor y J. Seymour, *PNL para formadores*, Urano, Barcelona, 1996.

Àngels Oliveras, *Hacia la competencia intercultural en el aprendizaje de una lengua extranjera*, Edinumen, Madrid, 2000.

Allan Pease y Bárbara Pease, *El lenguaje del cuerpo. Cómo interpretar a los demás a través de sus gustos*, Amat editorial, Barcelona, 2006.

I. Penadés Martínez, «Las fórmulas rutinarias: su enseñanza en el aula de E/LE», en *Modelos de uso de la Lengua Española, Carabela 50*, SGEL, Madrid, 2001.

Fernando Poyatos, «Nonverbal communication in foreign-language teaching: theoretical and methodological perspectives», en A. Helbo, editor, *Evaluation and language teaching: essays in honor of frans van passel*, Peter Lang, Nueva York, 1992, p. 115-143.

Fernando Poyatos, *Paralanguage: a Linguistic and interdisciplinary approach to interactive speech and sounds*. John Benjamins, Ámsterdam/Filadelfia.

Fernando Poyatos, *La comunicación no verbal. I. Cultura, lenguaje y conversación*, Istmo, Madrid, 1994.

Fernando Poyatos, *La comunicación no verbal. II. Paralenguaje, qinesia e interacción*, Istmo, Madrid, 1994.

Fernando Poyatos, *Comunicación no verbal. III. Nuevas perspectivas en novela y teatro y en su traducción*, Istmo, Madrid, 1994.

Gunter Rebel, *El lenguaje corporal*, Edaf, Madrid, 2002.

P. E. Ricci Bitti e I. A. Poggi, «Symbolic nonverbal behavior: talking through gestures», en R. S. Feldman y B. Rimé, editores, *Fundamentals of nonverbal behavior*, Cambridge University Press, Cambridge, 1991, p. 433-457.

C. Sebastián, *La comunicación emocional*, Esic Editorial, Madrid, 2006.

S. Serrano, *La semiótica. Una introducción a la teoría de los signos*, Montesinos, Barcelona, 1984.

C. Stuart, *Técnicas básicas para hablar en público*, Ediciones Deusto, Madrid, 1990.

Philippe Turchet, *El lenguaje del cuerpo*, Mensajero, Bilbao.

P. Turchet, *El lenguaje de la seducción. Entender los códigos inconscientes de la comunicación no verbal*, Amat Editorial, Barcelona, 2005.

M. Urpí, *Aprender comunicación no verbal*, Paidós, Barcelona, 2004.

P. Watzlawick, J. Beavin Bavelas y D. D. Jackson, *Teoría de la comunicación humana. Interacciones, patologías y paradojas*, Herder, Barcelona, 1995.

Gordon Wainwright, *El Lenguaje del cuerpo*, 6.ª ed., Pirámide, Madrid, 1998.

H. Weisinger, *La inteligencia emocional en el trabajo*, Humanitas, Buenos Aires, 1988.

John Whitfield, «Evolución. El gen del 'lenguaje', *FOXP2*, parece esencial para la vocalización animal», *Investigación y Ciencia*, 379, abril de 2008.

Antoni Zabala y Laia Arnau, *Cómo aprender y enseñar competencias. 11 ideas clave*. Graó, Barcelona, 2007.

Avda. Alcalde Moix, 28 – 08207 Sabadell (Barcelona) – Tel. +34-931 429 486 – marge@margebooks.es – www.margebooks.es

www.ingramcontent.com/pod-product-compliance
Lightning Source LLC
Chambersburg PA
CBHW081250130726
47998CB00010B/2747